rowohlt
BERLIN

Willi Winkler

Kissinger & Unseld

Die Freundschaft zweier Überlebender – ein Doppelporträt

Rowohlt · Berlin

Originalausgabe
Veröffentlicht im Rowohlt · Berlin Verlag, Oktober 2024

Satz aus der Albertina MT bei Dörlemann Satz, Lemförde
Druck und Bindung GGP Media GmbH, Pößneck
ISBN 978-3-7371-0219-3

MIX
Papier | Fördert gute Waldnutzung
FSC® C014496
www.fsc.org

Inhalt

Kissinger & Unseld

Einleitung

Dichter schreiben schöne Verse, schreiben Novellen, Romane, Dramen, Lustspiele, und manchmal schreiben sie Ansichtskarten aus dem Urlaub. Max Frisch meldet sich am 16. Mai 1961 bei seinem Verleger: «Lieber Herr Unseld, Geburtstag schön überstanden in einsamer Aegaeisbucht bei Epidauros, mit Wein und Ziegenkäse. Auf Wiedersehen in Rom! Herzlich Ihr Frisch.» Völlig einsam war der Autor nicht, seine Begleitung grüßt ebenfalls: «Es wäre schön, wenn Du nach Rom kämst! Herzlich – Ingeborg.» Die Dichterin Ingeborg Bachmann setzt noch hinzu: «Und Grüße an Kissinger falls Du ihn jetzt siehst!»[1]

Als Henry Kissinger im November 2023 starb, wurde er als Jahrhundertgestalt wechselweise gefeiert und verdammt. Beides gehört zu ihm: Er war ein Intellektueller, den die Macht unwiderstehlich anzog und der, um diese Macht zu vergrößern, ungerührt über Leichen ging und sich dann, nicht ohne einen gewissen Sündenstolz, darüber beklagte, dass er vielen als Kriegsverbrecher galt. Der andere Kissinger kam in diesen Würdigungen und Abrechnungen überhaupt nicht vor: der Freund der deutschsprachigen Literatur, der bewundernde Leser von Max Frisch und Ingeborg Bachmann, der Förderer von Uwe Johnson und Martin Walser. Sein Interesse an der neuesten Literatur und an den Schriftstellern, die in den Fünfzigern und Sechzigern debütierten, hängt vor allem mit Siegfried Unseld zusammen, der 1955 Gast an der Harvard University war, im International Seminar, das der Politikprofessor Kissinger jeden Sommer für Intellektuelle und kommende Größen aus aller Welt veranstaltete. Unseld war damals bereits die rechte Hand des Verlagsgründers Peter Suhrkamp und kam mit einer Empfehlung seines Förderers Hermann Hesse nach Harvard. Dort lernte er Ingeborg Bachmann kennen und konnte den anderen Teilnehmern in einem Referat Max Frisch als wichtigsten Schriftsteller der Gegenwart vorstellen.

Seit diesem Treffen verband Kissinger und Unseld eine Freundschaft, die fast ein halbes Jahrhundert währte. Die Literaturgeschichte, die hin und wieder ruhig ein bisschen umgeschrieben werden darf, weiß kaum etwas von der Bedeutung Kissingers für die Nachkriegsliteratur und insbesondere für die Autoren des Suhrkamp Verlags. Nach Siegfried Unseld und Ingeborg Bachmann kamen Walter Höllerer, Martin Walser und Uwe Johnson nach Harvard, aus dem Journalismus Günter Gaus, Theo Sommer und Petra Kipphoff. Durch Unseld wurde Kissinger mit Max Frisch bekannt, in dessen Roman «Stiller» er seine eigenen Überlegungen behandelt sah. Bei einem Deutschlandaufenthalt 1959 besuchte er eine Aufführung von Frischs Stück «Biedermann und die Brandstifter», und vier Jahre später kam er auch zur Broadway-Premiere von «Andorra».

Kissinger und Unseld waren beide im Krieg gewesen und auf sehr unterschiedliche Art knapp mit dem Leben davongekommen. Der im bayerischen Fürth geborene Kissinger hatte 1938 mit seiner Familie noch rechtzeitig vor der nationalsozialistischen Judenverfolgung nach Amerika fliehen können. Der Soldat Unseld überlebte auf der Krim in aussichtsloser Lage die Einschließung durch die Rote Armee. Kissinger kam als Soldat der U. S. Army zurück nach Deutschland und war bei der Befreiung der Konzentrationslager dabei. Auf je verschiedene Weise machten sie in der Nachkriegszeit Karriere.

Beide hatten in den fünfziger Jahren begonnen, ein Netzwerk zu knüpfen, das ihnen den weiteren Aufstieg ermöglichen sollte – Kissinger bis ins Weiße Haus, Unseld zum bedeutendsten deutschen Verleger der Nachkriegszeit. Kissingers Nachlass zeugt davon, was für eine umfangreiche Korrespondenz er allein mit Deutschen führte. Mit den Briefpartnern Helmut

Schmidt, Franz Josef Strauß oder Egon Bahr verband ihn ein fachliches Interesse, er pflegte aber auch Kontakt zu Intellektuellen wie Karl Jaspers, Hans Egon Holthusen oder Ernst Jünger. Doch war ihm offenbar in der Bundesrepublik niemand so wichtig wie Siegfried Unseld.

Kissinger hetzt von Konferenz zu Konferenz durch die Welt, findet aber immer Zeit, sich bei Unseld zu melden, regt ein kurzes Treffen an, nutzt eine Fahrt zum Flughafen für ein Gespräch. Die Verbindung mit Unseld ist Kissinger so wichtig, dass er mit ihm auch eigene Verlagsfragen bespricht und ihn sogar um Hilfe bittet, als er für seine Kinder ein deutsches Au-pair-Mädchen sucht. So kann es in den Siebzigern zu der fast schon absurden Szene kommen, dass sich Kissinger und Unseld unvermutet auf dem Flughafen in Paris begegnen, zwei überbeschäftigte Dauerreisende, beide unterwegs mit der Concorde, um noch schneller nach Amerika zu gelangen: Kissinger auf dem Rückweg von einer Tagung, die er mit seiner Gegenwart beehrt hatte, Unseld mit Ziel New York, um dringende Verlagssachen zu klären.

Für Unseld ist die Verbindung mit Kissinger auch Teil der Autorenpflege. So wie er seine Stammautoren mit hartnäckigen Nachfragen zum Schreiben anhält, hofft er über die Jahre immer wieder, dass Kissinger Suhrkamp-Autor wird, mit einer Schrift zur «Theorie der Demokratie». Im Gespräch zwischen Verleger und Autor entsteht später der Plan, Suhrkamp mit den Erinnerungen an die Begegnung mit Mao Tse-tung, Golda Meir oder Leonid Breschnew zu einem Bestseller zu verhelfen.

Das geplante politiktheoretische Buch muss schon deshalb scheitern, weil der hoffnungsvolle Autor in die Praxis wechselt. Kissinger, den es bereits als Professor nach heroischen Taten verlangte, bekommt Gelegenheit dazu, als ihn Richard Nixon 1968 zu seinem Sicherheitsberater ernennt. Unseld gelingt eine kaum weniger heroische Tat – er macht Suhrkamp zum maßgeblichen literarischen Verlag und wird damit, wie es sein Autor

Hans Magnus Enzensberger formuliert hat, «einer der Mitbegründer unserer Republik, die es strenggenommen erst seit den frühen sechziger Jahren des vergangenen Jahrhunderts gibt».[2]

1970 ist Unseld zusammen mit Frisch zu Besuch bei Kissinger im Weißen Haus. Dort präsentiert ihnen der Politiker die Aura der Macht, von der er sich gleichzeitig vor den literarischen Gästen vorsichtig distanziert, wie ein Brecht-Schauspieler von der eigenen Rolle. Bei diesem Spiel ist allerdings nicht zu übersehen, dass Kissinger parallel zu der munteren Plauderei die völkerrechtswidrige Bombardierung Kambodschas überwacht. Wenn er den Raum verlässt, um mit seinem Präsidenten zu telefonieren, geht es nicht mehr um Literatur, sondern um Leben und Tod.

Die Briefe, die Kissinger und Unseld im Lauf der Jahrzehnte wechseln, belegen das große Interesse, das Kissinger an Suhrkamp und an den Autoren des Verlags zeigte, insbesondere an Uwe Johnson, den er nach dem International Seminar ein weiteres Mal nach Amerika lockt, wo dieser sein Hauptwerk «Jahrestage» zu schreiben beginnt.

Amerika sollte für die Teilnehmer eine Fortbildungsreise sein, insbesondere die Deutschen sollten für den Westen gewonnen werden, und doch entstammten einige der schärfsten Amerikakritiker der Sommerschule Kissingers. Anders als die Seminarteilnehmer Johnson und Walser, die durch Empfehlung ihres Verlegers nach Harvard gelangt waren, hielt Unseld seinem Förderer bis zu seinem Tod die Treue. Er mochte in Kissinger nicht wie seine Autoren den Kriegsverbrecher sehen, sondern nur den großen Mann, der die Welt bewegte.

Wie es anfängt

> «CHOR: Schöner denn je
> Wiedererstanden aus Trümmern und Asche
> Ist unsere Stadt,
> Gänzlich geräumt und vergessen ist Schutt,
> Gänzlich vergessen auch sind,
> Die da verkohlten, ihr Schrei
> Aus den Flammen –
> BIEDERMANN: Das Leben geht weiter.»
>
> **Max Frisch, Biedermann und die Brandstifter (1958)**

1499 wurden sämtliche Juden aus Nürnberg vertrieben, sie hatten die Stadt innerhalb von drei Wochen zu verlassen. Viele von ihnen siedelten sich in Fürth an, womit der wirtschaftliche Aufstieg der Nachbarstadt begann. Die Fürther Juden genossen weitgehende Gewerbefreiheit; im 17. Jahrhundert gab es sogar jüdische Bürgermeister. Im 19. Jahrhundert hieß Fürth das «fränkische Jerusalem». Mit der beginnenden Industrialisierung kamen die beiden Städte wieder näher zusammen; 1835 wurde zwischen Nürnberg und Fürth die erste Eisenbahnverbindung in Deutschland eröffnet. Die Zeit nahm schnell Fahrt auf: Die Dampflokomotive «Adler» brauchte für sechs Kilometer Schienenstrecke neun Minuten. Der aus England engagierte Dampfwagenlenker William Wilson wurde vom Nürnberger Heizer Johann Georg Hieronymus unterstützt. «Pferde auf der nahen Chaussee sind daher beim Herannahen des Ungetüms scheu geworden, Kinder haben zu weinen angefangen, und manche Menschen, die nicht alle zu den ungebildeten gerechnet werden dürfen, haben ein leises Beben nicht unterdrücken können», teilte das «Morgenblatt für gebildete Stände» seiner kaum weniger erregten Leserschaft mit. «Ja, es möchte wohl keiner, der nicht völlig phantasielos ist, ganz ruhigen Gemütes und ohne Staunen beim ersten Anblick des wunderwürdigen Phänomens geblieben sein.»[1]

Hundert Jahre später gab es in Nürnberg wieder ein Phänomen zu bestaunen. Im März 1935 hatte das Deutsche Reich einseitig den Versailler Vertrag gekündigt, die Rüstungsbeschränkungen aufgehoben und die allgemeine Wehrpflicht eingeführt. Die umliegenden Länder waren wehrlos gegen diese Machtdemonstration. Auf dem «Reichsparteitag der Freiheit» im September wurde der Sieg über das «Versailler Diktat» frenetisch gefeiert. Die Massen huldigten, wundersam choreographiert, dem Führer Adolf Hitler, der vor einem Meer von Hakenkreuzfahnen gegen den «jüdischen Marxismus» wetterte und den aus Berlin herbeizitierten Reichstag das «Gesetz zum Schutze des deutschen Blutes und der deutschen Ehre» absegnen ließ. Fortan waren Eheschließung und auch außerehelicher Geschlechtsverkehr zwischen Juden und Nichtjuden verboten. Die neue deutsche Volksgemeinschaft schloss sich zusammen, die Juden wurden diskriminiert und drangsaliert, der Weg zu ihrer Auslöschung war damit bereits bürokratisch vorbereitet.

Nürnberg, die ehrwürdige Reichsstadt, verwandelte sich in die Stadt des Führers. Julius Streicher, Verleger und Chefredakteur des «Stürmer», verbreitete Pogromstimmung, indem er Gebildeten wie Ungebildeten auf jeder Titelseite seiner Zeitung den Satz «Die Juden sind unser Unglück» einhämmerte. Die Juden erschienen im «Stürmer» in mittelalterlicher Tradition als Wucherer, Lüstlinge, Volksverderber, die verhinderten, dass Deutschland sich wieder zu seiner ganzen Größe erhob.

Als der in Nürnberg aufgewachsene Hans Magnus Enzensberger 1967 den Kulturpreis der Stadt erhielt, erfand er in Erinnerung an die erste Eisenbahnfahrt einen neuen Heizer Hieronymus, der bei seinen Mitbürgern heimlich Flugblätter und Broschüren gegen die Nazis verteilt habe: «Einer, der das

Wort Kultur gewiß seiner Lebtage nicht in den Mund und nie eine Dünndruckausgabe in die Hand genommen hat», sei der Einzige gewesen, der damit im nationalsozialistischen Nürnberg die Kultur verteidigt habe.[2] Enzensberger erinnerte auch an «unsern Mitbürger, unsern Nachbarn, unsern Zeitungs- und Bilderbuchverleger, den Streicher, der uns damals eingeschärft hat, daß wir wieder wer wären in der Welt, daß unser Unglück nicht wir, sondern andere seien, und daß Deutschland zu erwachen habe und zwar sofort».[3]

Franken war früh erwacht. Die Stadt Leutershausen, fünfzig Kilometer weiter im Westen, Geburtsort des Flugpioniers Gustav Weißkopf, hatte Hitler mit der Begründung, sechsundachtzig Prozent der Wähler seien bereits seine Anhänger, schon ein halbes Jahr vor der Machtübergabe an ihn die Ehrenbürgerwürde angetragen.[4] (Sie wurde ihm erst 1948 wieder entzogen.)

In Leutershausen wurde 1901 Paula Stern geboren. Ihr Vater war Viehhändler und Bauer, die Familie war orthodox, die jüdischen Speiseregeln wurden peinlich genau befolgt. Als ihr verwitweter Vater wieder heiratete, ging Paula Stern als Kindermädchen nach Halberstadt. Weder dort noch zu Hause habe sie offenen Antisemitismus wahrgenommen, sagte sie später, erst mit Hitlers Machtantritt habe sich das geändert. 1921 lernte sie den Hauptlehrer Louis Kissinger aus Fürth kennen, im Jahr darauf heirateten sie. Mit Unterstützung ihres Vaters konnten sie eine Wohnung in der Mathildenstraße erwerben, Louis Kissinger unterrichtete an der Höheren Mädchenschule und war ein allseits respektierter Studienrat. Im Inflationsjahr 1923 kam Heinz zur Welt, der spätere Henry, und im Jahr darauf sein Bruder Walter.

Louis Kissinger war ein klassischer Bildungsbürger mit Schiller und Goethe als weltlichen Hausgöttern und einer großen Liebe für Heinrich Heine und Rainer Maria Rilke. Wie die meisten deutschen Juden dachte er deutschnational und kaisertreu, auch wenn der Kaiser bei Kriegsende abgedankt hatte. Deutschland war plötzlich Republik geworden, und die Republik hatte die Kriegsfolgen zu tragen. Zu Beginn des Jahres 1923 besetzten die Franzosen das Ruhrgebiet, um die in Versailles vereinbarten Reparationsleistungen sicherzustellen. Im November marschierte Hitler zusammen mit dem Weltkriegsgeneral Ludendorff auf die Münchner Feldherrnhalle. Auch wenn der Putsch scheiterte und die französischen Soldaten wieder abzogen, blieben die Zeiten unsicher. Der Aufstieg der Nationalsozialisten begann mit dem Versprechen, «Versailles» zu beenden und Deutschlands Größe wieder glanzvoll herzustellen. Dafür bot Nürnberg die beste Bühne.

So gern Henry Kissinger später nach Deutschland kam, wo er bestaunt und bewundert wurde, wo ihn die Journalisten umschmeichelten und die Politiker sich seiner Präsenz zur Wahlkampfhilfe versicherten, er misstraute den Deutschen. Auf seine Herkunft aus dem jüdischen Fürth ließ er sich erst in späteren Jahren ansprechen. Über seine Kindheit im nationalsozialistischen Franken äußerte er sich wenig und dann auffallend widersprüchlich. Dass sich die Nazis nach und nach die Macht erkämpften und die Repressalien gegen Juden ständig zunahmen, diese Fakten, so betonte er oft, böten keinen Schlüssel zu dem, was er geworden sei. «Mir war gar nicht bewusst, was da um mich herum vor sich ging», sagte er, Kinder würden so etwas gar nicht wahrnehmen.[5] Enzensberger, sechseinhalb Jahre jünger als Kissinger, drückt es in einem seiner aphoristischen Gedichte ähnlich aus: «In der Zeit des Faschismus / wußte ich nicht, daß ich / in der Zeit des Faschismus lebte.»[6] Heutzutage sei es Mode, alles psychoanalytisch zu erklären, behauptete Kissinger 1971 auf dem Gipfel seines politischen Ruhms, und dagegen musste er sich zur Wehr setzen: «Die politische Verfolgung in meiner Kindheit beherrscht keineswegs mein Leben.»[7] Sein späterer Mentor Fritz Kraemer behauptete das genaue Gegenteil. Kissingers Erfahrungen als Kind und Jugendlicher seien «so traumatisch, daß er nicht darüber sprechen kann».[8]

Am 30. Januar 1933 wurde Hitler zum Reichskanzler ernannt, am 2. Mai wurde Louis Kissinger vom Dienst suspendiert und im Oktober in den Ruhestand versetzt. Der Studienrat verschwand aus der städtischen Gesellschaft. Diese Demütigung traf nicht nur ihn, sondern auch die beiden Söhne. Enzensberger hat nicht vergessen, dass in seinem Schulbuch der Merkvers «Trau keinem Fuchs auf grüner Heid / Und keinem Juden bei seinem Eid!» stand und gleichzeitig ein Nachbar verschwand und noch einer, auf den dieser Reim gemünzt war. Fritz Kraemer wiederum glaubte, dass daher das Bedürfnis nach Recht und Ordnung rührte, das sein Schützling von Anfang an zeigte: «Deshalb suchte er immer die Anerkennung, auch wenn das bedeutete, dass er Leuten gefällig sein musste, die für seine Begriffe intellektuell weit unter ihm standen.»[9]

Die Lage der Juden in Franken, wo sie über Jahrhunderte neben den christlichen Deutschen gelebt hatten, verschlechterte sich zunehmend. Als der Fachlehrer Arnold Kornfeld und seine Frau, Siebenbürger Sachsen, in einer nationalen Aufwallung Hitler einen Teppich schenken wollen, wehrt die Reichskanzlei ab und will die Gabe erst annehmen, wenn die «Zweifel über die arische Abstammung beseitigt sind, wozu der Name Kornfeld Veranlassung gibt».[10] Edmund Neuendorff, der «Führer» der Deutschen Turnerschaft, kann dem «hochzuverehrenden Herrn Reichskanzler» bereits am 16. Mai 1933 melden, dass die «verhältnismässig wenigen Marxisten und Juden, die sich in der Turnerschaft befanden», sie verlassen mussten, «der Führergedanke ist durchgeführt».[11] In Gunzenhausen, nicht weit von Fürth, kommt es am Palmsonntag 1934 zu antisemitischen Ausschreitungen, drei jüdische Mitbürger sterben. Sogar die «New York Times» berichtet darüber. Nach dem Erlass der Nürnberger Rassengesetze wird das Leben der jüdischen Bevölkerung weiter eingeschränkt, sie dürfen keine Deutschen mehr sein und werden aus der neuen Gemeinschaft ausgestoßen.

Juden dürfen nicht mehr ins Theater, ins Kino, ins Schwimmbad. Die Söhne Louis Kissingers besuchen eine jüdische Realschule, er selber unterrichtet auf einer jüdischen Handelsschule Wirtschaftslehre. Wenn sich Kissinger später in seinen Memoiren mit der Verstrickung Amerikas in Vietnam beschäftigt, die Fortsetzung des Krieges mit der «Ehre Amerikas» rechtfertigt, die man zu verteidigen habe, und von der «Verantwortung» spricht, die es zu tragen gelte, kommt er unversehens doch auf seine Kindheit in Fürth zu sprechen: «Jeder Gang auf die Straße wurde zum Abenteuer, denn meine deutschen Altersgenossen durften sich an jüdischen Kindern vergreifen, ohne daß die Polizei dagegen einschritt.»[12]

Zwei Brüder des Vaters hatten Deutschland bereits verlassen, einer war nach Palästina gegangen, der andere nach Schweden. Eine Tante der Mutter war schon vor langer Zeit nach New York emigriert, und deren Tochter lieferte der Fürther Familie die erforderlichen Dokumente, die ihr die Emigration in die USA ermöglichten. Am 10. August 1938 meldeten sich die Kissingers bei der Polizei in Fürth ab.

An diesem 10. August durfte Nürnberg einen weiteren «denkwürdigen Tag» erleben, wie der Regierungspräsident von Ober- und Mittelfranken in seinem Monatsbericht meldete: «Julius Streicher gab das Zeichen zum Abbruch der Hauptsynagoge am Hans-Sachs-Platz. (...) Zehntausende von Volksgenossen wohnten der geschichtlichen Stunde bei.»[13] Die Synagoge in Leutershausen wurde zwei Monate später zerstört, im November wurden in der Reichspogromnacht sämtliche Synagogen in Deutschland angegriffen. Um eventuell noch bestehende Zweifel daran zu beseitigen, wer Deutscher war und wer nicht, verfügte das Innenministerium am 18. August mit der «Zweiten Verordnung zur Durchführung des Gesetzes über die Änderung von Familiennamen und Vornamen», dass

Juden, um eindeutig als solche erkannt zu werden, zusätzlich den Namen Israel beziehungsweise Sara anzunehmen hätten. Die Kissingers kamen gerade noch mit ihrem eigenen Namen davon.

Sarkastischer als Kissinger konnte man die Vergangenheit nicht abwehren. Als es 1974 bei einem Besuch in Deutschland hieß, er würde sicher auch seine Verwandtschaft besuchen, gab er zurück: «Welche Verwandten? Meine Verwandten sind zu Seife verarbeitet worden.»[14] Mindestens dreizehn seiner Angehörigen starben durch den Holocaust. Der vierköpfigen Familie Kissinger aus der Mathildenstraße wäre es nicht anders ergangen, wenn sie geblieben wäre.

Die Kissingers wohnten in New York im Stadtteil Washington Heights, der sich bei den Nachbarn, die schon länger ansässig waren, wegen der vielen Einwanderer aus Deutschland den Spitznamen «Fourth Reich» erworben hatte. Ab September 1938 konnte Kissinger wieder die Schule besuchen. Er war jetzt fünfzehn und begann sehr schnell, sich in einen Amerikaner zu verwandeln. Amerika bedeutete Freiheit. Wie tief das Trauma in ihm saß, belegt die Geschichte, die Kissinger oft erzählt hat. «Ich werde nie vergessen, welche Erregung mich ergriff, als ich zum erstenmal durch die Straßen New Yorks ging. Als ich einige Jungen sah, wollte ich auf die andere Straßenseite gehen, um nicht verprügelt zu werden. Dann erinnerte ich mich plötzlich, wo ich war.»[15]

Für seinen Vater gab es keine Arbeit. Wer brauchte in New York einen deutschen Studienrat? Seine Frau machte eine Ausbildung zur Hauswirtschafterin und begann, für die Nachbarn zu kochen. Die Söhne gingen aufs College, abends arbeitete Henry in der Rasierpinselfabrik eines Cousins, ansonsten lebten sie von Zuwendungen aus der Verwandtschaft. New York war ein wirtschaftlicher und gesellschaftlicher Abstieg.

Henry Kissinger war fleißig, er bekam beste Noten und

brachte sich auf der Abendschule Buchhaltung bei. Um sich schneller an die neuen Lebensverhältnisse zu gewöhnen, wurde zu Hause nur noch Englisch gesprochen, aber man folgte nach Möglichkeit den überlieferten Regeln der orthodoxen Gemeinde. Den Eltern lag daran, dass auch ihre Söhne am Glauben festhielten. Mit ihrer Billigung freundete Henry sich mit Anneliese Fleischer an, die ebenfalls aus Fürth stammte.

Mit neunzehn erhielt er den Einberufungsbescheid und wurde Soldat. Nach drei Monaten Grundausbildung legte er den Eid ab und schwor, dass er sämtlichen Verpflichtungen gegenüber allen ausländischen Machthabern und Staaten entsage, «insbesondere gegenüber Deutschland, dessen Staatsbürger ich früher war».[16] Er kämpfte jetzt gegen seine frühere Heimat, die ihn ausgestoßen hatte.

In Camp Claiborne in Louisiana lernte er den Mann kennen, der sein weiteres Leben bestimmen sollte. Fritz Kraemer war fünfzehn Jahre älter, in Essen geboren, hatte in Genf und London studiert und über den Völkerbund promoviert. Er hatte Deutschland schon 1933 verlassen und war nach Italien gegangen, wo er ein weiteres Mal promovierte und den deutschen Botschafter erzürnte, weil er an seinem Kajak die Reichskriegsflagge anbrachte, die ihn eindeutig als Anhänger des untergegangenen Kaiserreichs und als Gegner der Weimarer Republik auswies.

Kraemer benahm sich wie der letzte überlebende Preuße, der ganze Mann war eine Inszenierung. Vor den amerikanischen Soldaten, denen er ein Bewusstsein für ihren Auftrag beibringen sollte, trat er allen Ernstes in deutscher Uniform auf und erfüllte mit Reitpeitsche und Monokel das Klischee des Deutschen, das ansonsten der Regisseur und Schauspieler Erich von Stroheim in Hollywood spazieren führte. Nicht einmal Kissinger gegenüber gab Kraemer zu, dass er ebenfalls jüdischer Herkunft war.

2003, als er auf dem Soldatenfriedhof in Arlington beerdigt

wurde, standen an seinem Grab der ehemalige Verteidigungsminister James R. Schlesinger und daneben die ehemaligen Sicherheitsberater Alexander Haig und Henry Kissinger, die er beide entdeckt hatte. Kraemer legte größten Wert darauf, keine Militärkarriere zu machen, und hielt sich stattdessen als Berater der Generalität im Hintergrund. Mit seinem eisenfresserischen Antikommunismus brachte er es in seinen letzten Jahren zum Idol der amerikanischen Neokonservativen, die vom entschlossenen Demokratie-Export träumten.

Mit seinem bekanntesten Schüler hatte er seit 1972 kein Wort mehr gesprochen, weil er den Entspannungspolitiker Kissinger als Verräter an der reinen antikommunistischen Lehre betrachtete. Kissinger bewunderte Kraemer trotzdem unendlich wegen dessen Bildung und Selbstsicherheit. «Er hatte zwei Doktortitel, ich hatte zwei Jahre Abendschule in Buchführung», so erinnerte er sich bei seiner Traueransprache. «Wie die Propheten der Antike zeigte er keinerlei Verständnis für menschliche Schwäche oder geschichtliche Veränderungen. Zwischenlösungen betrachtete er als Abweichung vom Prinzip.»[17]

Kraemer war als eine Art theatralischer Propagandaredner engagiert worden, um den Soldaten mit seiner Darbietung beizubringen, warum und wozu sie kämpfen sollten. Kissinger war sofort überzeugt. Er schrieb Kraemer einen kurzen Brief und bot seine Mitarbeit an: «Ich habe Sie gestern sprechen hören. Genau so muss man das machen. Kann ich Ihnen irgendwie helfen?»[18]

Es war vor allem Kraemer, der dem Jüngeren half. Er sorgte dafür, dass Kissinger als Dolmetscher eingesetzt wurde und im Gefolge der ersten amerikanischen Truppen, die im Juni 1944 in der Normandie gelandet waren, eine erste Bestandsaufnahme der Lage im eroberten und besetzten Deutschland machte. Als sein Trupp am 25. November 1944 Aachen erreichte, berichtete er seinen Eltern, dass er nach sechs Jahren wieder deutschen

Boden betreten hatte: «Jetzt bin ich also dorthin zurückgekehrt, wo ich hinwollte. Ich denke an die Grausamkeit und Barbarei, die diese Leute da draußen in den Ruinen zeigten, als sie obenauf waren. Und dann empfinde ich Stolz und Glück, weil ich als freier amerikanischer Soldat hierherkommen kann.»[19]

Zu Kissingers Aufgaben gehörte es, in Krefeld höherrangige Wehrmachtsoffiziere zu verhören, Gestapo-Leute einzusperren und Personal zu finden, das sich für einen demokratischen Neubeginn eignete. In Ahlem in der Nähe von Hannover stieß er auf ein Konzentrationslager voller kranker, sterbender und bereits toter Menschen, die, von der SS bewacht, zur Zwangsarbeit eingesetzt worden waren, «eines der entsetzlichsten Erlebnisse meines Lebens».[20] Kissinger verfasste dazu einen Text mit dem bewusst ironischen Titel «Der ewige Jude», der erst 2015 bekannt wurde. Die Aufzeichnungen haben nichts mit dem späteren politischen Analytiker zu tun, der die Welt strategisch betrachtet und nach den jeweiligen Kräfteverhältnissen einteilt. Es ist der Bericht eines Befreiers, den beim Anblick des Horrors die Scham des Überlebenden ergreift. Von den achthundertfünfzig Juden, die nach Ahlem gekommen waren, überlebten nur fünfunddreißig die Lagerbedingungen. «Ich sehe die Hütten, nehme die ausdruckslosen Gesichter wahr, die toten Augen. Ihr seid jetzt frei. Ich, mit meiner gebügelten Uniform, ich habe nicht in Schmutz und Verwahrlosung gelebt, mich hat man nicht geschlagen und getreten. Welche Art von Freiheit kann ich bieten?»[21]

Fritz Kraemer empfahl seinem Schützling zu studieren. Kissinger hatte inzwischen die Aufgabe übernommen, an der Geheimdienstschule in Oberammergau Soldaten historische und politische Nachhilfe beim Erfassen der «deutschen Mentalität» zu geben. Nach wie vor gab es Grund, der deutschen Bevölkerung zu misstrauen, die sich nur zögernd von der Ideologisierung der letzten Jahre lösen konnte. Kissinger hielt seine Vorträge als Teil der widerstrebend angenommenen Reeducation.

Der Dozent bekam dabei zum ersten Mal Gelegenheit, sich selber ein Überblickswissen über die deutsche Geistesgeschichte zu verschaffen, die er den in Deutschland tätigen Amerikanern vermitteln sollte.

Von Oberammergau aus bewarb er sich an mehreren Universitäten und wurde, nicht zuletzt durch die Fürsprache Kraemers, in Harvard angenommen, wo er im September sein Studium aufnahm; die G. I. Bill, nach der Soldaten auch ohne regulären Schulabschluss zum Studium zugelassen wurden, machte es möglich. Im Februar 1949 heiratete er Anneliese Fleischer. Als Buchhalterin in einem Möbelgeschäft musste sie das Geld verdienen. Kissinger erlebte die Rückkehr in die Vereinigten Staaten als seine zweite Einwanderung. Jetzt, als Erwachsener, der als Soldat für sein neues Heimatland gekämpft hatte, war er ganz und gar Amerikaner geworden.

*

Zu den Volksgenossen, die in der Pogromnacht im November 1938 dem von Joseph Goebbels organisierten Volkszorn gegen die Juden Luft machten und landesweit Synagogen niederbrannten, gehörte auch der SA-Sturmführer Ludwig Unseld, im Zivilberuf Verwaltungsinspektor beim Ulmer Kreiswohlfahrtsamt. Er hatte sich, wie er bei seiner Vernehmung nach dem Krieg ausführte, im Oberbürgermeisteramt vom Hilfsarbeiter über den Kanzleiassistenten zum Kanzleisekretär «hochgearbeitet» und seine Beamtenkarriere im Versorgungsamt fortgesetzt.[22] NSDAP und SA boten weitere Aufstiegsmöglichkeiten. «Hier kannst du aus den Schranken deiner Herkunft heraustreten, wenn du das Zeug dazu hast!», so stellt sich Ulla Berkéwicz die neuen Karrierechancen vor, die sich nach der Machtübernahme ergaben.[23] In ihrem Roman «Engel sind schwarz und weiß» (1992) schildert die Autorin, die 1990 Siegfried Unselds zweite Frau wurde, die Mentalität der deutschen dreißiger Jahre.

Der Fürsorgebeamte Unseld war im Mai 1933 gleichzeitig in die NSDAP und in die SA eingetreten.

Die Mitgliedschaft war nicht nur politisches Bekenntnis, sondern beruflich nützlich. Das belegen die Protagonisten dieses Buches mit ihren Herkunftsbiographien. Der Vater von Hans Magnus Enzensberger war Postrat in Nürnberg und trat 1933 in die NSDAP ein. «Im höheren Dienst war man in der Partei»,[24] wie sein jüngster Sohn Ulrich schreibt. Ingeborg Bachmanns Vater, der Hauptschullehrer Matthias Bachmann, trat bereits 1932 in die NSDAP ein, was ihm nach dem Anschluss Österreichs nicht geschadet hat. Martin Walsers Mutter wurde 1932 Parteimitglied, damit, wie der Sohn in seinem 1998 erschienenen Roman «Ein springender Brunnen» ganz pragmatisch begründete, die Wasserburger Ortsgruppe der NSDAP ihre Versammlungen weiter in der von ihr geführten Gastwirtschaft abhielt. Uwe Johnsons Vater kam verspätet 1940 dazu. Unselds Vater beteiligte sich aktiv an den Unterdrückungsmaßnahmen des NS-Regimes.

Ludwig Unseld weist am 9. November 1938 seinen Vorgesetzten, den SA-Standartenführer Ernst Wendling, vorsorglich darauf hin, dass er in Ulm mit zu vielen Juden bekannt sei.[25] Er wird deshalb nach Laupheim abgeordnet, fünfundzwanzig Kilometer weiter südlich, wo zu diesem Zeitpunkt eine der größten jüdischen Gemeinden Süddeutschlands lebt. Dort werden die Juden genötigt, sich auf dem Platz vor der Synagoge zu versammeln, wo sie im Kreis geführt werden, später müssen sie auf Anweisung des SA-Trupps Kniebeugen machen. Nachdem die Synagoge brennt, überlässt der SA-Standartenführer Ernst Wendling die Aufsicht Unseld. In Buchau, sechzig Kilometer südwestlich von Ulm, wo es ebenfalls eine bedeutende jüdische Gemeinde gibt, war der Brand der Synagoge gegen jede Vorschrift verhindert worden, weshalb Unselds Vorgesetzter, SA-Sturmführer und Polizeidirektor Erich Hagenmeyer, am folgenden Abend zusammen mit Unseld erscheint, um den

Befehl von Goebbels verspätet auszuführen. Die Synagoge brennt auftragsgemäß. Unseld tritt anschließend aus der evangelischen Kirche aus und wird zum Standartenführer befördert. Hagenmeyer rückt 1939 als Abgeordneter in den Reichstag ein.

Ludwig Unseld war allem Vernehmen nach ein normaler deutscher strenger Vater. Er war evangelisch und wollte seiner katholischen Frau den Kirchgang verbieten. «Aber sie, die immer gehorchte, gehorchte ihm nicht», so imaginiert Ulla Berkéwicz die Familienaufstellung, sie «ging zur Kirche, beichtete, betete und bat ihren Herrgott, er möge Schlimmes verhüten.»[26]

Seinen beiden Söhnen gab der Vater zeittypische deutsche Namen, Siegfried (1924 geboren) und Walter (1928). Heldennamen waren gerade bei deutschnationalen Eltern beliebt, so kam der Erstgeborene zu seinem «verfluchten Wagner-Namen», unter dem er immer gelitten habe, wie er der Psychoanalytikerin Margarete Mitscherlich schrieb: «Sieg und Frieden, Sieg durch Frieden, Frieden durch Sieg.»[27] Im gemeinsamen Briefwechsel reden sich Henry Kissinger und Siegfried Unseld überwiegend mit «Lieber / Dear Henry» und «Dear Unseld» an.

Die Jugend war um die Jahrhundertwende aus grauer Städte Mauern aufgebrochen in der Hoffnung, eine noch nicht von der Industrialisierung erfasste Natur zu finden und das Leben auch nach der Rückkehr in die Zivilisation «mit innerer Wahrhaftigkeit»[28] gestalten zu können. Höhepunkt und vorläufiges Ende dieser zivilisationskritischen und literarisch intonierten Jugendbewegung war das Fest auf dem Hohen Meißner in Hessen, der Freideutsche Jugendtag 1913, der sich von den gleichzeitig stattfindenden patriotischen Jubelfeiern zum Hundertjährigen der Völkerschlacht von Leipzig absetzen wollte. Unter den Tausenden von Teilnehmern befanden sich auch die Philosophen Walter Benjamin und Ludwig Klages, die späteren Politiker Adolf Grimme und Carlo Schmid, der Reformpädagoge Gustav Wyneken und der Verleger Eugen Diedrichs. Zehn Monate später brach der Erste Weltkrieg aus, in den vier Jahren sollen allein siebentausend Wandervögel gefallen sein.

Nach dem ersten verlorenen Krieg organisierte sich eine Bündische Jugend, die nach 1933 in der Hitlerjugend aufging. Geländespiele und organisierte Raufereien wurden als kindliche Vorbereitung aufs Militär gefördert. Der Faschismus, der nicht als Faschismus spürbar war, meldete sich doch in der Kriegsvorbereitung durch Sport und Spiele.

Der junge Siegfried Unseld exzellierte in einem Element, zu dem der junge Kissinger aus rassistischen Gründen keinen Zugang mehr hatte, er wurde ein begeisterter und ausdauernder Schwimmer. Wo Kissinger von den Gleichaltrigen drangsaliert wurde und sich nicht einmal wehren durfte, gelang Unseld der erste Aufstieg unter den gleichaltrigen Jungen.

Von 1933 bis 1938 war Hans Scholl Unselds Jungzugführer. Er wurde sein erster Mentor. Die Heimatabende fanden im Jungvolkheim auf dem Kuhberg über Ulm statt, wobei sich offenbar niemand daran störte, dass dort gleichzeitig ein Konzentrationslager errichtet wurde. Zu den ersten Häftlingen gehörten die Sozialdemokraten Kurt Schumacher und Fritz Bauer. Hans Scholl machte Unseld mit der Literatur vertraut und las mit seinem Fähnlein Rainer Maria Rilkes todessüchtige «Weise von Liebe und Tod des Cornets Christoph Rilke», die schon die Soldaten des Ersten Weltkriegs in die Schützengräben geführt hatte. Mit seiner Schwester Sophie wird Hans Scholl als Student an der Münchner Universität 1943 die Flugblätter der «Weißen Rose» verfassen, mit denen sie zum Widerstand gegen das Naziregime aufriefen; sie wurden verhaftet und hingerichtet. Zehn Jahre vorher war Scholl selber noch eifriger Hitleranhänger gewesen. Als Fahnenträger hatte er 1935 am Nürnberger «Parteitag der Freiheit» teilgenommen.

Der Nationalsozialismus war auch ein Angebot, sich vom Elternhaus freizumachen; die Volksgemeinschaft war im Zweifel wichtiger als die Familie. Ulla Berkéwicz hat in ihrem Roman offensichtlich Teile aus der Biographie des jungen Unseld verwendet. Es tritt eine Figur namens Reinhold Fischer auf, die unter einem brutalen und gleichzeitig sentimentalen Vater zu leiden hat und Erfüllung nur in Gesellschaft anderer musisch und poetisch gestimmter Jungen findet. Reinhold steigt auf beim Jungvolk: «Er wurde Rottenführer, dann Jungenschaftsführer und, als Hanno Fähnleinführer wurde, Jungzugführer. (...) Die Uniformen, das stramme Marschieren, die schneidigen Sprüche, die Fahnenweihen, das Zelten und die Lagerfeuer, die Feiern von Winter- und Sonnenwende erfüllten ihn und füllten seine Tage aus.»[29]

Inwieweit Unseld, der bei Kriegsbeginn 1939 knapp fünfzehn Jahre alt war, dem Nationalsozialismus folgte, lässt sich natürlich nicht sagen, er wusste jedenfalls zu nutzen, was ihm in der Jungenschaft als Karriere angeboten wurde. Hannes Rettich, zwei Jahre jünger und später zum Abteilungsleiter Kunst im baden-württembergischen Kultusministerium aufgestiegen, erinnerte sich aus der Jungschar an die hervorragenden Führungsqualitäten des Fähnleinführers Unseld, «die er auch mitzuteilen verstand».[30]

In einem Schulaufsatz soll er sich geweigert haben, den Horaz-Vers «Dulce et decorum est pro patria mori» («Süß und ehrenvoll ist es, für das Vaterland zu sterben») wie vorgesehen zustimmend zu kommentieren, doch habe ein gütiger Lateinlehrer von einer verschlechterten Note abgesehen.[31] Eine ähnliche Geschichte ist aus der Zeit des Ersten Weltkriegs vom Schüler Eugen Berthold Brecht überliefert, den ein Aushilfslehrer vor der Relegation bewahrte.

Bei der Abschiedsfeier am Blauringgymnasium trug Unseld 1942 Friedrich Hölderlins «Der Tod fürs Vaterland» vor und zog anschließend in den Krieg, in seinem Fall zur Marine.[32] Hölderlins Ode formulierte ungewollt die Sehnsucht von Hitlers Jugend, nach all den Wanderungen und Kriegsspielen den Ernst kennenzulernen. Auch wenn Hölderlin diese Verse während der napoleonischen Eroberungskriege geschrieben hatte, boten sie jetzt die Losung für den Krieg gegen den Bolschewismus:

> O nehmt mich, nehmt mich mit in die Reihen auf,
> Damit ich einst nicht sterbe gemeinen Tods!
> Umsonst zu sterben, lieb ich nicht, doch
> Lieb ich, zu fallen am Opferhügel
>
> Fürs Vaterland, zu bluten des Herzens Blut
> Fürs Vaterland – und bald ists geschehn! Zu euch,
> Ihr Teuern! komm ich, die mich leben
> Lehrten und sterben, zu euch hinunter![33]

Der Gefreite Siegfried Unseld sollte natürlich töten lernen, aber zu seinem Glück lernte er zu überleben. Nach der Ausbildung in Aurich kam er an die Ostfront und sollte als Funker den Vormarsch der Russen auf der Krim aufhalten. Der Oberbefehlshaber Hitler wollte kein Zurückweichen dulden. Im Mai 1944 hatte die Rote Armee die Festung Sewastopol bereits eingeschlossen, als – viel zu spät – der Befehl zum Rückzug gegeben wurde, sodass sich nur noch die wenigsten retten konnten. Die Eingeschlossenen hatten Angst, jedoch weniger vor der Gefangenschaft, sondern davor, von den Russen an Ort und Stelle erschossen zu werden. Unseld wollte nicht sterben, weder an einem Opferhügel noch im Schwarzen Meer, deshalb schwamm er in aussichtsloser Lage zusammen mit zwei Kameraden hinaus aufs offene Meer. Als Funker wusste er, dass dort deutsche Schnellboote kreuzten, um deutsche Soldaten zu retten. Der eine seiner Kameraden wurde von einer Granate getroffen, der andere ertrank, weil ihn die Kräfte verließen. Nur Unseld überlebte, weil er einfach nicht aufgab. «Ich bin geschwommen, geschwommen, geschwommen», ein Anklang an die ersten Worte von Rilkes «Cornet»: «Reiten, reiten, reiten, durch den Tag, durch die Nacht, durch den Tag.» Acht Stunden lang in dieser Nacht ist er um sein Leben geschwommen, von neun Uhr abends bis um fünf Uhr morgens, als er endlich ein deutsches Boot erreichte, das ihn aufnahm.[34] Das verbissene Training in der Hitlerjugend hatte sich für ihn gelohnt.

So unwahrscheinlich, so literarisch die Geschichte klingt, sie scheint sich wirklich so zugetragen zu haben. In dem Prachtband, den der Suhrkamp Verlag nach Unselds Tod herausgebracht hat, ist auch der Brief eines sonst unbekannten Zuschauers abgedruckt. Er meldete sich nach einer Sendung, in der Unseld seine Geschichte erzählt hatte, und teilte ihm mit, dass er ihn nach seiner Rettung auf einem der Schnellboote gesehen habe.[35]

Diese wundersame Rettung bildet den Beginn der Siegfried-Legende: der Held, der sich aus eigener Kraft aus einer ausweglosen Lage befreit und mit dem Leben davonkommt. Unselds unglaubliches Überlebenstalent bestätigte sich, als wenige Wochen später das Schiff, auf dem er sich inzwischen befand, vor der griechischen Insel Syra von britischen Jagdflugzeugen bombardiert wurde. Noch einmal konnte er sich schwimmend retten.

Als Marinesoldat wurde Unseld wieder nach Norddeutschland geschickt, wohin sich das letzte Aufgebot des nationalsozialistischen Regimes geflüchtet hatte. Admiral Karl Dönitz, von Hitler testamentarisch zu seinem Nachfolger als Reichspräsident ernannt, gab am 1. Mai 1945 im Rundfunk bekannt, dass «unser Führer Adolf Hitler heute nachmittag in seinem Befehlsstand in der Reichskanzlei, bis zum letzten Atemzug gegen den Bolschewismus kämpfend, für Deutschland gefallen ist»,[36] und übergab sich selber am 4. Mai in Flensburg den Engländern. Unseld wurde Anfang 1946 als Soldat entlassen und kehrte nach Ulm zurück, wo er das Abitur nachholen konnte.

Günter Gaus, fünf Jahre jünger als Unseld, aber wie er im Nationalsozialismus aufgewachsen, Stipendiat bei Henry Kissinger in Harvard, später «Spiegel»-Chefredakteur und Ständiger Vertreter der Bundesrepublik in der DDR, hat in seiner Autobiographie gestanden, dass er, als er im Radio die Nachricht vom Tod Hitlers gehört hatte, lange weinen musste.[37] Wie lange es dauerte, bis der Jungscharführer und Obergefreite Unseld das Bewusstsein erlangte, dass er in einem verbrecherischen System groß geworden war, lässt sich nicht sagen. Unseld selber sah sich durch die Literatur gerettet. Sein Deutschlehrer Eugen Zeller hatte ihm 1946 «Siddhartha» und «Steppenwolf» zu lesen gegeben. Zeller kannte den Autor Hermann Hesse sogar persönlich, es waren aber tatsächlich die Bücher, die ihre Wirkung bei dem Kriegsheimkehrer entfalteten: «Als ich sie las und immer wieder las, glaubte ich zu erfahren, daß mir hier ein Weg gezeigt würde.» Unseld zog hinterher eine Lehre daraus, die sein Leben von vornherein bestimmt haben musste: «Wenn das Leben eines Menschen richtig angelegt ist, so gibt es an seinem Anfang Zufälle, doch irgendeinmal ereignet sich eine Initialzündung, und von da an gibt es keine Zufälle mehr, sondern nur noch Kettenreaktionen.»[38]

Für Unseld wie für die jahrgangsnahe Soldatengeneration drückte der deutsche Titel von Thornton Wilders Stück «The Skin of Our Teeth» («Wir sind noch einmal davongekommen») jenes Überlebensgefühl aus, mit dem sie selbstbewusst nach vorn schauen und alles, was sich gerade ereignet hatte, was ihnen zugestoßen war, was sie überstanden hatten, hinter sich lassen konnten. Dafür gab es keinen besseren Schutzpatron als den schwäbischen Missionarssohn Hermann Hesse, der bereits im Ersten Weltkrieg Deutschland verlassen hatte und in der Schweiz vom Krieg und Nationalsozialismus unbehelligt geblieben war.

1946 erschien im S. Fischer Verlag die erste deutsche Ausgabe von Hesses «Glasperlenspiel». Der Roman war drei Jahre zuvor erstmals in Zürich herausgekommen und hatte dem Autor den Literaturnobelpreis eingetragen. Dem Lehrling Unseld gelang es, ein Verlagsexemplar zu ergattern. Mit seiner weltentrückten Spätromantik hatte Hesse eine Mythologie des Sichabschließens erschaffen, die aber nicht privat blieb, sondern mit seiner postreligiösen Sprache, die noch aus der Jugendbewegung der Jahrhundertwende herrührte, ein Zeitgefühl traf. Als Unseld 1951 eine Ausgabe mit Hesses Briefen, erschienen im neugegründeten Suhrkamp Verlag,[39] vorstellte, war seine Rezension ganz in dem schwärmerischen Jünglingston gehalten, der sich über die Katastrophen der vergangenen Jahrzehnte hinweg zumindest bei Hesse erhalten hatte: «Diese Briefe zeigen die edle Gesinnung des Menschen Hesse, seine Weisheit und seinen Humor, sie schließen aber auch die ungeheuren Spannungen in seinem Wesen auf, die unablässig sein Leben und Schaffen bedrohen.»[40]

Bildung und die Rückbesinnung auf das unverlierbar Deutsche in der klassischen Literatur war die Rettung nach dem damals überwiegend als «Zusammenbruch» beschriebenen Ende des Krieges. Unseld musste sein Jungvolk und die SA-Vergangenheit des Vaters, er musste die armseligen Umstände seiner Existenz hinter sich lassen, und die Literatur bot den Ausweg. Auf einem nicht genauer datierten Foto aus der Nachkriegszeit sitzt er übermäßig erwachsen in Anzug und Krawatte, die Füße in Hausschuhen, in einem Sessel und blickt konzentriert in ein Buch, rechts neben sich ein Bücherregal mit Bänden in unterschiedlicher Größe: der Leser. In dieser Inszenierung will er sich einem Bildungsbürgertum zugerechnet haben, das Nationalsozialismus und Krieg überlebt hatte. Mehr Innerlichkeit geht nicht.

Wenn der Lehrer Zeller der Zufall gewesen sein sollte (wie vorher Hans Scholl mit Rilkes «Cornet»), dann half die Stadt Ulm bei diesem Zufall doch bereitwillig mit. Die Volkshochschule leitete Inge Aicher-Scholl, die Schwester von Hans und Sophie, und als Kulturbeauftragter waltete Kurt Fried, der Feuilletonredakteur der «Schwäbischen Donau-Zeitung», in der Unseld bald schreiben durfte. Im Herbst 1946 begann er eine Gehilfenlehre beim Aegis-Verlag, wo Bücher von Alphonse Daudet und Edgar Allan Poe erschienen. Der Verleger Ernst Bauer dachte über den Weltfrieden nach und brachte im ersten Jahr 1946 unter dem Pseudonym Cornelia Dehn Erzählungen der Kunsthistorikerin und Stuttgarter Bürgertochter Hanne Lenz heraus, der Frau von Hermann Lenz, der sich da noch in amerikanischer Gefangenschaft befand und selber noch kein Buch veröffentlicht hatte.

Unseld verfügte über ein nachgebessertes Notabitur, hatte aber schlechte Noten und natürlich kein Geld; sein Vater war als Beschuldigter entlassen worden und erwartete sein Verfahren wegen Brandstiftung. Der Sohn war ganz auf sich gestellt. Bauer bestätigte ihm zum Abschluss der Lehre Anfang 1948 seine Fähigkeiten und rühmte insbesondere seine «junge, zufassende Kraft», die ihm Ansehen bei den älteren Mitarbeitern verschafft habe. Er sei überzeugt, schrieb Bauer noch, «in Herrn Unseld dem Buchhandel eine wertvolle Kraft zugeführt zu haben», und wünscht ihm natürlich alles Gute auf dem weiteren Lebensweg, der den Buchhandelsgehilfen, wie könnte es auch anders sein, weit über den Buchhandel hinausführen wird.[41]

Dreimal bewarb sich Unseld um einen Studienplatz in Tübingen und wurde dreimal abgelehnt. Erst als er den Philosophen Wilhelm Weischedel, der die Zulassung beaufsichtigte, persönlich kennengelernt hatte, wurde er in die Universität aufgenommen. Nach der Gesellenprüfung arbeitete er tagsüber als Hersteller beim Tübinger Verlag J. C. B. Mohr und besuchte abends und morgens vor der Arbeit Vorlesungen und Seminare. So gelangte er auch ins Doktorandenseminar des Germanisten Friedrich Beißner, Herausgeber der Werke Hölderlins, bei dem auch Walter Jens, Martin Walser und Johannes Poethen saßen. Nach sieben Semestern war Unseld promoviert.

Ein solcher Weg war sicherlich nur in den Nachkriegsjahren möglich. Unseld hat sein Studium einmal auf den Satz reduziert: «Martin Walser mogelte sich mit Franz Kafka durch, ich mich mit Hermann Hesse.»[42] Doch ohne den ungeheuren Fleiß, mit dem sich Unseld in die Literatur und Philosophie vertiefte (Nebenfach: chinesische Sprache und Geschichte), wäre nicht gelungen, was ihm gelang: sich aus dem Nazi- und Nachkriegsunheil aus eigener Kraft herauszustrampeln, sich wie der Vater hochzuarbeiten.

Selbst der Suhrkamp-Lektor Raimund Fellinger nannte Unselds Weg zum Chef des Suhrkamp Verlags eine «taktische Meisterleistung».[43] Für die «Tübinger Studentischen Blätter» verfasst Unseld eine Rezension des «Glasperlenspiels» und schickt Hesse einen Sonderdruck. Als der bereits siebzigjährige Hesse überraschenderweise persönlich antwortet, schreibt Unseld zurück und gesteht ihm Anfang 1949 seine Absicht, über «Hermann Hesses Anschauung vom Berufe des Dichters» (das erhabene -e bleibt in der endgültigen Fassung weg) zu promovieren, vorausgesetzt Hesse habe nichts dagegen einzuwenden: «Ich weiss nur nicht, hochverehrter Herr Hesse, inwieweit Ihnen eine solche Arbeit angenehm ist. (…) Es wäre mir und meiner Arbeit durchaus nicht förderlich, zu wissen, dass Sie, dem es verehrend gelten soll, mit ihr nicht einverstanden sind.»[44]

Hesse kann kein großes Interesse an einer akademischen Behandlung seiner Bücher haben, schließlich hatte er den für ihn vorgesehenen Bildungsgang früh abgebrochen, sich in Tübingen in eine Buchhändlerlehre gerettet und war Schriftsteller geworden. In der Erzählung «Unterm Rad», die Suhrkamp gerade neu herausbringt, hatte er Jahrzehnte zuvor die Leiden eines Knaben unter einer Pädagogik, die sich rühmt, den «natürlichen Menschen zu zerbrechen», mit großer Eindringlichkeit geschildert und damit Tausende beeindruckt. Unselds Dissertation ist nicht die erste große Arbeit über Hesse. Zu dessen fünfzigstem Geburtstag 1927 hatte Hugo Ball im Benehmen mit dem Meister ein Buch über «sein Leben und sein Werk» herausgebracht. Aber es schmeichelt Hesse natürlich, dass da ein junger Mensch, noch dazu aus Tübingen, diese Hingabe an sein Werk zeigt.

1951 wird Unselds glückhaftes Jahr. Er heiratet die Hauswirtschaftslehrerin Hildegard Schmidt und bringt sein Studium zum Abschluss, wenngleich sich Friedrich Beißner darüber echauffiert, dass der selbstbewusste Kurzzeitstudent im Briefverkehr mit Hesse bereits vor der letzten Prüfung mit dem Doktortitel renommiert.

Aber der Titel ist doch so wichtig. Ludwig Unseld hatte eine Beamtenlaufbahn im städtischen Dienst zustande gebracht. Die Kollaboration mit dem Nationalsozialismus hatte ihm vielleicht ein zusätzliches Stärke- oder sogar Machtgefühl verschafft, sie erwies sich aber bei Kriegsende als einziges Unglück. Er wurde entlassen, in Haft genommen und musste vor Gericht erscheinen. Seine SA-Heldentaten waren mit einem Mal strafbar. Siegfried Unselds Doktorprüfung findet am 24. Juli 1951 statt, zwei Tage später stirbt sein Vater. Dessen letzte überlieferte Worte lauten: «Man muß also jetzt Doktor zu dir sagen. Dann ist es ja gut.»[45] Es ist gut, weil der Sohn den Absturz des Vaters wiedergutmachen konnte.

Bei einem Verfahren vor dem Landgericht Ravensburg war Ludwig Unseld 1948 vorgeworfen worden, er habe den Standartenführer Wendling «in der Durchführung seines, auf die Niederbrennung der Synagoge gerichteten Vorhabens bestärkt». Immerhin hält ihm das Gericht zugute, «in starker Abhängigkeit von Wendling» gestanden zu haben, und wenn er sich widersetzt hätte, hätte er «nicht nur seine Stellung bei der SA, sondern zwangsläufig auch seine Stellung als Beamter stark gefährdet».[46]

Der Angeklagte Ludwig Unseld wird wegen «Verbrechens gegen die Menschlichkeit» zu einer zehnmonatigen Haftstrafe verurteilt; von der Untersuchungshaft werden ihm zwei Monate angerechnet.[47] Der mitangeklagte Hagenmeyer hatte vier Jahre und sechs Monate erhalten, wird aber vorzeitig entlassen. «Bei der Niederbrennung der Synagogen im Novbr. 1938 handelte es sich um eine verabscheuungswürdige, in einem Kulturstaat bis dahin unerhörte Freveltat», befindet das Landgericht Ravensburg in seinem Urteil vom 31. März 1948.[48]

So wird der junge Unseld bereits während der Lehre im Aegis-Verlag zum «Miternährer» der Familie. Nach der Haft scheitert sein Vater in mehreren Berufen, er wird magenkrank, dann arbeitsunfähig und erhält «sage und schreibe 1.36 RM Krankengeld», wie der Sohn seinem ersten Lehrherrn schreibt.[49] Der zum Akademiker aufgestiegene Siegfried Unseld ist es, der die Ehre seiner Familie rettet.

Zu diesem Zeitpunkt war der Sohn schon in den Kulturstaat zurückgekehrt, aus dem der Vater sich 1933 verabschiedet hatte. Der jüngere Unseld wird sein Leben mit Büchern umgeben und mit Hermann Hesse zubringen. Selbst sein Grabmal wird ein monumentales aufgeschlagenes Buch sein, mit Zeilen aus Hesses Gedicht «Stufen»: «Und jedem Anfang wohnt ein Zauber inne, / Der uns beschützt und der uns hilft, zu leben.»

Diesen zauberischen Anfang erlebt Unseld, als ihn Hesse in diesem glücklichen Jahr 1951 zu sich ins Tessin einlädt. Die Unselds unternehmen eine Hochzeitsreise in die Schweiz, verpassen Hesse zunächst in seinem Wohnort Montagnola, können aber dort das Grab Hugo Balls besuchen und treffen im Schloss Bremgarten in Bern endlich den verehrten Dichter, den Unseld sogleich damit beeindrucken kann, dass er den Ort als Schauplatz von Hesses Erzählung «Die Morgenlandfahrt» identifiziert.

Und über Stufen geht es immer weiter für ihn. Eugen Zeller in Tübingen erhält eine maschinengeschriebene Karte von Hesse, der ihm mitteilt, dass beim «Schwarzen Kaffee» ein junger Fremder erschienen sei, «der kam aus Ulm und war nett, er gefiel uns gut».[50] Hesse schreibt auch nach Frankfurt und empfiehlt den netten jungen Mann an seinen Verleger Peter Suhrkamp.

Am 3. Oktober 1951 bewirbt sich Unseld darum, «in irgend einer Form in Ihrem Verlag mitzuarbeiten».[51] In diesem Brief an Peter Suhrkamp kann Unseld darauf verweisen, dass er ihn bereits kennen müsse, denn in dem eben erschienenen Band mit Hesses Briefen, den er, was er nicht zu erwähnen vergisst, in der «Schwäbischen Donau-Zeitung» rezensiert habe, finde sich auf Seite 311 bereits ein Brief von Hesse an ihn, Siegfried Unseld. Er gehört also schon zum Zeitpunkt der Bewerbung zur Suhrkamp-Familie. Die Aufnahme muss nur noch formalisiert werden.

Hesse war es, der dem Verlag diese wertvolle und zweifellos zufassende Kraft zugeführt hatte, ohne ihn wäre Unseld nicht so schnell nach Frankfurt gelangt. Am 7. Januar 1952 wird Unseld zur Probe angestellt. Seine Arbeitsbereiche sind «Herstellung, Vertrieb, Propaganda». Zur Lektoratsarbeit soll er ebenfalls herangezogen werden.[52]

Mit anderen Mitteln

> «Es ging, um nicht herumzureden, um nichts anderes als psychologische Kriegsführung.»[1]
>
> **Theo Sommer, Teilnehmer am International Seminar 1960**

Im Juni 1950, als Henry Kissinger in Harvard gerade seinen ersten Abschluss macht, überschreiten nordkoreanische Soldaten den 38. Breitengrad, die Demarkationslinie zu Südkorea. Der Norden wird von China und auch von der Sowjetunion unterstützt, die USA kommen dem Süden zu Hilfe. Es ist ein Stellvertreterkrieg, die erste bewaffnete Auseinandersetzung zwischen den ehemaligen Weltkriegsverbündeten. In der Tschechoslowakei haben die Kommunisten bereits 1948 die Macht übernommen, China ist seit 1949 Volksrepublik. Im westlichen Europa wächst die Furcht, der sowjetisch dominierte Ostblock könnte sich noch weiter nach Westen ausdehnen.

1954 wird Kissinger mit der Arbeit «Großmacht Diplomatie. Von der Staatskunst Castlereaghs und Metternichs» promoviert; er empfängt dafür den *Senator Charles Sumner Prize* für die beste Dissertation des Jahres. Als Spezialist für die Machtpolitik des nachnapoleonischen Europa ist er nicht unbedingt der größte Experte für die Eindämmungspolitik, mit der die Vereinigten Staaten auf die sowjetische Einflussnahme reagieren, doch bietet der militärisch-industrielle Komplex neue Arbeitsfelder für Politologen, erst recht, wenn sie selber über Kriegserfahrung verfügen. Das Studium ist für Kissinger eine Fortsetzung des Krieges mit intellektuellen Mitteln. In der Army hatte er eine konkrete Aufgabe, wurde wegen seiner Kenntnisse geschätzt, an der Universität ist er ein Außenseiter, er fühlt sich fremd. In

Harvard, im Jahr 1636 gegründet von den Puritanern, weißes, protestantisches Neuengland bis in die Zehenspitzen, sind die jüdischen Studenten getrennt von der angelsächsischen Mehrheit untergebracht. Kissinger wehrt sich auf seine Weise, zelebriert das Fremdsein sogar noch mit seinem Akzent. Sein ein Jahr jüngerer Bruder hatte keine Mühe, sich sprachlich zu assimilieren, Henry offenbar keine Lust dazu.

Seine erste Abschlussarbeit von 1950 ist bis heute legendär, weil sie fast vierhundert Seiten umfasst und man deshalb danach in der Studienordnung eine Umfangsbeschränkung einführte. «The Meaning of History» referiert die geschichtsphilosophischen Thesen von Oswald Spengler und Arnold Toynbee im Lichte Kants. Der Sinn, den Kissinger der Geschichte geben will, ist eine fleißige Kompilationsarbeit, aber nicht unbeeinflusst vom kurrenten Existentialismus der Nachkriegszeit. Sein Biograph Niall Ferguson, dem aufgefallen ist, dass der großzügig mit Namen um sich werfende Kissinger Sartre als «Satre» anführt, zitiert daraus eine besonders trabende Passage: «Wir stoßen auf das Problem von Notwendigkeit und Freiheit, der Unwiderruflichkeit unseres Handelns, der Gerichtetheit unseres Lebens. (...) Worin besteht die Bedeutung einer Kausalität, die sich unter den Bedingungen der Freiheit durchsetzt?»[2]

In dieser ersten akademischen Arbeit ist Kissinger noch beseelt von dem Gedanken der Freiheit, die sich ihren eigenen Antrieb suche. «Freiheit hängt weniger von der Existenz als vom Erkennen von Alternativen ab, nicht von einer Konstellation äußerer Bedingungen, sondern von einer inneren Erfahrung.»[3] Der aktuelle Sinn der Geschichte wird für diesen Autor in der Stärkung der Gegenwart durch westliche Werte bestehen, amerikanische Werte. Der künftige Weltpolitiker sieht diese Welt in Harvard noch sehr theoretisch, aber er plant seine Karriere mit dem globalen Blick, den er sich mit seinen großflächigen Themen in den akademischen Arbeiten antrainiert hat. «Diejenigen, deren höchstes Anliegen die Sicherheit und das geringste

Risiko sind», heißt es später, «haben keinen Zugang zur Größe staatsmännischer Konzeption.»[4] Ob Viscount Castlereagh und Fürst Metternich am Sinn der Geschichte interessiert waren, ist nicht überliefert, sie wollten und konnten sie in jedem Fall gestalten. Der Harvard-Student Kissinger hatte 1954 keinerlei Aussichten, je in eine solche Rolle zu gelangen, er bereitete sich aber abstrakt darauf vor.

Kissingers maßgeblicher Lehrer wird der konservative Historiker William Yandell Elliott, der nebenberuflich für die CIA arbeitet. Dorthin will er auch seinen Studenten vermitteln, doch der hält weiter Verbindung zur Army, für deren «Psychological Strategy Board» (PSB) er zu arbeiten beginnt. Psychologische Kriegsführung wird ihn die nächsten Jahre beschäftigen und allmählich aus der akademischen Beschränkung herausführen. Das PSB schickt ihn 1951 nach Korea. Kissinger soll in kurzer Zeit recherchieren, wie sich die amerikanische Besatzungspolitik auf die Einheimischen auswirkt. Im Jahr darauf reist er, erneut im Auftrag des PSB, zum ersten Mal wieder nach Deutschland, wo er mitten in die Aufrüstungsdebatte gerät. Auch hier soll er erkunden, wie die Einheimischen sich zur Besatzungsmacht stellen. Eben noch sollte jedem Deutschen die Hand verdorren, die je wieder eine Waffe anfassen würde, jetzt geht es darum, den besiegten Deutschen, die als Teilmacht der westlichen Verteidigung gebraucht werden, die Waffen wieder in die Hand zu drücken. Den Eltern, die sich verständlicherweise um ihn sorgen, weil er an eine mögliche Kriegsfront reist, schreibt er zur Beruhigung: «Die Bayern trinken wie früher, während die Hessen so widerlich wie eh und je sind.»[5] In Essen trifft er sich mit Industrievertretern in einem Gebäude der Firma Krupp. Ein persönlicher Triumph, und auch davon muss er seine Eltern unterrichten: Als amerikanischer Bevollmächtigter hat er das Deutschland besiegt, das ihn gerade noch vernichten wollte.

In Frankfurt hätte er auf der Straße Siegfried Unseld begegnen können, der im Januar 1952 bei Suhrkamp angefangen hat, aber was hätten sie sich zu sagen gehabt? Auf der einen Seite der Vertreter der Besatzungsmacht, der daran zweifelt, dass das westliche Deutschland, das erst in drei Jahren seine Souveränität erlangen wird, den Nationalsozialismus abgeschüttelt hat. Und auf der anderen Seite ein Berufsanfänger, der sich aus dem Krieg in die Kultur gerettet hat. Suhrkamp war noch gar nicht Suhrkamp – der Verlagsgründer Peter Suhrkamp hatte sich noch längst nicht dazu durchringen können, den toten Walter Benjamin ins Programm zu nehmen, der später zusammen mit Theodor W. Adorno zum Inbegriff der *Suhrkamp Culture* werden sollte. Von Bertolt Brecht abgesehen, pflegte der Verlag ein Programm, das politische Auseinandersetzungen meidet und mit Hans Carossa, Rudolf Alexander Schröder, T. S. Eliot und dem Hausgott Hermann Hesse auf die zeitlose Macht der Poesie vertraut.

Auch wenn er jetzt Amerikaner ist, interessiert sich Kissinger dafür, wie sich Deutschland entwickelt, das er 1938 als Jugendlicher verlassen hat. Die Deutschen seien kriegsmüde, stellt er fest, «die Angst vor einem neuen Krieg, vor neuen Bombardements und neuer Besetzung ist allgegenwärtig». Nach dem verlorenen Weltkrieg ist die Neigung, sich wiederzubewaffnen, nicht groß. Diese deutsche Frage wird sein Thema für die nächsten Jahre. Unter Aufsicht der Besatzungsmächte, insbesondere Amerikas, hat sich eine parlamentarische Demokratie gebildet, aber Kissinger sieht die Deutschen nicht gerüstet für den Krieg, dessen Wiederkehr er jederzeit erwartet. Er beobachtet ein «überall vorhandenes Misstrauen gegenüber den USA»[6] und sieht die Gefahr, dass «eine nationalistische, von einem dogmatischen Antiamerikanismus genährte Reaktion vielleicht eine Regierung an die Macht bringt, die sich, allen ideologischen Differenzen zum Trotz, auf die Sowjetunion stützt, um ihre Unabhängigkeit vom Westen zu erreichen».[7]

Die Westbindung an Amerika wird für ihn nur durch Konrad Adenauer gewährleistet, den der SPD-Vorsitzende Kurt

Schumacher «Kanzler der Alliierten» schimpft, weil er das amerikanische über das nationale Interesse stelle. In der totalitären Propaganda, früher der Nazis, jetzt der Kommunisten, würden die USA als «arrogant, brutal, rücksichtslos, unsensibel» erscheinen, «von einem oberflächlichen Zynismus beseelt».[8] Das müsse sich ändern. Von der älteren Generation erwartet Kissinger nicht viel, sein Interesse gilt der jüngeren, er sieht sie «verwirrt und auf der Suche nach Orientierung». Hier erkennt er einen Ansatz und empfiehlt ein praktisches Vorgehen, keine Propaganda, sondern Wirkung durch eigene Anschauung, dazu eine gewisse Großzügigkeit, womit die Verlierer des Weltkriegs zweifellos zu beeindrucken sein werden. So bescheiden ihre ökonomische Relevanz ist, im Lauf der Jahre erfährt die deutschsprachige Literatur umfangreiche Förderung durch verschiedene amerikanische Institutionen. So gewährte die Rockefeller-Stiftung Max Frisch bereits 1951 ein einjähriges Stipendium, das in den internen Unterlagen als «investment in a man» betrachtet wurde.[9]

In bester Geheimdienstmanier schlägt Kissinger zuerst vor, eine Gruppe mit «Tarnung» nach Deutschland zu schicken, Agenten, die in Europa Überzeugungsarbeit für den ehemaligen Kriegsgegner leisten sollen, begreift aber schnell, dass Amerika in Amerika am attraktivsten ist. Der Kalte Krieg soll nicht nur mit einem ständig wachsenden Atomwaffenarsenal, sondern auch mit Kultur geführt und vor allem gewonnen werden. Von seiner Inspektionsreise bringt er konkrete Vorschläge mit. «Es ist wichtig», schreibt er in seinem Bericht, «Deutsche und Amerikaner in kooperativen Projekten zu beschäftigen, damit durch diese Zusammenarbeit vielleicht eine Interessengemeinschaft entsteht.»[10]

Echte kooperative Projekte auf staatlicher Ebene gibt es bis dahin nicht, wohl aber verschiedene Formen der Einflussnahme. Beim vermuteten Ernst der Lage durfte aber nichts unversucht bleiben. Aufstrebende Politiker mussten gewonnen werden, unsichere Kantonisten wurden ebenso gefördert wie bereits für die amerikanische Sache Gewonnene. Dwight D. Eisenhower, Trumans Nachfolger als amerikanischer Präsident, schickt die Schriftstellerin Clare Boothe Luce, Ehefrau des «Time»-Verlegers Henry Luce, 1953 als Botschafterin nach Italien. Sie sorgt dafür, dass jedes Jahr fünf Millionen Dollar an die Democrazia Christiana, die wichtigste italienische Partei, gehen, um damit eine immer wieder beschworene Machtübernahme durch die Kommunisten zu verhindern.[11] Es werden auch einzelne Politiker gefördert. Willy Brandt gilt in der «Frontstadt» Berlin als Mann des Westens und profitiert von Zuwendungen, die indirekt von der CIA kommen.

In Berlin konstituiert sich 1950 der Kongress für kulturelle Freiheit mit einem eigenen Förderprogramm, in dessen Rahmen in ganz Europa Zeitschriften gegründet werden. In Deutschland ist es der «Monat», der sich bewusst um linksliberale Autoren bemüht, gern auch ehemalige Kommunisten, und mit ihren keineswegs stramm antikommunistischen oder eindeutig proamerikanischen Beiträgen im ideologischen Krieg der Systeme die Überlegenheit des liberalen Westens vorführt. Die 1948 gegründete Zeitschrift gehört wie später das Harvard International Seminar zu den Projekten, die durch die CIA, getarnt unter anderem durch die Ford Foundation, finanziert wurden. Die CIA, die sich jahrzehntelang alle möglichen Verbrechen in allen Teilen der Welt leistet, exportiert nicht nur politische Gewalt, sondern von Louis Armstrong bis Jackson Pollock beste westliche Kultur nach Europa.

Diese Art Entwicklungshilfe begeistert natürlich nicht alle. Jemand wie Martin Heidegger hat größte Mühe mit der Aufklärung, die sich die von den Amerikanern gegründete «Neue Zeitung» vorgenommen hat. In seinen Notizbüchern, den «Schwarzen Heften», fühlt er sich bei der Lektüre durch das Blatt meinungsterrorisiert. Trotz der weitverbreiteten und auch von Kissinger registrierten Aversion gegen die Besatzungsmacht entsteht eine neue deutsche Elite, der in Amerika die Augen aufgehen. Klaus Schütz, später Wahlkampfmanager Willy Brandts und einer seiner Nachfolger als Regierender Bürgermeister von Berlin, hat 1949/50 an der Harvard University Politische Wissenschaften studiert, Ernst Benda, später Innenminister und Verfassungsrichter, an der University of Wisconsin in Madison, der spätere Kanzleramtschef Horst Ehmke in Princeton. Der Student Hans Magnus Enzensberger kann mit einem Fulbright-Stipendium und einem Greyhound-Ticket bereits 1953 sechs Wochen die USA bereisen.

Insbesondere Deutschland bedarf nach Meinung der Sieger nach der nationalsozialistischen Indoktrination weiter der Reeducation. Der Marshall-Plan zum Wiederaufbau Europas ist das wirtschaftliche Argument, das für den Westen spricht, es soll aber nicht das einzige sein. Henry Kissinger möchte intelligenten, aufgeweckten jungen Europäern die Möglichkeit geben, die Vorzüge Amerikas in Augenschein zu nehmen. Das ist der Ursprung des Harvard International Seminar.

Mit seinem Bildungshintergrund und seinem intellektuellen Interesse sticht Kissinger ohnehin aus seiner Studentengeneration heraus. Bei seiner Herkunft aus Europa liegt der Gedanke nahe, sich der europäischen Kulturtradition zu versichern und deren Vertretern ein Angebot zu machen, zu dem sie nicht Nein sagen können. «Wir hatten», schreibt er Anfang 1955 an einen Vertreter der Ford Foundation, als er wieder einmal das Geld für sein Seminar organisieren muss, «vor allem eine Generation im Auge, die während des Krieges erwachsen und Zeuge der Verzweiflung und Zerstörung danach wurde.»[12] Treffen in einer Atmosphäre der Toleranz würden viel zu einem besseren Verständnis der gemeinsamen Probleme und der wahren amerikanischen Werte beitragen.

Idealerweise, so formuliert es Kissinger schon 1951, würde dieses spezielle Harvard-Programm für eine geistige Verbindung zwischen einem Teil der Jugend im Ausland und den USA sorgen. Es komme nicht nur auf die materielle Hilfe des Marshall-Plans an, sondern auch darauf, die Persönlichkeit der ausländischen Teilnehmer anzusprechen. Materielle Hilfe braucht Kissinger allerdings, denn Jahr für Jahr muss er das Geld zusammenbekommen für eine Veranstaltung, von deren Sinn und Zweck nicht alle überzeugt sind.

Das International Seminar ist zunächst als Angebot für Europa und dort vor allem für Deutschland gedacht und wird dann ausgeweitet, sodass jedes Jahr jeweils zwanzig Stipendiaten aus Asien und zwanzig aus Europa nach Harvard eingeladen werden. Ergänzt wird das Seminar durch die Zeitschrift «Confluence», die jedoch – anders als der «Monat» – keine Publikumszeitschrift ist. Sie gelangt nie in den Verkauf, sondern wird an Kultureinrichtungen und an bekannte Persönlichkeiten verteilt, von denen sich Kissinger wiederum Beiträge erhofft.

Für Deutschland ist besonders erfreulich, dass Kissinger offenbar nicht nachtragend ist. Im Gegenteil, er erweist sich bei vielen als erstaunlich tolerant. Das verbindet ihn mit dem von ihm bewunderten Konrad Adenauer. Der erste Bundeskanzler beschäftigt als Staatssekretär Hans Globke, den Kommentator der Nürnberger Rassegesetze, zu deren Opfern unter anderem die Fürther Familie Kissinger zählte. Noch in seinem letzten Buch lobt Kissinger mit Blick auf Globke Adenauers Großmut, seine «weite Spanne der Ambiguität».[13]

Mit dem großzügigen Begriff Ambiguität lässt sich auch die Rekrutierungstätigkeit Kissingers beschreiben. Die Gelegenheit seiner Recherchen in Europa und vor allem in Deutschland nutzt Kissinger, um Teilnehmer für das International Seminar und Autoren für die Zeitschrift «Confluence» anzuwerben. Er ist besonders am aktuellen deutschen Kulturleben interessiert und sucht die Nähe bildungsbürgerlicher Kreise. So erscheint er bei seinem Deutschlandbesuch 1952 in der Redaktion des «Merkur», angelockt womöglich durch den Untertitel «Zeitschrift für europäisches Denken», und verabredet einen Heftaustausch mit «Confluence». Beim «Merkur» lernt er auch den Lyriker und Literaturkritiker Hans Egon Holthusen kennen, der wiederum über Kontakte nach Frankreich und England verfügt. Die beiden Herausgeber des «Merkur», Hans Paeschke und Joachim Moras, bittet er um Vorschläge für mögliche Seminarkandidaten. Paeschke würde gern selber reisen, doch dann geht 1953 Holthusen nach Harvard und wird in der Folge ein verlässlicher Ansprechpartner für Kissinger. Vermutlich hat ihm Holthusen nicht gestanden, dass er sich 1933 freiwillig zur SS gemeldet hatte, weil er die schwarze Uniform so chic fand.[14]

Holthusen hatte 1937 über Rainer Maria Rilke promoviert, einen der Lieblingsdichter von Kissingers Vater. Nach dessen Tod ließ der Sohn auf einer Bank in Washington Heights ein Messingplättchen mit einer Strophe aus dem Rilke-Gedicht «Opfer» anbringen: «Sieh: ich fühle, wie ich mich entferne, / wie ich Altes, Blatt um Blatt, verlier. / Nur dein Lächeln steht wie lauter Sterne / über dir und bald auch über mir.» [15] Holthusen orientierte sich mehr an T. S. Eliot und hatte sich einen gewissen Ruf als Kulturpessimist erworben. Seine 1951 erschienene Aufsatzsammlung mit dem heideggerischen Titel «Der unbehauste Mensch» wurde sprichwörtlich für eine kulturell geprägte Schicht, die nach dem verlorenen Krieg auch noch um ihre gesellschaftliche Stellung fürchten musste.

Der kommende Generationsbruch zeichnet sich nicht zuletzt beim kulturkonservativen «Merkur» ab: Von dort kam neben der für Holthusen erst eine Empfehlung für Christian E. Lewalter (NSDAP-Mitglied seit 1933), der 1953 in der «Zeit» Martin Heidegger gegen den Angriff von Jürgen Habermas verteidigen sollte. Dann sollte 1956 nach dem Willen Paeschkes aber schon der «Merkur»-Mitarbeiter Habermas nach Amerika gehen, doch wird daraus aus unbekannten Gründen nichts.[16] Holthusen schreibt in «Confluence» unter anderem über Ernst Jünger, den er als weiteren möglichen Beiträger vermittelt. Als klassischer Amerikagegner will Jünger zunächst nicht, redet sich auf einen Kuraufenthalt hinaus, liefert nach einigem Drängen – die hundertfünfzig Dollar Honorar sind nicht zu verachten – dann aber doch eine Kurzfassung seines 1951 erschienenen Bestsellers «Der Waldgang».[17]

Kissinger fischt bewusst im konservativen Milieu. Sein Ehrgeiz, für «Confluence» möglichst große Namen zu versammeln, hat jedoch fatale Folgen. So beweist er viel Ambiguität, als er zum Thema «The Ethics of Loyalty» 1952 und 1953 nicht nur Deutschnationale wie den Historiker Gerhard Ritter anschreibt, sondern neben Ernst Jünger auch den Schriftsteller Ernst von Salomon, der 1922 an der Ermordung Walther Rathenaus beteiligt gewesen und dafür zu fünf Jahren Zuchthaus verurteilt worden war. In fast gleichlautenden Briefen wendet sich Kissinger auch an Albert Camus, Raymond Aron und Karl Jaspers. Camus antwortet nicht, dafür aber Salomon, der zu diesem Zeitpunkt in Westdeutschland zu den erfolgreichsten Schriftstellern zählt und unter anderem später als Drehbuchautor der Filmreihe «08/15» gutes Geld verdient. In seinem 1951 erschienenen Buch «Der Fragebogen» hatte sich Salomon gegen die verordnete Entnazifizierung gewendet – ein Muster für den Antiamerikanismus, den Kissinger gerade beklagt hatte.

Dieser Autor war selbst den Schutzherren im Hintergrund zu viel. Der Historiker Shepard Stone von der Ford Foundation, als einer der Geldgeber auch eine Art Aufseher, schrieb Kissinger einen knappen Brief, den dieser zusammen mit zwei längeren in der nächsten Ausgabe der Zeitschrift abdruckte: «Dear Henry, darf ein interessierter Leser erfahren, warum du dich entschlossen hast, Ernst von Salomon in ‹Confluence› zu veröffentlichen? Es will mir nicht in den Kopf, dass von Salomon über irgendwas schreiben sollte, das auch nur entfernt mit Ethik zu tun hat.»[18] In seiner Replik holt der verantwortliche Redakteur weit aus: Kein Wort sei heute so abgenutzt wie «Werte» (von dem er in seinen Anschreiben selber reichlichen

Gebrauch gemacht hatte), behauptet Kissinger souverän. «Statt der bereits existierenden Flut an Selbstgerechtigkeit eine weitere schrille Stimme hinzuzufügen, habe ich die Aufgabe von ‹Confluence› immer darin gesehen, für Ruhe und Zuversicht zu sorgen.» Wie ausgerechnet der Beitrag eines der Totengräber der Weimarer Republik für Ruhe und Zuversicht sorgen könnte, verrät der Redakteur nicht. «Für mich ist von Salomon eine verlorene Seele, die von ihren Furien gejagt wird. So wenig ich ihn als politisches und moralisches Phänomen mag, bilde ich mir dennoch nicht ein, dass er eine Ausnahmeerscheinung wäre und nicht vielmehr ein Symptom für unsere Zeit.»[19] Man könnte länger drüber nachdenken, ob das eine Entlastung für von Salomon oder für Kissinger sein sollte.

Bei den Jüngeren, den noch nicht prominenten, die er in sein Seminar einlädt, beweist Kissinger mehr Geschick. Er hat auch Glück, weil die Kettenwerbung so gut funktioniert. Wer einmal dort gewesen war wie Jürgen Weichert, Siegfried Unseld oder Ingeborg Bachmann, wird regelmäßig aufgefordert, weitere Kandidaten zu empfehlen. Nicht nur Paeschke, auch Jünger oder Holthusen werden um Vorschläge für künftige Teilnehmer gebeten. Weichert, der beim Auswärtigen Ausschuss des Bundestags und später im Gesamtdeutschen Ministerium unter der Leitung von Herbert Wehner tätig wird, beteiligt sich in Deutschland bei der Vorauswahl. So entsteht ein dichtes Netzwerk nicht nur für den künftigen Diplomaten Kissinger, auch die Teilnehmer bleiben untereinander verbunden in der Erinnerung an das International Seminar, mit dem sie der Stickluft der Adenauer-Ära entkommen und später, in den Sechzigern, bewusst die Kulturrevolution aufnehmen konnten, die sich in Amerika ereignet.

Im Jahr 1953, während in den Südstaaten der USA noch immer strikte Rassentrennung herrscht, Schwarze nicht in allen Hotels eingelassen werden und im Bus hinten sitzen müssen, bittet Kissinger den mit seinem Roman «The Invisible Man» berühmt gewordenen afroamerikanischen Autor Ralph Ellison als Referenten in sein Seminar. In diesem Jahr trat auch Hannah Arendt auf. Dank ihres zwei Jahre zuvor erschienenen frühen Hauptwerks «Elemente und Ursprünge totalitärer Herrschaft» (wie der Titel in der deutschen Übersetzung lauten wird, die erst 1955 erscheinen kann) gilt sie wie die *defense intellectuals* Hans J. Morgenthau und James Burnham als eine besonders Kalte Kriegerin. In Harvard referiert Arendt über die Frage, ob der Kommunismus als religiöse oder als säkulare Bewegung zu verstehen sei. Ihr Beitrag soll in «Confluence» erscheinen, wobei sie mit dem Redakteur Kissinger aneinandergerät, weil dieser es wagt, in ihren Text einzugreifen. Sie besteht darauf, dass er seine Änderungen wieder rückgängig macht.[20] Anderthalb Jahrzehnte später, während des Vietnamkriegs, wird sie wie Morgenthau zu seinen erbittertsten Gegnern gehören.

Als Politiker, der er gern wäre, aber noch lange nicht ist, versteht Kissinger das Seminar und seine Zeitschrift als geistige Widerstandsarbeit gegen den Kommunismus. Darum ist es wenig wahrscheinlich, dass ihn die Enthüllung, der Geldgeber auch hinter seinem Seminar sei die CIA gewesen, so überrascht hat, wie er es später behauptete.[21] Die «psychologische Kriegsführung», zu der der Journalist Theo Sommer das International Seminar während seines eigenen dortigen Aufenthalts im Jahr 1960 rechnete, ist durchaus wörtlich zu verstehen. In einem Aufsatz für die Campus-Zeitschrift «Harvard Crimson» hat die Schriftstellerin Susan Faludi viele Jahre später dokumentiert, wie Kissinger das FBI einmal um Hilfe bat, weil er fürchtete, unter den Teilnehmern seines Seminars würde sich der Keim des Pazifismus ausbreiten.[22] Zu Beginn des Seminars von 1953, an dem neben Holthusen auch der spätere japanische Premierminister Yasuhiro Nakasone teilnahm, geht ein Brief an alle vierzig Teilnehmer, in dem nicht nur vor der amerikanischen Atompolitik gewarnt wird, sondern auch von der Scham und dem Zorn der amerikanischen Bevölkerung die Rede ist, weil «Amerika den Krieg vorbereite». Kissinger öffnet einen dieser Briefe und ruft, als müsste er seine Loyalität beweisen, beim Bostoner Büro des FBI an. Man schickt sofort einen Beamten, den Kissinger zunächst darüber aufklären muss, dass er das International Seminar leite, an dem Menschen aus dem Ausland teilnähmen, «die zu Hause in ihrem Land in Wirtschaft und Politik einen hohen Rang» besäßen. Er sehe seine Aufgabe darin, die «amerikanische Politik in diesen Ländern in einem günstigen Licht» erscheinen zu lassen.[23] Doch das, was in dem Brief steht, ist nicht das, was Kissinger den Seminarteilnehmern als amerikanische Werte vermitteln will. Es entspricht eher der Wehrmüdigkeit, die er schon in Deutschland beobachtet hatte.

Pazifistische Gedanken in seinem Seminar vertragen sich nicht mit seiner Vorstellung eines wehrhaften Amerika, sie gefährden auch seine akademischen Aussichten. Noch hat er keinen Lehrstuhl und muss den Entlarvungsfeldzug Joseph McCarthys fürchten. Drei Wochen bevor er den Brief beim FBI meldete, waren trotz weltweiter Proteste die Eheleute Ethel und Julius Rosenberg auf dem elektrischen Stuhl hingerichtet worden. Ihnen war vorgeworfen worden, 1945 Pläne der amerikanischen Atombombe an die damals noch mit den USA verbündete Sowjetunion weitergeleitet zu haben. Bei pazifistischen Äußerungen, und kämen sie auch nur von außen in den Briefkasten, keimt sofort der Kommunismusverdacht auf, auch muss Kissinger mit dem virulenten Antisemitismus rechnen.

Obwohl sich an den amerikanischen Universitäten zahlreiche Emigranten aus Europa befinden, knüpft kein anderer amerikanischer Geisteswissenschaftler ein vergleichbares Netzwerk. Niemand bemüht sich so wie er um die europäische Intelligenz, die den Krieg und den Nationalsozialismus erlebt hat. An seinen Kollegen Milton Katz, der für den Marshallplan und die Ford Foundation arbeitete, schreibt er 1955: «Uns lag nichts daran, Amerika unseren Teilnehmern zu ‹verkaufen›, und das dürfte entscheidend dazu beigetragen haben, dass wir damit so erfolgreich waren.» Die Teilnehmer hätten vielleicht nicht alle ihre Skepsis abgelegt, aber sie wüssten jetzt, dass die Zeitungen zu Hause Klischees über Amerika verbreiteten. Hier könnten sie nach ihrer Rückkehr an einem anderen Amerikabild mitwirken. «Da ihnen die Kommunikationsmittel ihrer jeweiligen Länder zur Verfügung stehen, ist ihr Einfluss nicht zu unterschätzen.»[24]

Die Liste seiner Stipendiaten, die später Karriere in der Politik machten, ist legendär: Bülent Ecevit (1957) war mehrmals türkischer Ministerpräsident, Yasuhiro Nakasone (1953) wurde japanischer Ministerpräsident, Georg Kahn-Ackermann (1958) brachte es zum Generalsekretär des Europarats, Michael Foot (1960) wurde Vorsitzender der britischen Labour Party, Erhard Eppler (1961) deutscher Entwicklungshilfeminister und Kirchentagspräsident und Günter Gaus (ebenfalls 1961) Ständiger Vertreter der Bundesrepublik in der DDR. Leo Tindemans (1962) war belgischer Ministerpräsident, Kenzaburō Ōe (1965) erhielt den Literaturnobelpreis. Der kroatische Ministerpräsident Franjo Tudjman (1966) gehörte ebenso dazu wie der österreichische Bundespräsident Heinz Fischer (1967). Mahathir bin Mohamad (1967) war viele Jahre Ministerpräsident Malaysias, 1968 trafen der Philosoph Giorgio Agamben und der spätere norwegische Außenminister Knut Frydenlund aufeinander.

Dennoch beschleichen Kissinger vorübergehend Zweifel an seinem eigenen Amerikanisierungsprogramm. 1961, auf einer Reise durch Israel, bei der er auch dem späteren Außenminister Jigal Allon begegnet, der 1957 in Harvard gewesen war, bewertet er das International Seminar plötzlich völlig anders als den Geldgebern und dem FBI gegenüber. Es sei nicht möglich, die Teilnehmer allein nach ihrem Verhalten im Seminar zu beurteilen. «Häufig stechen die Leute, die in Harvard am meisten Eindruck gemacht haben, zu Hause in ihrer gewohnten Umgebung gar nicht besonders hervor. Umgekehrt sind viele Teilnehmer, die im Sommerseminar nicht aufgefallen sind, in ihrem Heimatland ganz besonders eindrucksvoll.»

Da diese Notizen keinen offiziellen Charakter haben, kann sich Kissinger freimütigere Gedanken leisten, kann also auch sagen, «dass in Harvard belohnt wird, wer sich am schnellsten anpasst und zeigt, dass er bereit ist, sich in den amerikanischen Lebensstil zu finden». Gedankenreiche oder schüchterne Menschen seien vielleicht gar nicht geschaffen für die vielen Unternehmungen, die das Seminar anbiete. «Die Fähigkeit, sich wie ein Amerikaner zu verhalten, ist ein Vorteil in Cambridge [Harvard], aber in der gesamten übrigen Welt eher nicht.» [25]

Die Entdeckung Amerikas

«Für meine Generation war die Amerikareise wie früher die Italienreise.»[1]

Martin Walser

«An sich bin ich nicht sehr amerikafreundlich eingestellt», schreibt Siegfried Unseld an seinen Förderer, der noch sehr viel weniger amerikafreundlich ist, er wolle aber seine «Vorurteile ablegen und offenen Sinnes an Ort und Stelle meine Eindrücke gewinnen», und deshalb braucht er eine namhafte Empfehlung für dieses Amerika.[2] Hermann Hesse tut wie gebeten und wagt für die Zukunft des Bewerbers eine kühne Prognose: «Er ist die rechte Hand von Dr. Suhrkamp, unter dessen Führung er sich zum künftigen Leiter dieses hochangesehenen Verlags ausbildet. Er wird voraussichtlich künftig an bedeutender Stelle dem deutschen Verlagswesen und Kulturleben angehören und würde ein wahrhaft würdiger und reifer Teilnehmer an der Harvard Summer School sein.»[3]

Henry Kissinger hat Siegfried Unseld nicht selber ausgewählt, er folgt den Beglaubigungsschreiben von Hermann Hesse und Peter Suhrkamp, aber im kulturellen Bereich hätte er keinen besseren Kandidaten finden können. Im Frühjahr 1955 ist noch nicht unbedingt abzusehen, dass Unseld einer der großen deutschen Verleger werden wird, oder amtlicher, so amtlich, wie es die Einladung vorsieht, eine der «Persönlichkeiten, die eine Gewähr bieten, auf ihrem Arbeitsfeld einmal eine höhere Stellung zu erreichen».[4]

Unseld ergreift die Chance, die sich ihm durch die versprochene Bereicherung durch den «Kontakt mit Kollegen anderer

Länder» bietet. Er habe von Wilhelm Hennis und Jürgen Weichert, die im Vorjahr dabei gewesen waren, von der Existenz dieses Seminars erfahren, schreibt er am 21. Februar 1955 nach Boston und präsentiert sich als aufgeschlossenen, modernen Deutschen. Ein solches Schreiben muss natürlich gewissen Konventionen gehorchen. Der Bewerber darf nicht zu forsch auftreten, aber auch nicht zu kleinlaut. Wahrscheinlich wird das Schreiben nicht besonders gründlich gelesen, vielleicht kommt es in die Ablage, weil es zu viele Bewerbungen gibt. Unseld gibt auf jeden Fall alles und entscheidet sich für den Volkserzieherton seines Chefs Peter Suhrkamp, der mehrere Jahre als Lehrer gewirkt hat.

Harvard, erklärt er hochgestimmt, soll ihm ein «Weltbild» verschaffen, und es schadet sicher nicht, wenn er das Seminar, von dem er noch nicht viel wissen kann, schon im Voraus als «platonische Akademie» rühmt. Er habe auch selber etwas zu bieten, fährt der Bewerber fort: «Ich habe durch meinen Beruf, durch persönliche Verbindung zu Schriftstellern und Dichtern und auch durch meine eigene schriftstellerische und kritische Tätigkeit eine gute Übersicht über die zeitgenössische europäische und besonders deutsche Literatur.» Wie in seiner Generation nicht überraschend, bekennt er sich (ohne zu wissen, wie sehr diese Position Kissinger zusagt) zur Entnationalisierung, wenn er sich im Seminar eine «weltbürgerliche Begegnung» erhofft.[5]

1955 ist das Jahr, in dem die Bundesrepublik in die Nato aufgenommen wird. Die Deutschen liefern ihren Wehrbeitrag, und dafür wird ihnen alles oder fast alles verziehen. Die Wehrmüdigkeit, die Kissinger noch drei Jahre zuvor feststellen musste, gibt sich allmählich, 1957 wird die Wehrpflicht eingeführt und der erste Jahrgang einberufen. Zu seinem Glück hat Unseld den Krieg hinter sich, er ist jetzt in der geistigen Welt zu Hause. Erstaunlich ungeniert deutet er seine Zeit in der Wehrmacht an, diesen Satz hat ihm offensichtlich niemand ausreden können:

«Ich zähle zu jenen jungen Deutschen, die der Krieg zwar ins Ausland geführt hat, die im Grunde aber von der Welt abgeschlossen waren.» Er kann dieses Manko sogar ins Existentielle steigern: «Wie soll man sich ein Weltbild schaffen, nach dem man leben kann, wenn man selbst noch kein Bild von der Welt erhalten hat?»

Schon jetzt macht er sich zum Kundschafter Amerikas, erfüllt also musterschülerhaft die Anforderung der Seminargründer Elliott und Kissinger. «So könnte ich mir denken, daß ich, suchend und sammelnd, begeistert und bestürzt, lernend und lehrend, bewundernd und kritisch in meine Heimat zurückkehrte, um als Zeuge von Gesehenem und Erlebtem zu berichten.»[6] Das wird er mit Liebe zum Detail tun, nicht zuletzt, wenn er sechs Jahre später seinem Schützling Uwe Johnson vom Rasen im neuenglischen Cambridge vorschwärmt.

Die Harvard University ist die älteste im Land, also selbstverständlich weiß, protestantisch, Ivy League und deshalb teuer. In den Jahren von 1953 bis 1960 verdoppeln sich die Studiengebühren nahezu (von 800 auf 1520 Dollar). Diese Kosten (zu denen die Unterbringung im Studentenwohnheim kommt) könnten sich in Deutschland nur besser situierte Familien leisten, nicht die, aus denen Unseld, Walser oder Enzensberger kommen. Andererseits ist Harvard das Gegenteil der deutschen Universität mit ihrer strengen Hierarchie, mit ihren Magnifizenzen und Eminenzen. Natürlich tritt auch Henry Kissinger in der Rolle des Professors auf, doch gehören die Stipendiaten und er zur gleichen Generation. Sogar die Kriegserfahrung verbindet sie, wenn das auch nicht ausdrücklich zur Sprache kommt. Die Schuldfrage wird nicht gestellt, selbst in «Confluence» wird sie nicht konkretisiert und nur in Besinnungsaufsatzhöhe abgehandelt, wo es nicht wehtut. Lieber nicht daran rühren.

Das Ganze ist ein Luxusunternehmen, eine nachgeholte Studentenfreizeit für Männer und Frauen, die ihre aufwärts orientierte Laufbahn bereits begonnen haben. Reisekosten werden übernommen, zusätzlich gibt es ein wöchentliches Taschengeld von zwölf Dollar. Die Unterkunft ist zwar eher spartanisch, dafür aber praktisch, geschlafen wird in einem über die Sommerferien leer stehenden Studentenwohnheim. Peter Suhrkamp hat Siegfried Unseld für diese Fortbildung in den Monaten Juli und August 1955 freigegeben, er erhofft sich durch die Horizonterweiterung seines Assistenten einen Gewinn für seinen Verlag.

Auf der Überfahrt nach Amerika im Frühsommer 1955 lernt Siegfried Unseld die Dichterin Ingeborg Bachmann kennen, die ebenfalls nach Harvard eingeladen ist. Seit sich Ilse Aichinger zurückgezogen hat, ist sie der umschwärmte Mittelpunkt der Gruppe 47. Im Jahr zuvor hatte der «Spiegel» Bachmann auf dem Titel und stellte sie, da sie zu dieser Zeit in Italien lebte, mit der nicht ganz stilsicheren Überschrift «Gedichte aus dem deutschen Ghetto» als Deutschrömerin vor («viel blondes Haar, sanftbraune Augen, still und scheu in Ausdruck und Rede»).[7] Ein Jahr nach Harvard wird Unseld ihren Gedichtband «Anrufung des Großen Bären» in der «Frankfurter Allgemeinen Zeitung» rezensieren und ihre Verse als «reine, große Poesie» feiern.

Bei der Landung in New York kann die Dichterin keinen gültigen Pass vorweisen, was ihre Ankunft zu einem poetischen Abenteuer erhebt. Das Kreuzfahrtunternehmen Cunard Lines stellt ihr für zehn Dollar Ersatzpapiere aus, und sie wird ein ganzes Jahr brauchen, um das Geld zurückzuzahlen. Während Unseld über das «air-conditioned wonderland» staunt, von «heißen Würsten» berichtet, von Drive-ins und Motels und den Daheimgebliebenen erzählen kann, dass Amerika nicht von der Bahn, sondern nur von der Straße aus erfahrbar sei, erlebt Bachmann das Land – oder doch das New York der großflächigen Neonreklame – ganz anders. Sie verarbeitet den Kulturschock im Jahr darauf in dem Hörspiel «Der gute Gott von Manhattan» und klagt über das Land in genau dem alteuropäischen Ton, von dem das Seminar die Teilnehmer doch abbringen will. Sie könne jetzt verstehen, schreibt sie noch während des Seminars an Heinrich Böll, «warum sich so viele Emigranten umgebracht haben, denn zu allem andren hat ihnen wohl dieses Land den Rest gegeben».[8]

Unseld reagiert begeistert auf Amerika. Seine Paten Hesse und Suhrkamp sind weit weg, alles ist neu, die Anforderungen sind gering, jeden Tag geht er zwei Mal schwimmen. In den sechs Wochen, die das Seminar dauert, sind zwei Vorträge auf Englisch zu halten. Im ersten referiert Unseld über die Literatur nach 1945. In einer etwas merkwürdigen Wendung bezeichnet er das Dritte Reich als «babylonische Gefangenschaft», was aber in der angemaßten Opferrolle gar nicht so ungewöhnlich, sondern eher typisch für das deutsche Selbstverständnis der fünfziger Jahre ist. Er liefert eine schlichte Definition von Literatur, die jedoch ziemlich genau der Kissingers entspricht: Ernste oder ernsthafte Literatur habe ein künstlerisches und gleichzeitig ein moralisches Ziel. «Die zerfallende Wirklichkeit unserer Zeit muss in einen individuellen Kosmos überführt werden.»[9] Im Manuskript sind die schwierigeren Wörter für den Vortrag mit einer Lautschrift versehen.

Zu den wichtigsten Autoren zählt er, wenig überraschend, neben Franz Kafka Hermann Hesse, Thomas Mann, Hermann Broch und Robert Musil. Dass er Broch und Musil gelesen hat, wird man bezweifeln dürfen, da die beiden aber bereits tot sind, sind sie zu Klassikern aufgerückt. Der Literaturnobelpreisträger Thomas Mann stirbt in der letzten Seminarwoche am 12. August 1955. Bleibt also als einziger Lebender unter den Genannten der der modernen Welt weit entrückte Hesse, sein großer Förderer.

Unseld war zu Hause in Frankfurt als Werbeassistent eingestellt worden, in Amerika wirbt er weiter. Neben dem Erzählungsband «Der Gefesselte» von Ilse Aichinger, der bei der Konkurrenz, im S. Fischer Verlag, erschienen ist, verweist er auf den Suhrkamp-Autor Max Frisch, von dem «die bedeutendste

Literatur» komme, die nach dem Zweiten Weltkrieg entstanden sei. In diesem Urteil sei er sich mit Thomas Mann und Hermann Hesse einig. Frischs Lehrer Bertolt Brecht erwähnt er nur als Lyriker. 1955 lebt der in Westdeutschland ebenfalls bei Suhrkamp erscheinende Brecht noch, aber er lebt in der DDR, was nicht nur in Amerika ein Problem ist. Während er in der Bundesrepublik, und vor allem in Österreich, als Theaterautor boykottiert wird, hat er es im Osten zum Staatsdichter gebracht; wenige Monate zuvor war der DDR-Nationalpreisträger in Moskau mit dem «Internationalen Stalin-Friedenspreis» ausgezeichnet worden. Doch neben Hesse ist er der wichtigste Autor des Verlags. Nach Brecht hebt Unseld besonders Günter Eich (Suhrkamp) und seine jüngste Bekanntschaft Ingeborg Bachmann (noch nicht bei Suhrkamp) hervor. «Ich bin mir sicher», prophezeit er ganz im teleologischen Sinn des Seminars, «dass sie berühmt werden wird.»[10]

In seinem zweiten Vortrag behandelt Unseld die «Intellektuelle Situation in Deutschland». Hier verteilt er großzügig Bewertungen: Die CDU, immerhin die Regierungspartei, ist für ihn «ein respektables Sammelsurium von Tradition, Restauration und Experiment». Die SPD «verkörpert zufrieden das Relikt ihrer selbst», sie werde «zweifelsohne in Ehren ergrauen». Dann wagt er sogar Kritik am Lieblingsthema Kissingers: Mit vorsichtiger Ironie (die Fähigkeit dazu wird ihm von seinen späteren Mitarbeitern sonst rundweg abgesprochen) erzählt er, dass er, kaum der Einladung nach Harvard sicher, angefangen habe, an seinem Englisch zu arbeiten. «Sie sehen also, Mr. Kissinger, dass die Deutschen nicht bloß bei weltpolitischen Themen wie etwa der Wiederbewaffnung ganz besonders ergebene und gelehrige Schüler der Vereinigten Staaten sind.» Doch kenne er, so der ehemalige Soldat Unseld, «niemanden, der für die Wiederbewaffnung wäre». Zum Schluss zitiert er sogar Günter Eichs berühmtes Gedicht «Wacht auf» und endet: «Seid unbequem, seid Sand, nicht das Öl im Getriebe der Welt!»[11]

Kissinger war bei diesem Vortrag offenbar anwesend, aber es ist nicht überliefert, wie er auf diese defätistischen Anmerkungen reagierte. Für ihn gab es keine zwei Meinungen: Hier ist Amerika, das mich aufgenommen und mir das Leben gerettet hat, und dieses Amerika darf nicht geschwächt werden, seine Feinde müssen bereits im Vorfeld bekämpft werden. Den Stipendiaten, die als Akademiker eher dem konservativen Spektrum zuzurechnen sind, wird kaum bewusst geworden sein, dass sie es mit einem kommenden Weltpolitiker zu tun hatten, der bereits weit über dieses Seminar hinausdachte. Er hatte noch kein klares Ziel vor Augen, aber er gehörte bestimmt nicht zu den Skeptikern und Relativisten, als die er später seine akademischen Gegner bezeichnen wird. Kissinger war beliebt bei den Stipendiaten, er lud sie zu sich nach Hause ein, seine Frau servierte Cocktails und Essen – die Überlegenheit des American Way of Life vorzuführen, gehörte zum Erziehungsprogramm. Verglichen mit dem zerbombten und kriegsversehrten Europa hatte es Amerika zweifellos besser.

«Freilich: ein Erbe des Dritten Reiches ist in Deutschland lebendig: die ablehnende Haltung gegen den Kommunismus», auch das trägt Unseld vor. «Wie kein anderes Volk des Westens haben wir den Bolschewismus in seinem eigenen Land erfahren.»[12] Dass die Bemerkung ein Zugeständnis an den Ortsgeist ist, lässt sich nicht ohne Weiteres behaupten. Als es einige Jahre später um die Förderung Uwe Johnsons geht, wirkt die Tatsache, dass da einer Erfahrung mit dem Bolschewismus gemacht hat, sich aber davon befreien konnte, bereits als Empfehlung.

Die Teilnehmer des Jahrgangs 1955 müssen keine Abschlussprüfung bestehen, aber überwacht werden auch sie, denn bei aller amerikanischen Großzügigkeit sollen sie nicht allzu weit vom rechten Weg abkommen. Um das Seminar im nächsten Jahr fortführen zu können, muss der Leiter, also Kissinger, wieder

Geld auftreiben und dafür Erfolge und eine gewisse Verlässlichkeit vorweisen. So meldet ihm der Dozent Earl Latham, ebenfalls Politologe, dass dieser Jahrgang weiter nach links tendiere als frühere. Diese Kritik kann sich allenfalls auf die Teilnehmer aus Großbritannien und Frankreich beziehen. Oder war der so wenig wehrlustige Unseld gemeint? Neben dem ehemaligen Marinefunker Unseld kamen aus Deutschland der spätere Militärattaché und General Ernst M. Paulsen und der Europaratsbeamte Nicolaus Sombart, auch nicht unbedingt gefährliche Leute. Die Teilnehmer aus Asien hätten sich insgesamt vernünftiger angehört, meint Latham, bewegten sich also offenbar mehr auf der Linie Amerikas.

In seinem Abschlussbericht kann Kissinger der Ford Foundation melden, das Seminar habe den Teilnehmern eine «einmalige Gelegenheit geboten, sich von den Vorzügen jener Nation zu überzeugen, die in der westlichen Welt den größten Teil der Verantwortung trägt». Gerade diejenigen, die voller Misstrauen angereist seien, hätten einen besseren Einblick gewonnen, und oft genug sei es gelungen, dieses Misstrauen ganz zu beseitigen.[13] Das ist die formelhafte Sprache, mit der Ausgaben gerechtfertigt und neue Mittel eingetrieben werden können. Am besten habe sich bewährt, heißt es in einem der Dankschreiben, die sich in Kissingers Nachlass erhalten haben, als Referenten kritische Leute zu gewinnen, die sowohl das Schlimmste wie das Beste über die USA zu erzählen hätten. Das würde den Widerstand dämpfen und sei wesentlich erfolgreicher als traditionelle Propaganda.[14]

Offenbar funktionierte es aber nicht bei allen. Einem Teilnehmer namens «Burk» werden von Latham sogar trotzkistische Neigungen nachgesagt; stur sei er und von seinen Ansichten nicht abzubringen.[15] Gemeint ist der Franzose Pierre Évrard, der als Phantom durch die Literatur über Ingeborg Bachmann geistert. Auf Nachfrage konnte sich Kissinger an einen Teilnehmer Évrard nicht erinnern. «Nie gehört», erklärte er 2016, als die Episode Jahrzehnte zurücklag.[16] Tatsächlich hat der in schweren unamerikanischen Verdacht geratene Évrard unter dem Namen Pierre A. Burk am 1955er Seminar teilgenommen. Évrard beziehungsweise Burk war Journalist und arbeitete für die Zeitschriften «Paris Match» und «Le Point». Bachmann und er blieben über die nächsten achtzehn Jahre miteinander in Verbindung. Bachmanns Bruder Heinz traf die beiden 1958 in Paris, als in Algerien der Aufstand gegen die französische Zentralregierung begonnen hatte. Évrard musste inzwischen mit seiner Einberufung rechnen. Als Bachmann 1973 mit schweren Verbrennungen in Rom im Krankenhaus lag, war er ebenso besorgt um sie wie Kissinger, der sich beim Chefarzt Elio Ciarpella nach ihr erkundigte. Nach ihrem Tod stellte Évrard zusammen mit Hans Werner Henze Strafanzeige wegen Mordes. Er soll wenige Jahre nach Bachmann gestorben sein.

Wie sich im Weiteren zeigen sollte, konnte Kissinger nicht alle seine Gäste zu bedingungslosen Amerikafreunden erziehen, etliche der späteren deutschen Teilnehmer verfehlten dieses Lernziel deutlich. Was aber umso besser gelingt, ist die Kettenwerbung. In den folgenden Jahren reisten die Suhrkamp-Autoren Walter Höllerer, Martin Walser und Uwe Johnson sowie die Suhrkamp-Lektoren Walter Boehlich, Dieter Hildebrandt, Urs Widmer und Klaus Reichert nach Cambridge. Auch Ror Wolf müsse unbedingt nach Harvard, schrieb Unseld 1964 an Kissinger, sein erstes Buch habe soeben im «Spiegel» eine ganzseitige Besprechung bekommen: «Hier wäre ein Mann für unsere Sache zu gewinnen.»[17] Aus Termingründen kam diese Berufung nicht zustande.

Die meisten Stipendiaten hielten auch nach der Rückkehr in ihr jeweiliges Heimatland Kontakt mit Kissinger, und er nutzte diese Kontakte seinerseits bei seinen späteren Reisen durch die Welt. Bei den Verteidigungsexperten war es eine Interessengemeinschaft, für die Stipendiaten entsteht eine Kissinger-Gemeinschaft. Sie hatten den großen Mann erlebt, als er ein anregender kleiner Professor gewesen war, der auf einen Lehrstuhl hoffte.

Besonders engen Kontakt hält Kissinger naturgemäß zu Deutschland. So bleibt er auch an Ingeborg Bachmann interessiert, die er zu den «bizarren Charakteren» rechnet, die ihm in seinem Arbeits- und Eheleben sonst fehlen. Er liest weiter deutschsprachige Literatur, insbesondere Gedichte. Obwohl es schwer vorstellbar ist, dass er die Zeit für die Lektüre gefunden hat, meldet er sich bei Hans Egon Holthusen, nachdem dessen Buch «Das Schiff» im Herbst 1956 erschienen und fast einhellig verrissen worden war. Der Lyriker hatte sich zum ersten Mal an Prosa versucht und war gescheitert, und das nicht einmal glanzvoll. Kissinger ist voller Verständnis für den geschundenen Autor. Zwar gibt er den Kritikern teilweise recht, wenn er sagt, die «neue Form» sei nicht vollständig gelungen, doch lobt er den Roman als «außergewöhnlich provozierend». Er habe einige Kritiken gelesen, tröstet er den Freund und schlägt vor, die «Brutalität der Angriffe als Bestätigung des Rangs zu verstehen, den Sie einnehmen».[18]

Der Rang, den der elf Jahre ältere Holthusen zu diesem Zeitpunkt einnimmt, ist erheblich höher als der Unselds. Das liegt an Holthusens Gedichten, aber auch an seiner Fähigkeit, sich mit anderen Kulturträgern zu befreunden. Für das Harvard-Seminar von 1953 war Holthusen nicht bloß als Dichter, sondern als «Ständiger Gesandter beim europäischen Dichtertreffen» angekündigt worden. Kissinger hätte sie gern beide in seiner Gemeinschaft, zumal sie doch beide oder vielmehr alle drei Bachmann wegen ihrer Gedichte bewundern, und bedauert deshalb, dass Holthusen und Unseld offenbar nicht miteinander auskommen.[19] 1961 wird Holthusen Programmleiter beim Goethe House in New York, Ende der sechziger Jahre Präsident der Bayerischen Akademie der Künste.

Zu diesem frühen Zeitpunkt ist Kissinger noch überwiegend Akademiker, ein Politologe allerdings, der eine Zeitschrift herausgibt, die dem «Monat» und dem «Merkur» nacheifert. Für «Confluence» möchte er auch Unseld als Autor gewinnen, vor allem aber soll er Kontakt zu möglichen weiteren Autoren aufnehmen. Kissinger hält ihn dafür ziemlich auf Trab. Nach seiner Rückkehr wirkt Unseld eine Zeit lang wie die Frankfurter Filiale des brummenden Kissinger-Apparats.

Die ersten Briefe, die Unseld von Deutschland aus an ihn schreibt, sind noch auf Englisch, er muss schließlich vorführen, dass sich der Aufenthalt in Amerika vorteilhaft auf seine Sprachkompetenz ausgewirkt hat. Seine Position im Verlag ist Ende 1955 alles andere als gesichert, er expandiert in verschiedene Richtungen. Seinem amerikanischen Freund zuliebe sucht er nach einem deutschen Partner für «Confluence». Der Suhrkamp Verlag ist zu klein dafür, Unseld probiert es bei Klett, Rowohlt und Hanser. Überall blitzt er ab, Rowohlt schickt ihm sogar die Prüfexemplare zurück. Es gibt dafür keinen Markt, und anders als in den USA ist auch keine Institution bereit, «Confluence» zu subventionieren.

Bei seiner Zeitschrift verteilt Kissinger die Themen, als handelte es sich um Seminararbeiten, die von internationalen Beiträgern zu schreiben sind. Für eine Diskussion der Friedenspolitik des amerikanischen Präsidenten Woodrow Wilson am Ende des Ersten Weltkriegs möchte er den Politiker und Staatsrechtler Carlo Schmid haben, der als ehemaliges Mitglied im Parlamentarischen Rat zu den Vätern des Grundgesetzes gehört. Im Nachkriegsgrau der Bonner Politik gilt Schmid als Schöngeist, obwohl er der SPD angehört. Er hat Baudelaires «Les Fleurs du Mal» übersetzt, der Keetenheuve in Wolfgang Koeppens Roman «Das Treibhaus» soll auf ihn zurückgehen. Unseld kennt Schmid flüchtig von der Universität in Tübingen, bereitwillig übernimmt er die Akquise. Doch ist Schmid nicht so leicht zu gewinnen. Er ist gerade aus Moskau zurück, wohin er als Bundestagsvizepräsident mit Konrad Adenauer gereist war, um die Aufnahme diplomatischer Beziehungen gegen die Freilassung der letzten Kriegsgefangenen auszuhandeln. Der Briefwechsel mit Kissinger dokumentiert, mit welchem Eifer sich Unseld ins Zeug legt.

Carlo Schmid ist so prominent, dass er ein Angebot von hundert Dollar umstandslos ausschlagen kann. Der Aufsatz würde ihn, da er sich erst einarbeiten müsse, drei Wochen lang den Feierabend kosten, während er als medienversierter Intellektueller, so referiert ihn Unseld getreulich, für eine Viertelstunde im Radio, für die er sich nicht einmal vorbereiten müsste, das gleiche Geld bekäme. Unseld erhöht das Angebot eigenmächtig auf zweihundertfünfzig Dollar, nur um von Kissinger zurechtgewiesen zu werden, es habe noch nie jemand mehr als hundertfünfzig Dollar bekommen. Wenn Schmid nicht darauf eingehe, solle er es eben bleiben lassen, Unseld möge sich dann an Arnold Bergstraesser, Dolf Sternberger oder Walter Dirks wenden – Kissinger sind die Namen der prominenteren deutschen Intellektuellen jener Jahre geläufig. Unseld gibt nicht auf, nicht zuletzt weil mit Carlo Schmid als Autor «Confluence» für eine Kooperation mit einem deutschen Verlag gleich viel attraktiver wäre. Er sucht ihn erneut auf, verhandelt weiter, bis Schmid schließlich bereit ist, den gewünschten Aufsatz für hundertfünfzig Dollar zu schreiben.[20] Nach diesem erfolgreichen Abschluss kommt Kissingers Laufbursche doch ins Seufzen: «Ich hoffe, Sie sind zufrieden mit Ihrem Unteragenten.»[21]

Doch Kissinger ist nicht zufrieden, jedenfalls nicht mit seiner akademischen Tätigkeit in Harvard. Er bekommt nicht wie erwartet einen Lehrstuhl, soll nach Chicago oder Philadelphia ausweichen, was ihn vom Machtzentrum an der Ostküste entfernen würde. Schon hebt die Klage des Vielreisenden an, dass er von Konferenz zu Termin eilen müsse und vor lauter Arbeit bald nicht mehr ein und aus wisse. Er sagt Unseld nicht, dass er Anschluss an die Ostküstenaristokratie und das große Geld gefunden hat, weil er inzwischen Nelson Rockefeller berät. Die Reisen, die er mit zunehmender Frequenz in alle Welt unternimmt, lassen sich damit nicht bloß rechtfertigen, sondern auch finanzieren. Die Diskrepanz zwischen dem Angestellten Unseld und dem überall gefragten Professor ist offensichtlich: Als ihn Kissinger im Februar 1956 für den folgenden Herbst auf eine Konferenz nach Indien einladen will, rechnet er nicht mit dem kärglichen Gehalt des Deutschen. Er müsse doch nur für die Reisekosten aufkommen, vielleicht helfe ja der Verlag oder irgendeine Institution. Doch so gut wie Kissinger ist Unseld nicht vernetzt. Er erkundigt sich im Reisebüro und ist einigermaßen schockiert – selbst ein One-Way-Flug würde schon 1518 Mark kosten, das könne er sich bei seinem Einkommen mit Frau und Kind einfach nicht leisten (1952 war er mit 400 Mark Gehalt in den Verlag eingetreten). Unseld ist todunglücklich, aber Indien fällt aus für ihn, während Kissinger weiter die Welt umrundet.

Dazwischen fragt Kissinger immer wieder nach Ingeborg Bachmann, der «bizarre poetess».[22] Sie und Unseld empfehlen fürs nächste Seminar Walter Höllerer, der aber erst 1957 teilnehmen kann. Höllerer, selber Lyriker, interessiert sich für moderne amerikanische Literatur, die er in Deutschland bekannt macht. Nicht in den USA, sondern erst nach seiner Rückkehr nach Deutschland lernt er Allen Ginsberg und Gregory Corso kennen, die in Europa mehr Aufmerksamkeit finden als zu Hause.

Von den «besten Köpfen meiner Generation», die Ginsberg in seinem epischen Gedicht «Howl» besang, hatte Corso eine schon fast übertrieben literarische Biographie aufzuweisen: als Ladendieb, Hehler, Stricher, Fürsorgezögling und Matrose. Er hatte Jahre im Gefängnis und in der Psychiatrie verbracht, ehe auch er nach Harvard kam, 1954, allerdings nicht als Stipendiat, sondern auf eigene Rechnung. Corso hatte sich einfach hineingeschmuggelt, er setzte sich, selbstverständlich ohne zugelassen zu sein, in Vorlesungen zur griechischen Mythologie und überwinterte in der Bibliothek, wo er sich im Wesentlichen von den großen Dichtern nährte. Als er enttarnt wurde, nahmen sich ein paar Studenten seiner an, appellierten an den Universitätsdekan Archibald MacLeish, der nicht immer Bürokrat gewesen war, sondern in den Zwanzigern in Paris Umgang mit Ernest Hemingway und Ezra Pound gehabt hatte, und Corso durfte als eine Art Maskottchen bleiben. Den deutschen Teilnehmern der ersten Jahre – Weichert, Hennis, Holthusen – scheint er nicht aufgefallen zu sein.

Corso schreibt den paradigmatischen literarischen Text des Atombombenzeitalters. Noch in seiner wirbelnden Selbstbefragung «Tumult» aus dem Jahr 2014 erinnert sich Hans Magnus Enzensberger, wie er 1967 auf der Flucht vor der Sterilität der amerikanischen Ostküste im City Lights Bookshop in San Francisco dem Dichter «mit seiner Troglodytenstirn und seinen glühenden Augen» begegnete, der mit dem Flugblattgedicht «Bomb» berühmt geworden war.[23] Im Zeilenfall bildet «Bomb» den aufsteigenden Atompilz nach, in dem von Höllerer und Corso herausgegebenen Buch erscheint das Gedicht als nach unten auszufaltender Leporello. Ausdruck der allgemeinen Weltuntergangsangst Ende der Fünfziger war das, aber gleichzeitig machte sich Corso damit zur Empörung der Aufrüstungsgegner im Whitman-Ton über diese Angst lustig. Walt Whitman besang die Demokratie, Corso die Bombe: «I sing thee Bomb Death's extravagance Death's jubilee / Gem of Death's supremest blue (…) O Bomb I love you» («Ich besinge dich Bombe des Todes Extravaganz des Todes Festtag / Stein aus des Todes äußerstem Blau […] Bombe ich liebe dich»).[24]

Der Kriegstheoretiker

«Dies Land [die USA] ist zum ersten Mal von der Unruhe erfaßt. Es steht nicht sehr gut, soweit man das Stimmungsmäßige beurteilen kann: zwar ist man für den Krieg, glaubt aber (oder hofft), man könne ihn mit Atombomben erledigen.»[1]

Hannah Arendt, 1950

«Die Erde will ein freies Geleit ins All.»

Ingeborg Bachmann, 1957

Der Zeitschriftenredakteur und Seminarleiter Kissinger verliert bei all der Organisationsarbeit nie seine weitere Karriere aus den Augen. Zwar will man ihm in Harvard trotz seiner preisgekrönten Dissertation zunächst keinen Lehrstuhl anbieten, aber er hat ohnehin weiterreichende Interessen, die sich auf Washington konzentrieren. Nach dem historischen Thema seiner Doktorarbeit stürzt er sich auf das drängendste Thema der Gegenwart: Die ehemaligen Alliierten USA und UdSSR stehen sich mit einem beständig anwachsenden Atomwaffenarsenal gegenüber, die Welt friert im Kalten Krieg. Der drohende Weltuntergang gehört zum Alltag. In den Schulen werden regelmäßig Übungen durchgeführt, wie man sich im Fall eines Nuklearangriffs zu verhalten hat, Bob Dylan beschwört die Apokalypse in seinem Song «A Hard Rain's A-Gonna Fall»,[2] und der Mathematiker und Kabarettist Tom Lehrer singt mit dem ihm eigenen Sarkasmus: «We will all go together when we go.»

Kissinger baut sein Netzwerk beständig weiter aus, bleibt

über die sechs Wochen in Harvard hinaus mit den Seminarteilnehmern verbunden und zeigt sich weiterhin empfänglich für Poesie, insbesondere die deutsche. Auch die Lyrikerin Astrid Claes, die 1956 am Seminar teilnahm, weiß er für ihre Gedichte zu loben. Einige Monate nach ihrer Rückkehr nach Deutschland schreibt sie ihm, wie viel sie dem Aufenthalt zu verdanken habe: «Ich war wie ein Stein, den man in einen tiefen Brunnen geworfen hat und der dort am Grunde lag und sich nie mehr rührte und fortbewegte. Ihre Einladung zur Teilnahme am Internat. Seminar hat dieses vereinsamte und erstarrte Leben völlig verändert, so wie ich es nie mehr für möglich gehalten hätte.» Im Seminar hatte sie ihren späteren Mann kennengelernt, den Journalisten Joachim Gehlhoff. Kissinger und dessen Frau Ann dankt sie für die «Wärme und Herzlichkeit, mit der wir in Ihrem Land von allen aufgenommen worden sind».[3]

Zu diesem Zeitpunkt steckt Kissinger längst wieder in den Vorbereitungen für das nächste Sommerseminar, treibt Artikel für «Confluence» ein, schreibt selber welche. Er kennt keine Pause. In einem Brief an Ingeborg Bachmann beklagt er sich im Januar 1957, wie «grotesk» sein Leben allmählich geworden sei: «keine Museen, kein Theater, nichts, was das Leben lebenswert macht». Stattdessen schreibe er an einem «dummen Buch über Außenpolitik, das mir selber nicht gefällt, aber wahrscheinlich ein Erfolg wird». Koketter geht es kaum. Doch wie erfolgreich und wie wichtig für seine weitere Laufbahn das «dumme Buch» «Nuclear Weapons and Foreign Policy» sein würde, wird auch er nicht geahnt haben, als er im selben Brief seiner «bizarre poetess» Komplimente für ihren Gedichtband «Anrufung des Großen Bären» macht, darin das von einem Ausflug nach Manhattan inspirierte Gedicht «Reklame», das er wie die anderen «glänzend» findet.[4] Im Jahr darauf wird Bachmann dafür mit dem Bremer Literaturpreis ausgezeichnet.

Sein eigenes Buch erscheint am 26. Juni 1957 und macht ihn fast über Nacht berühmt. In der Rezensionsbeilage der «New

York Times» wirbt der Verlag Harper & Brothers in einer zweispaltigen Anzeige mit zwei Bohr'schen Atommodellen, die das Buch neckisch umspielen, und einer Reihe von prominenten Werbesprüchen für «das eine große Buch für jeden, der wissen will, ob sich unsere Zukunft unter dieser Wolke oder über einem Konferenztisch entscheidet». Die Schriftstellerin Clare Boothe Luce, mittlerweile als Botschafterin aus Italien in die USA zurückgekehrt, nicht unbedingt vom Fach, aber dafür glühende Antikommunistin, findet die «Geduld, Objektivität und Gründlichkeit der Darstellung» schlicht «bewundernswert». J. Robert Oppenheimer, Vater der Atombombe und immer noch Leiter des Institute for Advanced Study in Princeton, befindet, dass «Dr. Kissinger mit seinem Buch Geschichte schreibt. Er zeigt sich außerordentlich gut informiert. Niemand kommt ihm auf dem Gebiet der Nuklearrüstung gleich.» Bei Gelegenheit gab Kissinger ohne Weiteres zu, dass er von Nukleartechnik praktisch keine Ahnung hatte.

Das höchste Lob spendet ein weiterer Fachmann. Edward Teller, wie Kissinger vor dem Holocaust aus Europa geflohen, hatte die Wasserstoffbombe entwickelt: «Wer auf unserer Seite des Eisernen Vorhangs das Buch von Henry Kissinger studiert, wird zur Sicherheit des freien Westens beitragen.» Der Werbetrommler Unseld muss neidisch auf diesen grotesken Superlativ gewesen sein, konnte aber viele Jahre später bei der Veröffentlichung von Tschingis Aitmatows Erzählung «Dshamilja» mit einem ähnlich apodiktischen, wenngleich völlig unkriegerischen Lobspruch Louis Aragons aufschließen: «Ich schwöre es, die schönste Liebesgeschichte der Welt.»

Der Schock, den die USA in diesem Jahr erleiden, wird das Glück Kissingers: Am 7. Oktober, dreieinhalb Monate nach Erscheinen seines Buches, sendet ein sowjetischer Satellit Signale aus dem All. Sputnik ist der Beweis, den niemand verlangt hatte, nämlich dass die Sowjetunion im atomaren Rennen mithalten kann und anscheinend schon dabei ist, die USA zu überholen. Im Aufrüstungswettlauf werden jetzt zwei deutsche Männer gebraucht: Wernher von Braun und Henry Kissinger. Auch der ehemalige SS-Mann von Braun war aus Deutschland eingewandert, aber erst nachdem er in den letzten Kriegsmonaten seine V2-Rakete Richtung London hatte fliegen lassen. Beide bringen es zu einer gewissen Fernsehberühmtheit: Wernher von Braun kümmert sich bei der Nasa um das Apollo-Programm und strebt zum Mond, Kissinger wird Raketenprofessor.

«Im Pentagon, im Außenministerium, im Weißen Haus diskutieren hochrangige amerikanische Politiker leidenschaftlich über ein neues Buch, eine brillante, völlig unabhängige Analyse des diplomatischen und militärischen Kampfes, den unser Land gegen den Kommunismus geführt hat», schwärmt das Magazin «Time».[5] Durch «Nuclear Weapons and Foreign Policy» wird Kissinger im militärisch-industriellen Komplex der USA zum Experten für Sicherheits- und Außenpolitik. Seine Thesen sind nicht mehr nur in akademischen Zeitschriften zu finden, er kann sie in der großen Öffentlichkeit verbreiten. Mit seiner donnergrollenden Stimme und dem unmissverständlich deutschen Akzent kann er den jederzeit möglichen Weltuntergang glaubhaft ankündigen. Neben dem Nuklearstrategen Herman Kahn und dem Physiker Edward Teller wird Kissinger eines der Vorbilder für die Figur des von der Atombombe besessenen Nazis in Stanley Kubricks Film «Dr. Seltsam oder: Wie ich lernte, die Bombe zu lieben» (1964), der statt dem Führer jetzt dem amerikanischen Präsidenten entgegenarbeitet. Auch der Zynismus der Figur des General Buck Turgidson war Kissinger zuzutrauen, der auf die Frage des Präsidenten, wie viele Menschen ein Atomschlag umbringen würde, präzise Angaben machen kann: «Mr. President, ich kann nicht behaupten, dass da niemand ein Haar gekrümmt wird, aber mehr als zehn oder höchstens zwanzig Millionen werden es nicht.»

Mit seiner leicht dämonischen Präsenz stieg der Akademiker Kissinger in den USA zum Star auf, in der Bundesrepublik wurde das Buch das Referenzwerk der Verteidigungspolitiker. Eine neue Generation, die im Rang des Oberleutnants aus dem letzten Weltkrieg gekommen war, begann, sich mit seinen Thesen auseinanderzusetzen. Theo Sommer bespricht bereits am 21. November 1957 die amerikanische Ausgabe von «Nuclear Weapons and Foreign Policy» in der «Zeit». Auch für ihn beginnt damit eine Karriere als Verteidigungsexperte. Sommer erkennt allerdings die absurde Argumentation in Kissingers Nuklearstrategie. Sie geht dahin, dass sich die Amerikaner einen begrenzten Atomschlag vorbehalten, und für ihn gibt es offenbar keine Bedenken angesichts des daraus möglicherweise folgenden Weltuntergangs. Auch begrenzte Auseinandersetzungen müssten, ginge es nach Kissinger, mit taktischen Kernwaffen geführt werden können. Sommer entgegnet ihm: «Mit einer Handbewegung wischt er das Gegenargument beiseite, wonach begrenzte nukleare Kriege sich mit Notwendigkeit zum ‹atomaren Armageddon› auswachsen würden, sobald eine der kämpfenden Parteien befürchten müsse, die Partie zu verlieren, und deshalb zu den ‹großen› Kernwaffen greife.» Kissinger meine sein Abschreckungsmodell völlig ernst; der Gegner, die Sowjetunion, würde «lieber eine begrenzte Niederlage hinnehmen als das Risiko der atomaren Vernichtung eingehen».[6]

Und so ereignet sich ein ganz besonderes Wiedergutmachungswunder: Weil die Bundesrepublik Deutschland am Eisernen Vorhang liegt und damit rechnen muss, in jedem Krieg zwischen Großmächten als erstes überrollt zu werden, erlebt der Flüchtling von 1938 zwanzig Jahre später eine wundersame Heimholung – Kissinger wird in der Bundesrepublik zum Botschafter des begrenzten Nuklearkriegs. Bundeskanzler Konrad Adenauer empfiehlt seinem Verteidigungsminister Franz Josef Strauß diesen Kissinger: «Dat is 'ne janz jescheite Mann.» Kissinger habe ihm später, meint Strauß in seinen Erinnerungen, nicht ganz zu Unrecht vorgehalten: «You are nuclear obsessed!», worauf Strauß gekontert haben will: «Ja, ich bin ein guter Schüler eines gewissen Professors namens Henry Kissinger.»[7]

Strauß fordert die Ausrüstung der Bundeswehr mit taktischen Atomwaffen, Konrad Adenauer folgt ihm und behauptet als dilettierender Heerführer, es handele sich dabei doch nur um eine Erweiterung der Artillerie. Während der Bundestagsdebatte über die Aufrüstung Deutschlands erklärt er die atomare Bewaffnung mit Berufung auf Kissinger für unerlässlich: «Wenn wir bei großen politischen Fragen in Richtung auf eine Entspannung mitsprechen wollen, dann müssen wir auch bereit sein, die entsprechenden Lasten auf uns zu nehmen.»[8] Der Abgeordnete Helmut Schmidt widerspricht Adenauer heftig («Sie wollen den Frieden erhalten dadurch, daß Sie den atomaren Krieg vorbereiten»[9]), wird sich aber bald regelmäßig mit «Henry» über Atomwaffen austauschen. Die Regierung von CDU und FDP bringt ihren Antrag, die Bundeswehr mit Atomwaffen auszurüsten, mühelos mit 270 gegen 165 Stimmen durch. Die Gegner bleiben auf der Strecke, sie müssen auf die Straße. Es ist der Anfang der Außerparlamentarischen Opposition – und der eigentliche Beginn der «Suhrkamp-Kultur».

Ein Exemplar der deutschen Ausgabe von Kissingers Bestseller – 1959 unter dem Titel «Kernwaffen und auswärtige Politik» erschienen – befand sich in der Bibliothek von Ingeborg Bachmann.[10] Ihr werde sein Buch vermutlich nicht gefallen, warnt der Autor Anfang 1957 die ehemalige Seminaristin,[11] ein bisschen aber vielleicht doch, schließlich habe er es geschrieben. In den folgenden Jahren wird er sie wie Strauß und Schmidt regelmäßig mit Kopien oder Sonderdrucken seiner Artikel versorgen, wobei das Plädoyer für den begrenzten Atomkrieg zwischen den beiden offenbar nicht weiter diskutiert wird. Dafür zitiert Strauß bei einer Weihnachtsumfrage die «moderne Dichterin» Ingeborg Bachmann: «Es kommen härtere Tage. / Die auf Widerruf gestundete Zeit / wird sichtbar am Horizont. / Bald mußt du den Schuh schnüren / und die Hunde zurückjagen in die Marschhöfe.»[12]

Bachmanns Gedicht «Freies Geleit», 1957 als Vorlage für den Komponisten Hans Werner Henze entstanden, wird Kissinger nicht zu sehen bekommen, obwohl es in sein Spezialgebiet hineinfunkt: «Die Erde will keinen Rauchpilz tragen, / kein Geschöpf ausspeien vorm Himmel, / mit Regen und Zornesblitzen abschaffen / die unerhörten Stimmen des Verderbens.»[13] Ihre politischen Ansichten habe er nicht ernst genommen, wird Kissinger später sagen.

Als sich, angeführt von Hans Werner Richter, dem Gründer der Gruppe 47, im Frühjahr 1958, nach der Abstimmung im Bundestag, ein Komitee gegen die Atomrüstung bildet, beteiligt sich nicht nur Ingeborg Bachmann, sondern auch Martin Walser. Hans Magnus Enzensberger sekundiert in den «Blättern für deutsche und internationale Politik» mit «Einigen Vorschlägen zur Methode des Kampfes gegen die atomare Aufrüstung». Man habe es hier, beklagt er, mit einer Gegenseite zu tun, «die von moralischen Argumenten nicht zu erreichen ist, und die auf Äußerungen der Empörung vollkommen kaltschnäuzig reagiert».[14] Der Kalte Krieg wird ab sofort auch in der Literatur oder jedenfalls im Literaturbetrieb ausgetragen. Bachmann wird von ihrem Wiener Mentor Hans Weigel in der von der CIA finanzierten österreichischen Zeitschrift «Forvm» wegen ihrer Parteinahme öffentlich zurechtgewiesen: «Sag einmal, Inge, was ist Dir da eingefallen?»[15] Für Weigel, der zusammen mit Friedrich Torberg in Wien den Brecht-Boykott anführte, war die ehemalige Geliebte zum Feind übergelaufen, weil sie sich, so seine Sicht, politisch und dann auch noch gegen die von den USA betriebene Aufrüstung Westdeutschlands engagierte.

Der Anti-Atom-Aktivist Enzensberger hätte Bachmann gern in London beim «kongreß gegen die bombe» dabeigehabt, der am 17. und 18. Januar 1959 stattfindet.[16] An ihrem Engagement in der Anti-Atombewegung ist nicht zu zweifeln, aber sie hat einen wichtigeren Termin: Zusammen mit ihrem Förderer Holthusen trifft sie sich in München mit Kissinger. Anschließend will sie Enzensberger nach Harvard empfehlen. «Höllerer, Walser etc waren auch dort, ich auch.»[17] Enzensberger dankt für das «harvard-billet»,[18] es passt aber nicht in seine Planung, er will endlich länger bei seiner Familie sein. Doch vielleicht schützt er das nur vor und ahnt, wohin und woher der Wind weht. «Ingeborg Bachmann war damals eines von den Kissinger-Girls, Siegfried Unseld war ein Kissinger-Boy», wie Enzensberger im Rückblick befand.[19] Mit seiner antiprovinziellen, gegen das Restaurationsdeutschland gerichteten Weltoffenheit wäre er der ideale Kandidat gewesen, aber der weitere Aufstieg gelang ihm auch allein.

In diesem Januar 1959 scharen sich in Deutschland lauter große und kleine Kissinger-Boys um den «Kriegstheoretiker», wie ihn der «Spiegel» annonciert. Außenminister Heinrich von Brentano hatte Kissinger am 27. Juni 1958 zu einer Studienreise nach Deutschland eingeladen. Die Regierung werde alle Kosten übernehmen, außerdem stehe ihm ein extra erhöhtes Tagegeld von fünfzig Mark zu. Gemeinsam mit Jürgen Weichert, Seminarjahrgang 1954, bereitete Kissinger die Reise bis ins kleinste Detail vor. Wie 1952 wollte er einen «Eindruck von der Stimmung in Deutschland» bekommen.[20]

Gestützt auf seine bisherigen Kontakte, vermehrt um die Gesprächsangebote, die ihn in den Monaten davor erreichen, trägt sein Sekretariat in Boston Adresslisten und Empfehlungsschreiben zusammen und schickt Anfragen an Leute, die zu kennen nützlich oder zumindest interessant sein könnte. Kissinger soll und will mit Bankern, Gewerkschaftern, Generälen, Journalisten, Abgeordneten und Ministern sprechen. Das Programm zwischen Berlin, Hamburg, München, Frankfurt und Bonn ist so stramm, dass er schon vor der Ankunft klagt: «Ohne Bestätigung des deutschen Außenministeriums werde ich nicht mal auf die Toilette gehen können.»[21]

Kissinger, regelrechter Harvard-Professor inzwischen und stellvertretender Leiter des Center for International Affairs, wird in Deutschland wie ein Staatsgast behandelt. Er wird allseits umarmt und an die Brust gedrückt. Wir können über alles reden, er hat uns verziehen, und wenn nicht, reden wir am besten gar nicht erst drüber. Sei es aus Höflichkeit oder weil er ahnt, dass es sinnlos wäre, von der Vertreibung seiner Familie zu sprechen – von Kissinger sind aus dieser Zeit keine Äußerungen zur Judenvernichtung bekannt.

Eine Begegnung mit dem Bundeskanzler ist ursprünglich nicht vorgesehen, wird aber noch schnell dazwischengeschoben. Kissinger wird Adenauer bis zu dessen Tod im April 1967 regelmäßig besuchen. Er gilt Kissinger als verlässlicher Bündnispartner und ist außerdem sehr urteilsfreudig, wenn es um andere Politiker geht. Karl Theodor zu Guttenberg von der CSU, Parlamentarischer Staatssekretär im Bundeskanzleramt, will Kissingers Meinung hören, und auch die Opposition drängt zu ihm: Herbert Wehner, Fritz Erler und der «Confluence»-Autor Carlo Schmid. Im Nato-Hauptquartier in Fontainebleau trifft er sich regelmäßig mit Hans Speidel, dem Oberbefehlshaber der alliierten Landstreitkräfte, der ihn mit «verehrter Freund» anredet.[22]

In Hamburg diskutiert Kissinger im Amerikahaus über sein Buch. Auffällig ist, dass er in Deutschland beim Englischen bleibt, es ganz grundsätzlich vermeidet, deutsch zu sprechen, und zwar mit der Begründung, ihm fehle der Fachwortschatz für seine Materie, für das, was Siegfried Unseld «Wehrwissenschaft»[23] nennt. Theo Sommer springt ihm als Übersetzer bei; im Jahr darauf, 1960, wird auch er am International Seminar teilnehmen. In Berlin wird Kissinger vom Regierenden Bürgermeister Willy Brandt empfangen und besucht das Flüchtlingslager in Marienfelde.

Die Presse feiert den Onkel aus Amerika. Für die Deutsche Presseagentur ist er der «in Bayern geborene und 1938 auf das

New Yorker George Washington Gymnasium verpflanzte Kissinger».[24] Ein Grund für die Verpflanzung wird nicht genannt. In Nürnberg wird ihm immerhin ein halber Tag gewährt, damit er seine Geburtsstadt Fürth besuchen kann. «Sonderwünsche können kurzfristig berücksichtigt werden», heißt es im Programm.[25] Der Bürgermeister empfängt ihn, es gibt ein Gespräch mit dem Chefredakteur der «Fürther Nachrichten».

In Frankfurt, Bonn und München trifft er sich jeweils mit ehemaligen Harvard-Stipendiaten (und kann nebenher beim bayerischen Ministerpräsidenten tausend Mark Zuschuss für sein Seminar einwerben). Für Frankfurt und in Nürnberg hatte er sich ausgebeten, bei einem Fußballspiel dabei sein zu können, möglichst Sitzplatz, zwei Stunden Stehen würde er nicht verkraften.

Die Treffen mit Amtsträgern und Funktionären möchte Kissinger wenigstens durch ein bisschen Abendunterhaltung aufgelockert haben. In Berlin sieht er im Schloßpark-Theater «L'impromptu de Paris» von Jean Giraudoux. In München gibt der bayerische Ministerpräsident ihm zu Ehren ein Essen; er besucht das Institut für Zeitgeschichte und eine Vorlesung des 1938 in die USA emigrierten Politikwissenschaftlers Eric Voegelin, aber schon im Voraus fleht er Georg Kahn-Ackermann (Seminarjahrgang 1958) an, zwischen all den sauren Pflichtterminen ein wenig Kunst, ein Stück, eine Oper, notfalls auch ein Kabarett zu sehen zu bekommen. In Frankfurt handelt er die Deutsche Bank und die IG Metall ab, spricht wieder mit ausgewählten Journalisten und in Kronberg vor der Staatsbürgerlichen Vereinigung. Danach darf er endlich ins Theater.

Auf seiner Wunschliste mit den Personen, die er bei seinem Deutschlandbesuch gern träfe, steht Unseld an erster Stelle, es folgen Holthusen und Bachmann. Zusammen mit Unseld fährt Kissinger nach Darmstadt, wo er im Stadttheater die Erstaufführung von Eugène Ionescos «Jakob oder der Gehorsam» und Frischs «Biedermann und die Brandstifter» erlebt. Kurz vor seiner Ankunft in Deutschland hatte ihm sein ehemaliger Student Kahn-Ackermann das Gerücht zugetragen, Bachmann wolle Frisch heiraten und sei schon bei ihm eingezogen.[26] Kissinger fragt zurück: «Is Max Frisch the author of ‹Stiller›?» Kissinger hat den Roman gelesen, auf Deutsch oder in der 1958 erschienenen (gekürzten) englischen Übersetzung. «Stiller» hatte ihn nicht bloß «bemerkenswert» beeindruckt, sondern beschäftigt ihn sogar so sehr, dass er noch fünfzig Jahre später über das Buch spricht. Nur die Partien über Amerika findet er «albern».[27] Dass «Stiller» und insbesondere die Amerika-Passagen mit Unterstützung der Rockefeller-Stiftung entstanden waren, weiß der Rockefeller-Berater nicht.

Nebenbei kann Kissinger Werbung für die deutsche Ausgabe seines Buches «Nuclear Weapons and Foreign Policy» machen. Emil Kroher, im Jahr zuvor bei ihm Seminarteilnehmer und mittlerweile Mitarbeiter in der Bundeszentrale für Heimatdienst, wird ihm wie gewünscht die Rezensionen zuschicken. Der «Spiegel» bringt ein sich über zwölf Seiten erstreckendes Gespräch mit Kissinger, geführt von zwei Wehrexperten, Conrad Ahlers und Hans Schmelz, die im letzten Krieg Fallschirmjäger gewesen waren. In der Biographie, mit der der «Spiegel» seinen (überwiegend männlichen) Lesern Kissinger vorstellt, heißt es schlicht, er sei 1938 «emigriert».[28] Dass er nicht ganz freiwillig aus Deutschland fortgegangen war, wird auch hier nicht erwähnt.

Ebenfalls nicht erwähnt ist, dass Kissinger zwar kein Amt innehat, aber bereits Teil des militärisch-industriellen Komplexes ist, dessen unaufhaltsames Anschwellen Eisenhower zwei Jahre später bei seinem Abschied als Präsident beklagen wird. Zusammen mit dem Physiker John Archibald Wheeler, dem Entdecker der «Schwarzen Löcher», gehört Kissinger einem Gremium an, das den Flugzeug- und Raketenbauer Convair berät, der unter anderem den Überschallbomber B-58, genannt «Peacemaker», herstellt. Zusammen erarbeiten die Experten eine «Doktrin des begrenzten Krieges», die Kissinger unter anderem bei der «League of Women Voters of Massachusetts» vorträgt – Atomkrieg ist populär. 1961 wird er mit Prospekten von Convair-Bombern Unselds Sohn Joachim eine Freude machen können.

Fünf Jahre nach Ingeborg Bachmann erscheint nun also Kissinger auf dem Titelblatt des «Spiegel». Auch ohne offizielle Funktion in der amerikanischen Regierung ist er bereits zu einer Größe in der Weltpolitik geworden. Im Interview wird er apokalyptisch. Der «Spiegel» fragt: «Wenn die Sowjets oder Instanzen der Sowjetzone Vorkehrungen treffen, die den Verkehr zwischen der Bundesrepublik und Westberlin blockieren oder auch nur lähmen – wie sollte die Nato darauf reagieren?» Kissinger: «Das ist eine schwierige Lage. Ich kann Ihnen sagen: Ich würde, wenn nötig, versuchen, nach Berlin einzubrechen, selbst auf die Gefahr hin, daß es zum Krieg führt.» Auf die Frage, ob er bewaffnete Konvois in Marsch setzen würde, antwortet Kissinger: «Ja.» Und wenn sowjetische Kampfverbände bis an die Zonengrenze vordringen würden? Dann, so Kissinger, würde er notfalls einen «totalen Krieg» führen, «als letztes Mittel, wenn die Freiheit Berlins nicht anders zu verteidigen ist».[29]

Mehr als vierzig Mal kommt der «totale Krieg» in seinem Buch vor. Kissinger will ihn mit der Begrenzung auf einen thermonuklearen Erstschlag vermeiden: «Im übrigen spricht ja gerade für die Strategie des begrenzten Atomkrieges, daß sie die Welt vor der Verwandlung in einen radioaktiven Schutthaufen bewahren würde. Wie weiter oben dargelegt, würde ein begrenzter Atomkrieg an die zerstörende Gewalt eines totalen Krieges nur dann heranreichen, wenn er unter Anwendung der Taktiken des Zweiten Weltkrieges geführt würde, das heißt mit festen Linien, Massenangriffen auf Verkehrszentren und dem Versuch der Vernichtung des feindlichen Industriepotentials.»[30]

Das ist nicht mehr ganz der freundliche Professor, der vielversprechende junge Menschen nach Amerika holt, mit den modernsten Einrichtungen bekannt macht, sie auch zu sich nach Hause einlädt und ihnen noch bei Liebeskummer beisteht. Sein nicht ausschließlich akademisches Thema wird ihn fortan jedes Jahr nach Deutschland führen, manchmal kommt er zwei-, dreimal. Er wird als Experte für den vielleicht doch noch zu vermeidenden Nuklearkrieg eingeladen, tritt auf Tagungen als inoffizieller Sprecher der Schutzmacht USA auf und trifft sich immer wieder mit Politikern sowohl der SPD wie der Unionsparteien. Obwohl er noch längst nicht im Weißen Haus angekommen ist, kann er darauf vertrauen, dass ihm der deutsche Verteidigungsminister, den Kissinger fast zärtlich stets mit «Dear Mr. Minister»[31] anschreibt, einen Wagen zum Flughafen schickt. Für ein kurzes Treffen mit Unseld findet sich zwischen all den Terminen immer noch Zeit, aber dann muss er schon wieder fort: nach Paris, London, Oslo, Rom oder zurück nach Boston. Seine Art der Psychologie.

Dass er es mit lauter ehemaligen Soldaten zu tun hat, die in der Wehrmacht für Hitler und gegen Amerika gekämpft hatten, scheint ihm nichts auszumachen. Die Deutschen wiederum lehnen sich wie an einen großen Bruder an. Helmut Schmidt, der kommende Mann der SPD, vertraut ihm an, dass er ein Buch über «Wandlungen der strategischen Lage in Europa» schreiben will. Die öffentliche Diskussion, klagt Schmidt, leide «stark unter der Belastung durch Vorurteile, ideologische Fixierungen und Gefühlsmomente», da möchte er dagegenhalten. Er hoffe, bei den SPD-Wählern «mehr Verständnis für militärische Realitäten zu wecken» und die anderen davon überzeugen, dass die Sozialdemokraten zum «militärischen Realismus» gefunden haben.[32] Das Buch erscheint 1961 unter dem Titel: «Verteidigung oder Vergeltung. Ein deutscher Beitrag zum strategischen Problem der Nato».

Auf den Vorsatzblättern von Schmidts Buch sind die Reichweiten strategischer Fernwaffen und die sich in Europa gegenüberstehenden Divisionen dargestellt. Das Motto stammt von

Clausewitz, dem Klassiker der Kriegstheorie. Neben vielen anderen dankt Schmidt «Prof. H. A. Kissinger» für «hilfreiche Anregungen und Hinweise», und im Vorwort wirft er sich selber nachträglich eine «übermäßige Belastung durch Gefühlsmomente» vor, die ihn bei seinem Auftritt im Bundestag befeuert habe. Schmidt hat sich mittlerweile zu Kissingers Position bekehrt.

Zwar lehnt Schmidt Nuklearwaffen an der Front eindeutig ab, doch wird sich Kissinger bald mit keinem deutschen Politiker besser verstehen als mit ihm, der 1969 zum Verteidigungsminister aufsteigt und 1974 schließlich Kanzler wird. Aber der Machttheoretiker Kissinger kann auch ziemlich boshaft sein, wenn er 1961 in seinem Tagebuch ein «Kurzes Treffen mit Helmut Schmidt – SPD» festhält: «Schmidt hat sich mit mir nur treffen wollen, um sagen zu können, dass er sich mit mir getroffen hat.»[33]

Eine neue Bewusstseinsindustrie

> «Allein wie herrlich diesem Sturm ersprießend,
> Wölbt sich des bunten Bogens Wechsel-Dauer,
> Bald rein gezeichnet, bald in Luft zerfließend,
> Umher verbreitend duftig kühle Schauer.
> Der spiegelt ab das menschliche Bestreben.
> Ihm sinne nach und du begreifst genauer:
> Am farbigen Abglanz haben wir das Leben.»
>
> **Johann Wolfgang von Goethe, Faust II (1832)**

Während Kissinger durch Deutschland reist, liegt Peter Suhrkamp im Sterben, und Siegfried Unseld wird sein Nachfolger. Uwe Johnson ist mehr als nur symbolisch bei dieser Stabübergabe dabei. Im März 1959, so erinnert der Autor den Verleger bei der Feier zu dessen zwanzigjährigem Verlegerjubiläum, «hast du etwas von mir angenommen, ‹daraus ein Buch zu machen›».[1] Es sind die «Mutmassungen über Jakob».

Die Geschichte dieses Romans wird für Unseld zum Gründungsmythos, denn er hatte zwei Jahre zuvor das erste Buch seines kommenden Lieblingsautors abgelehnt. Der Leipziger Literaturprofessor Hans Mayer hatte seinen ehemaligen Studenten an den Suhrkamp Verlag empfohlen. Im Lektorat war man sich nicht einig über das Manuskript mit dem anspruchsvollen Titel «Ingrid Babendererde», und so flog der Verleger Suhrkamp, der auf seine Menschenkenntnis vertraute, 1957 von Frankfurt nach Berlin, um den Autor in Augenschein zu nehmen. Noch auf dem Weg zum Flugzeug riet Unseld seinem Chef dringend davon ab, das Buch zu machen, nach Amerika enthielt es ihm zu wenig Welt, «darin komme so viel Segeln und Natur vor, da sei die Ideologie von Blut und Boden».[2] Unseld kannte das, es war ihm zu nah, er wird sich seiner eigenen Lagerfeuer- und Hitlerjugend erinnert haben.

Es ist nicht wenig verlegerischer Sadismus dabei, wenn Peter Suhrkamp dem erwartungsvollen Autor versichert, er wolle das Buch, doch er wolle es trotzdem nicht veröffentlichen. In Johnsons Darstellung ist die Begegnung in Berlin-Zehlendorf eine Theaterszene, reduziert auf einen einzigen Satz, auf seine Art zugefeilt: «Der alte Herr, der den Besucher mit ausgesuchter, verschollener Höflichkeit begrüsste, hielt den Verfasser sogleich an, an der Ablehnung seines Manuskriptes mitzuarbeiten.» Suhrkamp sprach von einem «Mangel an Welt», das sei mehr als nur der Abstand zwischen Hauptstadt und Provinz, schlimmer noch, dem sei auch nicht «durch Aufenthalte im Ausland» abzuhelfen, da fehle die «Weite des Lebensbewusstseins».[3]

Johnson ließ sich das gefallen, er folgte der Aufforderung des Verlegers, ein anderes Buch zu schreiben, denn er wollte unter allen Umständen bei Suhrkamp erscheinen, im Verlag von Bertolt Brecht. Der Verleger war in seinem Interesse sehr schwankend, der Autor verstand es dennoch als Auftrag, und er schrieb die «Mutmassungen über Jakob», die sein richtiger Erstling werden sollten, schickte das Manuskript nach Frankfurt und wünschte sich, noch mehr als dass es überhaupt als Buch erscheine, dass der Verleger es lese. Doch Suhrkamp war bereits zu krank und konnte es nicht mehr lesen, er starb am 31. März 1959.

In Unselds Version lag das Päckchen mit dem Manuskript beim Tod Suhrkamps ungeöffnet im Sterbezimmer. In einer anderen Variante hat Suhrkamp noch im Manuskript geblättert, es aber nicht mehr lesen können. Wie in der klassischen Novelle wurde das Päckchen zum Dingsymbol in der gemeinsamen Geschichte von Uwe Johnson und Siegfried Unseld. Der nahm es sofort nach dem Tod des Gründers an sich, aber auch er hatte keine Zeit, es zu lesen. Gelesen hatten es allerdings vorher schon die Lektoren Walter Boehlich und Walter Maria Guggenheimer sowie Unselds Ehefrau Hilde, die ihren Mann bedrängte, das Buch unbedingt zu machen. Unseld, seit fünfzehn Monaten Teilhaber mit verlegerischer Prokura, hatte den Vertrag bereits am 9. März unterschrieben, noch zu Lebzeiten des alten Suhrkamp. «Nach Suhrkamps Tod, nun alleiniger Verleger, hatte ich Dringendes zu tun», so hat er es später wieder und wieder erzählt, «aber irgendwie beschäftigte mich dieses Manuskript. Ich erinnerte mich an die endlosen Debatten über ‹Ingrid Babendererde› mit Suhrkamp – und nun mußte ich über eine etwaige Ablehnung allein entscheiden, aber ich *mußte* entscheiden. Die Lektüre fiel mir – wie bei ‹Ingrid Babendererde› – schwer, doch bei einer zweiten, bei der ich noch immer nicht alles verstand, glaubte ich, die Pranke eines erzählerischen Löwen erkennen zu können. Es war eine meiner ersten verlegerischen Entscheidungen, dieses Buch zu machen.»[4]

Johnson und Unseld fangen gleichzeitig an: der junge, knapp fünfundzwanzigjährige Autor, der mit Erscheinen seines ersten Buches aus der DDR nach West-Berlin übersiedelt, und der junge Verleger, der vor Ehrgeiz brennt, als Erbe des legendären Suhrkamp endlich etwas zu bewegen. Johnson wollte diese komplizierte erste Begegnung nicht so schicksalhaft nennen, wie Unseld sie bezeichnete, aber eine Liebe war es doch, wenn auch erst auf den zweiten Blick, dafür aber umso inniger. Den Tag, an dem Unseld den Verlag übernimmt, den 1. April, werden sie in Zukunft begehen, als wär es der Hochzeitstag.

Uwe Johnson, bald von der Kritik gefeiert, ist alles andere als eine Cashcow für Suhrkamp. Zuletzt wird sich das Negativkonto Johnsons beim Verlag auf mehr als zweihunderttausend Mark belaufen, für die der Kaufmann Unseld aufkam, der ihm aber dann für die «Jahrestage» hunderttausend Mark gutschrieb. Für ihn ist diese fast bedingungslose Finanzierung des Schriftstellers Johnson der Beweis, dass Suhrkamp ein Verlag der

Autoren ist, der Literatur herausbringt und nicht nur Bücher. «Jeder Autor, und sei er noch so jung», so hatte es Peter Suhrkamp dekretiert, «steht turmhoch über uns.»[5] Diesen Satz – reiner Idealismus, jederzeit zitierbar und in einer Marktwirtschaft nicht haltbar – hatte Suhrkamp seinem Nachfolger als Auftrag und als Hypothek hinterlassen. Er soll bei der Besprechung des Manuskripts von Rolf Beckers 1954 erschienenem Roman «Nokturno 1951» gefallen sein.[6] Es dauerte seine Zeit, aber Unseld sollte schon noch merken, wie wenig er im Zweifelsfall Herr im eigenen Haus war. Seines war es ohnehin nicht, Miteigentümer waren die Brüder Reinhart in Winterthur. Ohne Geld der beiden Kaufmänner, Sammler und Mäzene wäre der Suhrkamp Verlag nicht bloß unterkapitalisiert, sondern gar nicht existenz- und damit auch nicht so ausbaufähig gewesen, wie er es nach Unselds Willen sein musste.

Peter Suhrkamp, auf eine geregelte, auch wirtschaftlich tragfähige Nachfolge bedacht, hatte zum Erstaunen des Lektorats seinen Assistenten, den Werbefachmann Unseld, zum Teilhaber erhoben. Zwischendurch allerdings kamen ihm doch Zweifel. Wieder soll es Hermann Hesse gewesen sein, der sich für Unseld verwendete und ihn auch davon abbrachte, einem lukrativen Angebot des Ullstein Verlags zu folgen. Hesse konnte sich keinen besseren Verleger als seinen Leser wünschen, und die Brüder Reinhart hatten keinen Grund, diese Erbfolge infrage zu stellen. Am Tatendrang des Neuen jedenfalls war nicht zu zweifeln, ebenso wenig an seiner Bereitschaft, das Programm des Gründers fortzusetzen: T. S. Eliot, George Bernard Shaw, Hans Carossa, Marcel Proust natürlich und Rudolf Alexander Schröder. Unseld würde sogar noch Ingeborg Bachmann zu einem Geburtstagsgedicht auf Schröder drängen.

Die Fortführung des Verlags im Sinne des Gründers sollte Walter Boehlich garantieren. Allerdings war mit der Konstellation Boehlich – Unseld der Konflikt bereits programmiert. Suhrkamp war das sehr wohl bewusst. In einem Brief bat er seinen besten Mann, «sich in der Zusammenarbeit und Auseinandersetzung mit Herrn Dr. Unseld die Entwicklung und die Zukunft des Verlages zu Ihrem eigensten Anliegen und zu einer echten Aufgabe» zu machen, wobei er auch «um die persönlichen Schwierigkeiten» wisse, «die für Sie darin liegen».[7]

Für Boehlich, den polyglotten Schüler des Romanisten Ernst Robert Curtius, war der bullige Unseld eine Zumutung. Boehlich war Lektor in Århus und Madrid gewesen, er hatte alles gelesen und übersetzte aus dem Dänischen, Spanischen, Französischen und Englischen. Peter Suhrkamp hatte ihn geholt, nachdem er die bis dahin größte Investition des Verlags, die Proust-Übersetzung von Eva Rechel-Mertens, rezensiert hatte. Die Besprechung war so streng und kundig, dass Suhrkamp den Kritiker im Haus haben musste und zum Cheflektor machte.

Boehlich glaubt, das Erbe Suhrkamps verwalten und verteidigen zu müssen, das elitär war und den Markt scheute. Unseld hingegen strebt genau auf diesen Markt. Das Porträt, das Boehlich im Jahr 1991 zum hundertsten Geburtstag Peter Suhrkamps verfasste, nahm im Titel das hochkarätige Adjektiv auf, das Uwe Johnson für seinen Verleger gefunden hatte, und grenzte Suhrkamp damit von seinem Nachfolger ab: «Ein alter Herr mit verschollenen Manieren».[8] Unseld war ein Werbe- und Verkaufsgenie, ein Kraftkerl, aber dass er über besondere Manieren verfügt hätte, ist nicht überliefert.

In Briefen an die Witwe seines Lehrers Curtius stöhnte Boehlich über diesen Mann, der seiner eigenen alteuropäischen Bildung so fernsteht: «Er hat zu viel Energie, und darum auch zuviel [sic] Machthunger, und schon lange will er nicht mehr nur den möglichst besten Verlag – auch wenn er nur klein wäre – haben, sondern den einflussreichsten. Ich fürchte, er schaut zu sehr darauf, in die Geschichte einzugehen, und deswegen tut er Dinge, die dem Verlage schaden müssen, weil er sich von ihnen erhofft, dass sie seinem persönlichen Ruhme nützen könnten.»[9]

Aber es stimmt ja: Als 1978 Hermann Lenz den Büchner-Preis bekommt, kann sich Unseld rühmen, dass von den bisherigen siebenundzwanzig Preisträgern vierzehn Suhrkamp- beziehungsweise Insel-Autoren sind.[10] So unglaublich klein der Anteil der Verlagswelt am Bruttosozialprodukt ist – das kulturelle Kapital muss 1963 erst noch erfunden werden –, Siegfried Unseld ist in dieser kleinen Welt tatsächlich in die Geschichte eingegangen.

Dafür kann jede Verlagschronik den Fotobeweis antreten: Das berühmte Bild zeigt die Männergesellschaft, die sich im Juni 1962 bei Martin Walser am Bodensee trifft: Unseld, Enzensberger, Johnson, die Lektoren Karl Markus Michel und Boehlich und der Gastgeber Walser. Es gilt, ein großes Projekt zu besprechen: Unseld möchte etwas etablieren, was sein Vorgänger bis zuletzt verhindern konnte, ein Taschenbuchprogramm. Unseld, von dem es später heißt, er habe kaum Zeit, die Bücher, die er verlegt, auch zu lesen, hatte sich bei der Vorbereitung auf das Treffen den einen Satz aus Enzensbergers 1962 erschienenen «Einzelheiten» herausgeschrieben, mit dem sich die «neue Form» rechtfertigen ließe, nämlich dass «das Taschenbuch in der Lage ist, in unsere ganze Soziologie des Lesens, in den geistigen Umsatz der Gesellschaft einzugreifen».[11] Das hatte Enzensberger am Beispiel der Auflage von achthunderttausend Exemplaren hervorgehoben, die das Tagebuch der Anne Frank erreicht hatte. Ansonsten würde das Taschenbuch, wie er 1958 streng befand, «zum Plakat seiner selbst, die Reklame wird ihm auf den Leib gebunden. Die Kaschierung, der Lack, die flüchtige Aura seiner Unberührtheit verklärt er [gemeint ist wahrscheinlich: es] zum reinen Konsumgut.»[12]

Enzensberger hatte sich ursprünglich in einem Rundfunkfeature auf der hohen Kanzel der Kritischen Theorie mit dem sich ausweitenden Taschenbuchangebot beschäftigt und das Angebot wie die Darreichungsform in bester kulturkritischer Tradition als Massenkulturgut verabscheut. Den Drehständer, in dem es das Wissen der Welt für 2,20 Mark gab, ironisierte er als den «neuen Baum der Erkenntnis», um ihn sogleich als «Blechgebilde» zu entzaubern.[13] Als gelernter Marxist durchschaute er die «Konzentrationstendenzen in der Konsumgüterindustrie» und ergänzte vier Jahre später mit Blick auf den wachsenden Taschenbuchmarkt, dass die «sekundären Verwertungsrechte (…) im verlegerischen Kalkül in den Vordergrund» treten.[14]

Aus ähnlichem Abscheu vor dem Massenmarkt hatte der alte Suhrkamp in seinem Verlag keine Taschenbücher haben wollen, ihm ging nichts über die feine Bibliothek Suhrkamp. Dazu passt der Insel Verlag, den Unseld 1963 erwirbt. Rainer Maria Rilke kam damit ins Haus, aber für das, was Unseld vorschwebte, war die gleichzeitige Gründung einer Taschenbuchreihe ungleich wichtiger. Sie soll bloß nicht so heißen und trägt deshalb im Stil der radikalen Kleinschreibung der Gedichte Enzensbergers den Namen edition suhrkamp. Ein Kunstprogramm der nachholenden Moderne, und trotzdem bestens geeignet für den Drehständer im Kaufhaus.

Enzensberger dachte an die Gesellschaft, Unseld wollte den Umsatz. Am Ende gewannen beide, denn die Demokratisierung des Buchwesens brachte Literatur unter ein Volk, das bis dahin vor dem Bildungsgut Buch zurückgescheut war. Bücher zu besitzen war in den frühen Suhrkamp-Jahren eine exklusive Angelegenheit; der Literaturwissenschaftler Rudolf Schenda beschrieb es 1970 in seiner historischen Untersuchung mit dem bilanzierenden Titel «Volk ohne Buch». Noch Ende der fünfziger Jahre besaß ein Drittel der Erwachsenen kein einziges Buch, bei den Westdeutschen suchten nur fünf Prozent regelmäßig eine Buchhandlung auf.[15]

Die am Bodensee bei Martin Walser versammelten Männer gehörten einer hauchdünnen Bildungsschicht an, die daran interessiert war, sich dieses selbererarbeitete Privileg zu erhalten. Deshalb waren bis auf Walser alle Autoren und beide Lektoren gegen Unselds Expansionspläne. Am meisten widerstrebte die Idee Boehlich und Enzensberger, für die ein solcher Gang ins Volk nur den schlimmsten Kulturverfall bedeuten konnte. Wenn er aber unbedingt wollte, sollte der Verleger doch sein Geld verlieren, es war sein Größenwahn.

Doch es war kein Wahn: Suhrkamp kam aus der Kunst- und Hochkulturecke heraus, mit der Bildungsexpansion der Sechziger gelangten die Bücher des Verlags in die Universitäten, mit einem Mal stand der eben noch verfemte Brecht in den Schulen auf dem Lehrplan. Der lange Marsch nach links begann, zur Bildungsöffnung, zu den Studenten, zur Soziologie, in die Politik, und er begann mit der edition suhrkamp in der Jackentasche. So wie sich der Verleger Michael Krüger an die späten Sechziger erinnert, musste man jeden Abend ein Suhrkamp-Bändchen gelesen haben.[16] Oder wie der ehemalige Vorsitzende des Sozialistischen Studentenbunds und nachmalige Gründer des Verlags Roter Stern KD Wolff im Rückblick erkannte: «Das außerordentliche epochale Zusammentreffen eines kritischen Verlagsprogramms mit einer Jugendrevolte erschien mir ganz natürlich.»[17]

Unseld wollte mit dem Kopf durch die Wand und mit Willy Fleckhaus in die Auslage. Der Designer, der in Konkurrenz zur sehr politischen «konkret» die in CDU-Nähe entstandene Zeitschrift «twen» mitentworfen hatte, bekam freie Hand bei Suhrkamp. Rückblickend sieht es so aus, als hätte er die edition suhrkamp von vornherein als Kunstwerk entworfen: in achtundvierzig Schattierungen von dunkelviolett bis hellgelb und wieder zurück einmal durch die Farben des Sonnenlichts. Notfalls war das als Hommage an Goethe und dessen Farbenlehre zu verstehen, vor allem aber sollten sich die Verlagsprodukte mit diesem knallbunten Auftritt vom anderen Warenangebot der Buchhandlungen abheben. Sie wurden die perfekte Reklame für sich selber: die Umschläge der Reihe schlicht wie ein Werkheft entworfen, acht Querstriche für Autorenname, Titel, Gattung, edition suhrkamp und SV für Suhrkamp Verlag.

An der Kritik festzuhalten, wäre banausisch gewesen. Die Enzensbergers wurde sogar in den neuen Werbeslogan integriert und in der Beschreibung des Fleckhaus-Stils unschädlich gemacht. Enzensberger hatte behauptet, dass sich heutige Taschenbuchreihen, anders etwa als noch Reclams Universal-Bibliothek, die 1867 mit Goethes «Faust» begonnen hatte, den «Luxus einer ‹Linie›, einer wie auch immer gearteten Ansicht von der Welt und der Literatur», nicht mehr leisten würden. Daraus wurde alliterierend und um das Reklamewort «Leidenschaft» vermehrt: «Die edition suhrkamp leistet sich Luxus und Leidenschaft einer Linie.»[18]

Die Entscheidung dafür hatte nichts mit einem wie auch immer gearteten Bildungsauftrag zu tun, sie war marktstrategisch. Bis dahin musste Suhrkamp für die Sekundärverwertung seiner Bücher Lizenzen an andere Verlage geben, an Fischer oder Rowohlt, die Walser, Frisch oder Brecht als Taschenbuch herausbrachten. Im Fall Johnsons hatte das sogar einen Vorteil, denn die Leser der Fischer-Bücherei erhielten auf dem Umschlag die grobe Orientierung über den Inhalt, die auch Hermann Hesse bei den «Mutmassungen» vermisst hatte.

Nichts ließ bei dem Anfang am Bodensee die mythische Bedeutung erkennen, die die edition suhrkamp einmal bekommen sollte, aber der Werber Unseld schien es zu ahnen: In einem Bericht an die Schweizer Gesellschafter am Ende des ersten Verkaufsjahres kann er am 31. Dezember 1963 vom «publizistischen, buchhändlerischen, materiellen Erfolg» der Reihe berichten. «Sie wird», prophezeit er kühn, «in zwei, drei, fünf Jahren ein entscheidender materieller Pfeiler für den Verlag sein und damit sein Hauptprogramm auch für eine etwaige Krise sichern. Sie wird sich zu einem Verlag im Verlag ausdehnen, spätestens in einem Jahr werden Autoren speziell für diese Reihe schreiben, ihr Programm wird sich auch ins Allgemeine weiten, also sich vom Literarischen im engeren Sinne entfernen.»[19]

Sie wird sich tatsächlich entfernen, und ein Verlag im Verlag wird sie unter dem Lektor Günther Busch ebenfalls. Der erste Jahrgang 1963 enthält keinen einzigen Titel mit aktuellem oder politischem Inhalt, sondern bringt die Klassiker des Hauses für billiges Geld unters Volk: Brecht, Hesse, Beckett, Frisch für drei Mark, dann Günter Eich, Peter Weiss, T. S. Eliot, Adorno. Die stillen Teilhaber hatten zunächst nichts Radikales zu befürchten, Herbert Marcuse, Jürgen Habermas, die Marx- und Gesellschaftsanalysen drangen erst allmählich in das Programm ein.

Zur allgemeinen Überraschung ließ sich auch Philosophie an den Mann und die Frau bringen: Ernst Bloch, Theodor W. Adorno oder Ludwig Wittgenstein verkauften sich in den ersten vier Wochen jeweils annähernd zehntausend Mal. Von Enzensbergers «Einzelheiten I» über die «Bewußtseins-Industrie» abgesehen erscheinen die ersten politisch dezidiert links ausgerichteten Titel, Henri Lefebvres «Probleme des Marxismus, heute» und Herbert Marcuses «Kultur und Gesellschaft», erst um die Bandnummer 100, und bald folgen ihnen Walter Benjamins «Zur Kritik der Gewalt» (beglaubigt mit einem Nachwort von Marcuse) und Wolfgang Abendroths «Sozialgeschichte der europäischen Arbeiterbewegung». Es war jedoch keineswegs Unseld, der den Weg nach links beschritt. Seine Autoren und Lektoren schlugen ihn ein, und er – das ist sein großes Verdienst – ließ sie gewähren, eine Zeit lang wenigstens.

Beim Start der edition suhrkamp hatte Rowohlt, wo bereits 1950 die ersten Taschenbücher erschienen waren, längst mit einem bewusst politischen Programm begonnen. Dort betreiben die Autoren echte Opposition. Dort erscheint, eingeleitet und herausgegeben vom Suhrkamp-Autor Martin Walser, im August 1961 vor der Bundestagswahl der Sammelband «Die Alternative oder Brauchen wir eine neue Regierung?». Rowohlt veröffentlicht 1965 auch David Halberstams Reportage «Vietnam oder Wird der Dschungel entlaubt?», doch als dort im Juni 1966 ein von Sebastian Haffner eingeleitetes Buch von Mao Tse-tung zur Theorie des Guerillakrieges herauskommt, hat Suhrkamp fast aufgeholt: Mit der Materialsammlung «Vietnam – Genesis eines Konflikts» von Jürgen Horlemann und Peter Gäng vom Sozialistischen Studentenbund ist der Verlag auf der Höhe der aktuellen Diskussion.

Erst mit dem durchschlagenden Erfolg als Taschenbuchverleger emanzipiert sich Unseld von seinem Lehrherrn und großen Meister. Er geht in Serie und beliefert den Massenmarkt. Das Taschenbuch von Suhrkamp wird mit all seinen späteren Ausdifferenzierungen zum intellektuellen Ausweis, und deshalb sind bis heute mehr als vierzig Millionen Stück verkauft worden.

Diese Demokratisierung des Buchmarkts hatte weder Suhrkamp noch Boehlich noch Enzensberger gewollt. Doch der Umsatz gab Unseld nicht nur recht, er beförderte zugleich die Bildung, die bei Enzensberger durch den Kommerz in Verlust zu geraten schien. Über das Taschenbuch erreichte die Kultur auch die ländlichen Regionen und bildungsferne Schichten. Bei Käufern, die lediglich eine Volksschulbildung genossen hatten, stieg zwischen 1963 und 1967 der Taschenbuchkonsum auf über sechzig Prozent.[20]

Für den Verpackungskünstler Unseld bot die edition suhrkamp die Gelegenheit zur Vielfachverwertung seiner Autoren. Hesses «Tractat vom Steppenwolf» zum Beispiel war nichts weiter als eine Auskoppelung aus dem Roman «Der Steppenwolf», die sich in dieser Form als eigenes Buch verkaufen ließ. Als Bestätigung und Abschluss der Taschenbuchkritik erschienen in der Reihe, wie erwähnt, auch Enzensbergers «Einzelheiten». Der Sammelband enthielt seine ursprünglich für den Rundfunk geschriebenen Aufsätze, darunter der Beitrag «Bildung als Konsumgut». Für die Taschenbuchausgabe wurde das 1962 mit festem Einband erschienene Buch gekürzt und in zwei handliche

Bändchen aufgeteilt. Folgerichtig wurde 1971 auch Wolfgang Fritz Haugs fundamentale marxistische «Kritik der Warenästhetik» in die Reihe integriert. *Roll over, Benjamin*: Die Aura Suhrkamp entstand durch die endlose technische Reproduktion.

Boygroup Suhrkamp

> «was habe ich hier? und was habe ich hier zu suchen, in dieser schlachtschüssel, diesem schlaraffenland, wo es aufwärts geht, aber nicht vorwärts.»
>
> **Hans Magnus Enzensberger, landessprache (1960)**

> «loslassen! loslassen! ich bin keiner von euch und keiner von uns.»
>
> **Hans Magnus Enzensberger, schaum (1960)**

Am 2. September 1962 schickt der Berliner Jurist Horst Mahler seine «Anmerkungen zur ‹unvermeidbaren› neuen Strategie des Senators Schmidt» an die «Zeit»: «Für einen bundesrepublikanischen Politiker bietet sich als Alternative allein eine Politik des Ausgleichs mit der Sowjetunion an, die selbstverständlich ein Ausscheiden der Bundesrepublik aus der Nato voraussetzt.» Mahler sieht in der SPD keine Alternative mehr, sein Plädoyer richtet sich gegen eine opportunistische SPD, die sich längst für die Nato entschieden hat und damit die Annäherung an die CDU sucht. Theo Sommer lehnt am 17. Oktober den Abdruck von Mahlers «Ausarbeitung» ab, weil «uns vom Bundesverteidigungsminister Strauß eine Zusage vorliegt, nach der er selbst bei Gelegenheit zu dem Thema die Verteidigung Europas in der ‹Zeit› Stellung nehmen wird».[1] Die Gelegenheit ergibt sich leider nicht mehr: Strauß nimmt sich statt Helmut Schmidt den «Spiegel» vor und muss deshalb zurücktreten.

Am 10. Oktober 1962 legte der «Spiegel» unter der Überschrift «Bedingt abwehrbereit» dar, dass sich die Bundeswehr einem Angriff der Sowjetunion und deren Satellitenstaaten nicht lange würde widersetzen können. Das war kein überraschender Befund. Die Situation war allgemein bekannt, sie sollte nur nicht so deutlich ausgesprochen werden. Die Autoren Conrad Ahlers und Hans Schmelz waren vom Fach; dreieinhalb Jahre zuvor hatten sie das «Spiegel»-Gespräch mit Henry Kissinger geführt.

Der Artikel war eindeutig gegen den Verteidigungsminister Strauß gerichtet, der sein Heil noch immer in der atomaren Bewaffnung der Bundeswehr sah. Strauß meinte es ernst: «Jeder Aggressor muß wissen, daß das Echo auf den ersten Gewehrschuß eine nukleare und thermonukleare Explosion ist.»[2] In seinem Beitrag zu dem Sammelband «Die Alternative oder Brauchen wir eine neue Regierung?» wollte sich Hans Magnus Enzensberger nicht vor dem «Nachfolger» Konrad Adenauers fürchten müssen, dem bis dahin unvermeidlichen Strauß: «Ich wünsche nicht gefährlich zu leben.»[3] Es wurde aber gefährlich, als im Auftrag der Bundesanwaltschaft die Sicherungsgruppe Bonn in das Hamburger Pressehaus einzog, Unterlagen beschlagnahmte, Redakteure festnahm – dem «Spiegel» drohte das Ende.

Im Hintergrund der «Spiegel»- und Strauß-Affäre spielte sich die Kubakrise ab, als die Sowjetunion unmittelbar vor der Küste Floridas Atomraketen installieren wollte. Für Stunden und Tage befand sich die Welt wirklich am Abgrund. Der amerikanische Präsident Kennedy las nicht Max Frisch, sondern Ian Fleming und dessen James-Bond-Romane. Die nukleare Konfrontation der Großmächte konnte aber noch einmal abgewendet werden: Die sowjetischen Schiffe drehen wieder um, nach einer geheimen Vereinbarung ziehen die Amerikaner dafür ihre Raketen aus der Türkei ab.

Bei ihrem Treffen in Berlin formuliert die Gruppe 47 sofort eine scharfe Resolution. «Der deutsche Journalist Rudolf Augstein, Herausgeber des ‹Spiegel›, ist im Zusammenhang mit dem Verrat sogenannter militärischer Geheimnisse und unter dem

Vorwurf, sie der Öffentlichkeit mitgeteilt zu haben, verhaftet worden.» Für die Schriftsteller ist das ein «Akt von staatlicher Willkür». «Die Unterzeichneten», zu denen Alfred Andersch, Hans Magnus Enzensberger, Alexander Kluge, Uwe Johnson und Martin Walser gehören, «drücken Herrn Rudolf Augstein ihre Achtung aus und sind mit ihm solidarisch.» Doch gilt die Solidarität der versammelten Autoren nicht nur einem aus ihrer Branche, sie denken unwillkürlich auch an die Jahre vor der nationalsozialistischen Machtübernahme, als Carl von Ossietzky in der «Weltbühne» die Aufrüstungspläne der Reichswehr enthüllt hatte und dafür 1933 ins Konzentrationslager gekommen war. «In einer Zeit, die den Krieg als Mittel der Politik unbrauchbar gemacht hat, halten sie die Unterrichtung der Öffentlichkeit über sogenannte militärische Geheimnisse für eine sittliche Pflicht, die sie jederzeit erfüllen würden. Die Unterzeichneten bedauern es, daß die Politik des Verteidigungsministers der Bundesrepublik sie zu einem so scharfen Konflikt mit den Anschauungen der staatlichen Macht zwingt. Sie fordern diesen politisch, gesellschaftlich und persönlich diskreditierten Minister auf, jetzt endlich zurückzutreten.»[4] Schauspieler wie Curd Jürgens und O. E. Hasse, die ihren Kissinger zweifellos gelesen haben, schließen sich der Resolution an, und auch Siegfried Unseld beeilt sich, diese Rücktrittsforderung zu unterstützen. Wir sind keiner von euch, sollte das heißen, wir misstrauen der Macht.

Der angesprochene Verteidigungsminister ist natürlich Franz Josef Strauß, der sich in Deutschland am eifrigsten an Kissingers Empfehlung zu einer aggressiven Nuklearpolitik angeschlossen hatte. Strauß war nach Adenauer der Lieblingsgegner des «Spiegel», und er bestätigte seinen Ruf, indem er Conrad Ahlers in Spanien festnehmen und nach Deutschland holen ließ. Zuvor hatte er sich sein Vorgehen gegen das verhasste Blatt von Adenauer absegnen lassen, doch der ließ ihn gnadenlos über die Klinge springen. Noch einmal konnte Adenauer den Ehrgeizling Strauß abwehren, aber die nachrückende Generation war nicht mehr aufzuhalten.

Ob die Lage in der Bundesrepublik im Herbst 1962 so gefährlich war wie 1933, wird man zumindest nachträglich bezweifeln dürfen, aber das rhetorische Feuer der Resolution wärmte die neue Generation ungemein. Es war nichts anderes als eine Unabhängigkeitserklärung gegenüber dem «Ancien Régime», das aus der Kaiserzeit und dem Dritten Reich überlebt hatte. Das Aufsehen, das damit zu erregen war, bedeutete keine kleine Genugtuung, nachdem die SPD und die mit ihr sympathisierenden Autoren im Jahr davor bei der Bundestagswahl eine schlimme Niederlage zu verkraften hatten.

Adenauer rechtfertigt den Überfall auf den «Spiegel» mit dem Landesverrat, den das Magazin angeblich begangen hatte, und behauptet, Augstein sei bereits nach Kuba geflohen. Kissinger hält sich zu diesem Zeitpunkt wieder einmal in Deutschland auf. Strauß kann einen vereinbarten Termin nicht wahrnehmen, weil er sich im Bundestag rechtfertigen muss; der öffentliche Druck zwingt ihn schließlich zum Rücktritt.

Es gab also tatsächlich eine Alternative, auch wenn die Schriftsteller (nach wie vor war bei diesen Aktionen außer Ingeborg Bachmann kaum eine Frau dabei) zur Selbstüberschätzung neigten. Strauß jedenfalls wusste, dass härtere Zeiten kommen würden, er musste gehen, und im Jahr darauf auch Adenauer. Kissinger hatte zwei seiner verlässlichsten Gesprächspartner in Deutschland verloren, aber Unseld verlor er nicht.

Die Nachkriegszeit endete mit dem Beginn der neuen Literatur, mit der «Blechtrommel», den «Mutmassungen über Jakob» und «Halbzeit». Sie kam von Männern, die der Krieg noch gerade erreicht hatte (Grass war mit siebzehn zur SS gegangen, Walser am 20. April 1944 noch in die NSDAP aufgenommen worden), die aber gegen die vorangehende Generation der Kollaborateure als unbelastet und jung auftreten konnten.

Die Kollaborateure waren schon im Dritten Reich dabei gewesen und regierten, inzwischen humanistisch geläutert, den Kunstgeschmack der Fünfziger. Hans Sedlmayr fürchtete den «Verlust der Mitte», Ernst Jünger empfahl den «Waldgang», Holthusen war unbehaust und Heidegger gab «Einblick in das was ist», und das hieß: «Ackerbau ist jetzt motorisierte Ernährungsindustrie, im Wesen das Selbe wie die Fabrikation von Leichen in Gaskammern und Vernichtungslagern, das Selbe wie die Blockade und Aushungerung von Ländern, das Selbe wie die Fabrikation von Wasserstoffbomben.»[5] Die Bombe verdrängte Auschwitz.

Im ersten Heft des «Merkur» äußerten sich 1947 Bernt von Heiseler, Hans Egon Holthusen und Denis de Rougemont kultureuropäisch. Rudolf Kassner schrieb, nicht ohne den Übergang vom Pferdegespann zum Automobil als Vergleich zu bemühen, besorgt Besinnliches «Im Hinblick auf die Atombombe». Gerd Gaiser, Ernst Wiechert, Rudolf Alexander Schröder, Reinhold Schneider, Gertrud von Le Fort und nicht zuletzt Hermann Hesse amtierten als Seelentröster. Es war fast alles wieder gut. Nur Karlheinz Deschner machte sich in seinem Pamphlet «Kitsch, Konvention und Kunst» von 1957 über diese biedermeierlichen Fünfziger lustig und propagierte dagegen die Vorkriegsmoderne, die erst wiederentdeckt werden musste: Hermann Broch, Robert Musil und Alfred Döblin.

Die belastenden Zitate von Mitmachern aus dem Dritten Reich werden wie Kassiber weitergereicht, aber da sind zu viele Krähen, als dass sie sich gegenseitig die Augen aushacken würden. Einzig Kurt Ziesel, ein ehemaliger Mitarbeiter des «Völkischen Beobachters», wagt es, die lieben Kollegen daran zu erinnern, dass und wie sie ihre Karriere unter Hitler begonnen hatten. Sein prominentestes Opfer wurde Karl Korn, liberaler Redakteur der «Frankfurter Allgemeinen Zeitung», der 1940 in einer Rezension des Nazifilms «Jud Süß» behauptet hatte, dass «das jüdische Problem in Deutschland innerlich bewältigt» sei.[6]

In seinem Buch «Deutsche Literatur im Dritten Reich» von 1961 verstößt Franz Schonauer gegen den allgemeinen Comment, der das Verschweigen zur Geschäftsgrundlage der Bundesrepublik macht. Ausgiebig zitiert er aus den Schriften Friedrich Sieburgs, des «Sonderbeauftragten» der Pariser Botschaft, der sich 1941 bei einer Rede auf einer «Conférence de la Groupe Collaboration» offenbart hatte: «Hier, in dieser Douce France, ist mein Charakter hart geworden. Frankreich hat selbst meine Erziehung zum Kämpfer und zum Nationalsozialisten in die Hand genommen.»[7] Selbstverständlich durfte der von NS-Außenminister Joachim von Ribbentrop sonderbeauftragte Sieburg nach kurzer Unterbrechung im Nachkriegsdeutschland wieder schreiben. Von 1956 an leitet er das Literaturblatt der «Frankfurter Allgemeinen Zeitung» und wird der einflussreichste Kritiker der frühen Bundesrepublik. Zur neuesten Literatur fallen ihm nur Schmähungen ein, denn das deutsche Kulturerbe droht ihm unterzugehen. 1942 war er selber am Untergang beteiligt gewesen, als er den Franzosen erklärte, es sei ein Irrtum, Heine zu verehren: «Das ist ein Jude, und weil er nicht verwurzelt ist, ist er übersetzbar. (...) Die große deutsche Dichtung ist außerordentlich mystisch und darum unübersetzbar.»[8]

Für Sieburg ist Schonauer, der den Nazikollaborateur Sieburg bei seinem Wort nimmt, deshalb ein «Abortreiniger».[9] Allerdings hatte nicht einmal Sieburg verhindern können, dass Schonauer Holthusens 1956 veröffentlichten Roman «Das Schiff» in der FAZ verriss. Die Kritik war vorher im Süddeutschen Rundfunk gelaufen, wo sie der Redakteur Hans Magnus Enzensberger betreut hatte. Die konservative Elite sieht sich allmählich und nicht ganz grundlos bedroht. Im Jargon ihrer Altersgruppe gesprochen, führt die Wehrmachtsgeneration bereits Rückzugsgefechte.

Heine, da immerhin fühlte sich Sieburg von ihm verstanden, «graute vor der Herrschaft der Massen, die er am Horizont seiner Epoche wie eine Gewitterwand aufziehen sah»,[10] jetzt war sie da, und die Masse durfte sich auch noch ungestraft in der Literatur ausbreiten. Niemand missfällt der Anfang der neuen Literatur von 1959 und 1960 mehr als dem aristokratisch gestimmten Sieburg. Für ihn ist sie nicht mystisch, sondern dem «deutschen Waschküchendunst entstiegen und gegen alles grade Gewachsene feindselig gesinnt», eben eine «Proletariergesellschaft».[11] Als vermeintliches Muster nimmt er sich Walsers Roman «Halbzeit» vor, klagt in einer legendär bösartigen Rezension darüber, dass er Monate auf die Lektüre hatte verwenden müssen, über die draußen die Bäume das Laub verloren und am Ende kahl standen. Walser, soviel immerhin attestiert er dem Autor, sei «der Sprache mächtig wie kein anderer Schriftsteller seiner Generation», aber ohne Formbewusstsein und Takt mit Tendenz zur «Unmenschlichkeit». Alte Kameraden wie Sieburg mussten Bücher wie das von Walser hassen, in dem ein Bürgermeister die Wahl gewinnt mit der Zitat-Hälfte «Einen bessern findst Du nit». Das war Wiederaufbaukraftzersetzung. Sieburg vermisste «Sitte und Anstand»,[12] wo er den Proletarier heraufkommen sah.

Der Gastwirtssohn Walser hatte, ähnlich wie Unseld, nebenbei in Tübingen bei dem Hölderlin-Forscher und ehemaligen NSDAP-Mitglied Friedrich Beißner promoviert. Die beiden kannten sich jedoch kaum, da sie bereits während des Studiums arbeiteten. Die Legende erzählt, dass der Rundfunkredakteur Walser eine Tagung der Gruppe 47 aufzunehmen hatte und beim Abhören der Bänder zum Gründer Hans Werner Richter meinte, so gut könne er das aber auch. So wurde er schon 1953 zu den weiteren Treffen der Gruppe eingeladen, durfte auf dem sogenannten elektrischen Stuhl Platz nehmen und lesen.

Die seit 1949 regierende CDU wollte in den Schriftstellern Gegner ihrer Politik sehen. Von diesem Nimbus profitierte vor allem die anfangs politisch harmlose Gruppe 47 ungemein. Das war bei der Aufrüstungsdebatte Mitte der Fünfziger so, setzte sich mit Außenminister Heinrich von Brentano fort, der 1957 zur Empörung Peter Suhrkamps den Lyriker Bertolt Brecht gut antikommunistisch mit dem Nazi Horst Wessel verglich, und ging 1963 weiter mit dem geschäftsführenden Parteivorsitzenden Josef Hermann Dufhues, der die Gruppe 47 als «geheime Reichsschrifttumskammer» schmähte.[13]

1955 erhielt Walser den Preis der Gruppe, sein Erzählungsband erschien bei Suhrkamp, für seinen 1957 veröffentlichten Roman «Ehen in Philippsburg» erhielt er den erstmals verliehenen Hermann-Hesse-Preis. Er war in die Familie aufgenommen und neben Enzensberger, dessen Gedichtband «verteidigung der wölfe» 1957 erschien, der einzige nennenswerte junge Autor, den sich der alternde Suhrkamp leistete.

Ingeborg Bachmann empfiehlt Walser 1958 nach Harvard. Peter Suhrkamp schreibt ebenfalls an Henry Kissinger und erwähnt die «grossen Hoffnungen», die er auf Walsers Entwicklung setzt. Er gehöre zu den wenigen Schriftstellern, die fleißig und diszipliniert arbeiteten. Mit einem Wort und um dem Anspruch des International Seminar zu genügen: «Walser ist ein kommender Mann.»[14] Doch zugleich ist da die nicht ganz unbegründete Angst, auch noch nach der Nazizeit von der Welt abgeschlossen zu bleiben. Für den Norddeutschen Suhrkamp ist der Bodensee-Schwabe Walser zu wenig weltläufig. Amerika muss helfen. Es sei wichtig, so Suhrkamp, «dass er mehr Welt kennen lernt, so dass seine Bücher sich von der Provinz lösen und Welthintergrund bekommen».[15] Nach seiner Rückkehr aus Amerika wird Walser allerdings immer entschlossener in seiner heimatlichen Welt bleiben und den Bodensee zu seinem Weltmittelpunkt machen.

Andererseits gehört Walser, was sein Verleger nicht erwähnt, zu den ersten Autoren des noch ganz neuen Mediums Fernsehen und hat beim Süddeutschen Rundfunk Aussichten auf eine glänzende Karriere. Seiner Freundin Corinne Pulver, die selber als eine der ersten Frauen eine Redakteursstelle erobert, sagt er aber, er werde kündigen müssen, als Suhrkamp-Autor könne er nicht beim Fernsehen arbeiten. Dabei war er bei diesem neuen Medium einer der Ersten, der dessen Möglichkeiten zu nutzen wusste. Mit dieser Aufgeschlossenheit entsprach er genau dem Profil der jungen, bereits berufstätigen Kräfte, die Kissinger einladen wollte, um sie an die Welt- und Wertvorstellungen Amerikas heranzuführen.

Walser plant einen Casanova-Roman und probiert im Tagebuch Geschichten für einen Reigen aus. Er vergisst auch nicht, dass er vorläufig noch für seinen Sender tätig ist, und versucht deshalb, den ausgewanderten Deutschen Wernher von Braun für ein Interview zu gewinnen. Im Seminar tritt der Soziologe David Riesman auf, der 1950 den Bestseller «Die einsame Masse» veröffentlicht hat. Im Notizbuch soziologisiert Walser ebenfalls ein bisschen und skizziert seinen und den Status der deutschen Intellektuellen um sich herum: «Keine Partei hat je in ihrer Wahlpropaganda einen Versuch gemacht, diese Intellektuellen für sich zu gewinnen; sie zählen nicht.»[16] Es ist, als böte er sich und die Seinen bereits feil, und sei es für eine Partei, die es so noch gar nicht gibt, denn dass die SPD im Jahr 1958 Interesse an den Schriftstellern zeigte, lässt sich nicht behaupten. Das wird sich 1961, bei der nächsten Bundestagswahl, schlagartig ändern, und es wird Walser sein, der zum Wählen dieser Alternative aufruft. Später wird er alles bestreiten, wird behaupten, er sei in der Gruppe 47 «dagehockt wie ein Mädchen vom Land». Wir haben, wird er sagen, «unsere Metaphern einen Sommer lang der Politik zur Verfügung» gestellt.[17] Jetzt, ganz am Anfang der Politisierung, in die sich die westdeutsche Intelligenz stürzt (begleitet von kooptierten Kräften wie Max Frisch und Ingeborg Bachmann), klingt der einunddreißigjährige Walser schon so vom Engagement erschöpft wie ein alter Mann. «Weil sie nur für ihresgleichen schreiben, sind sie auch als Propagandisten kein sonderlicher Gewinn. Wirtschaftlich sind sie weder eine besondere Last noch auch nur von geringstem Nutzen.»[18]

Auf dem Campus in Harvard erscheint auch Eleanor Roosevelt, und Walser kommt sie «lächerlich» vor. «Roosevelt muß ein großer Mann gewesen sein, daß er sich diese Frau leisten konnte.»[19] Im Interview mit der Studentenzeitung «Harvard Crimson» stellt er kühne Vergleiche an: Deutsche und amerikanische Intellektuelle befänden sich insofern im selben Boot, als sie nicht im Auftrag der Regierung handelten und auf Distanz zu ihrem jeweiligen Volk lebten. «Auch wenn der Intellektuelle mit dem, was um ihn herum vor sich geht, nicht einverstanden sein kann, kann er nicht zornig sein oder ein fertiges Rezept anbieten. Ein Intellektueller sollte die Diagnose stellen, aber nicht operieren.» Mit den amerikanischen Medien geht er streng ins Gericht. Film und Fernsehen bedienten das Bedürfnis des Publikums nach einer verlässlichen Moral. Die Amerikaner machten es sich leicht, weil sie sich mit den tugendhaften Charakteren identifizierten.[20]

Im Tagebuch vermittelt Walser den Eindruck, als interessiere ihn dieses «halbintellektuelle Seminar»[21] nicht besonders, als sei er nur mit Schreiben beschäftigt. Er kann aber gar nicht anders, als sich für die politische Gegenwart und das heißt für die Entkolonialisierung zu interessieren, weil er mit zwei Menschen aus der seinerzeit noch so genannten Dritten Welt näheren Kontakt hat. Unter den Teilnehmern befindet sich auch Thomas Kanza, Redakteur der ersten von Kongolesen geführten Zeitung in Léopoldville (ab 1966 Kinshasa), Anhänger Patrice Lumumbas, der 1960 nach der Unabhängigkeitserklärung des Kongo Premierminister wird. Er wird bald danach mit Hilfe der CIA umgebracht.

Kissinger kommt im Tagebuch, soweit es veröffentlicht ist, überhaupt nicht vor, was daran liegen mag, dass er 1958 bereits ein gefragter Mann und viel auswärts unterwegs ist. Die zentrale Gestalt des Seminarjahrgangs ist zweifellos Mandyam Ananth Devaki, mit fünfundzwanzig Jahren die jüngste Teilnehmerin. Der französische Lyriker Yves Bonnefoy verliebt sich in sie, Walser versucht sich auf Englisch und wirbt mit schwärmerischen Gedichten um sie. Er hatte sie auf der Überfahrt von Plymouth nach New York kennengelernt, wo er nachts an Deck staunte, wie das Licht auf dem Diamanten an ihrem linken Nasenflügel zitterte. Sie stammt aus einer Brahmanenfamilie und hatte sich früh einer von Gandhi inspirierten Bewegung angeschlossen, die Großgrundbesitzer dazu bringen will, Land an besitzlose Bauern abzugeben. In Oxford hatte sie bereits mehrere Semester Sozialwissenschaften studiert, bevor sie wieder nach Indien zurückgekehrt war.

Devaki erzählt Walser, dass sie nur innerhalb ihrer Kaste heiraten dürfe und auch nur einen Mann, den ihr die Eltern aussuchen. Ihre Schwester war mit vierzehn an einen brutalen Fünfundzwanzigjährigen verheiratet worden. Während Kanza zur Gitarre ein trauriges Lied singt, tanzt Devaki im Sari zwischen den Säulen der Widener-Bibliothek. «Eine Gruppe von unerhörter Vollkommenheit. Das rhythmische Klatschen der nackten Füße auf dem Steinboden (…) und ich, der Weiße, taub daneben (…) die Versuchung, die Zigarette im eigenen Gesicht auszudrücken.»[22]

Es ist öfter vorgekommen, dass sich im Seminar Teilnehmer gefunden und anschließend geheiratet haben, so wie Astrid Claes und Joachim Gehlhoff. Im Tagebuch steht nichts davon, aber offenbar verliebte sich Devaki in Walser. In ihrer 2020 erschienenen Autobiographie «The Brass Notebook» erzählt sie freimütig, dass sie den «Annäherungen eines jungen deutschen Schriftstellers nicht widerstehen konnte. Während der zwei Monate in Harvard weckten seine Persönlichkeit und das Interesse, das er an mir zeigte, ein unglaubliches Verlangen in mir.» Für sie war es ein Ausbruch aus der Tradition, aus den brahminischen Gesetzen. Es ging aber, wie sie betont, nie weiter als «bis zur Hüfte», sie wollte die Tradition nicht ganz aufgeben und als Jungfrau in die Ehe gehen.[23] 1966 wird sie Lakshmi Jain heiraten. Drei Jahre zuvor hatte auch er, zusammen mit Unseld und Bachmann, am Kissinger-Seminar teilgenommen. Da er nicht der Kaste Devakis angehört, wird sie von ihrer Familie verstoßen. Ihr Bruder rät ihr, um das Dekorum zu wahren, zum Selbstmord, für ihren Vater ist sie durch die Hochzeit bereits tot und verbrannt.

Walsers Tagebuch ist nur zu entnehmen, dass sie noch eine Zeit lang korrespondierten, wobei er sie bittet, ihm nach Frankfurt in den Verlag zu schreiben, damit seine Frau nichts merke. Ob Walser selber bemerkt hat, dass seine Freundin aus Harvard auf der ganzen Welt als Vertreterin einer feministischen Wirtschaftspolitik bekannt wurde? Anders als Walser, der nach Deutschland zurückmuss, weiß Devaki die Möglichkeiten, die ihr Amerika und insbesondere diese reiche Eliteuniversität zu bieten haben, zu nutzen. Sie wirkt überhaupt viel selbstbewusster. Bei Kissinger erwirkt sie weitere Förderung, die es ihr erlaubt, in die Südstaaten zu reisen. Dort hat gerade die Bürgerrechtsbewegung begonnen, mit der sich die rebellische Inderin sogleich solidarisiert. In South Carolina begegnet sie Rosa Parks, die sich drei Jahre zuvor in Montgomery geweigert hatte, im Bus ihren Platz für einen Weißen freizumachen, wie es die rassistischen Vorschriften verlangten. In Harlem nimmt Devaki an einer Demonstration der National Association for the Advancement of Colored People teil. Kissinger organisiert ein weiteres Stipendium für sie, mit dem sie auf dem Rückweg nach Indien Japan, Vietnam, Kambodscha und Burma besuchen kann und ganz im Sinne dieses Mentors Kontakte für ihre weitere Laufbahn knüpft.

Es entsteht in der Folge sogar eine indirekte Verbindung zum Suhrkamp Verlag. Dort erscheinen auf Deutsch die Bücher des schwedischen Wirtschaftswissenschaftlers Gunnar Myrdal, der 1970 zusammen mit seiner Frau Alva den Friedenspreis des Deutschen Buchhandels erhält. Anlässlich der Verleihung erscheint Myrdals «Politisches Manifest über die Armut in der Welt».

Myrdal hatte bereits in den Dreißigern eine Studie erstellt, wonach die Rassentrennung mit dem Selbstverständnis der auf der Basis der Menschenrechte gegründeten USA nicht vereinbar sei. Diese Studie war eine der wesentlichen Voraussetzungen für die Aufhebung der Rassentrennung in den Vereinigten Staaten. Als der Supreme Court 1954 über eine Klage zu entscheiden hatte und die Segregation endgültig aufhob, beriefen sich die Richter ausdrücklich auf Myrdals Untersuchung «An American Dilemma: The Negro Problem and Modern Democracy» aus dem Jahr 1944.

Myrdal suchte Mitarbeiter für sein neues Projekt, bei dem er die Ursachen für die Armut in der Welt untersuchen wollte. Devaki hatte sich nach ihrer Rückkehr aus Oxford dafür beworben und war wegen ihrer Arbeit in der Landreformbewegung schon vor dem Kissinger-Seminar eingeladen worden, an dem mitzuarbeiten, was Myrdals Hauptwerk werden sollte: «Asiatisches Drama. Eine Untersuchung über die Armut der Nationen», veröffentlicht im Jahr 1968.[24] Dafür zog sie Ende 1958, nach dem Seminar, nach Oxford. Eines Abends bot ihr der bereits sechzigjährige Professor an, sie in seinem Auto nach Hause zu bringen und fasste ihr während der Fahrt in den Schritt. So wie sie es in ihren Erinnerungen beschreibt, konnte sie sich vor seiner Zudringlichkeit nur retten, indem sie an den Türgriff fasste und ihm sagte: «Ich werde jetzt die Tür öffnen und rausspringen. Ich werde natürlich sterben, aber dafür kommen Sie vor Gericht und wandern ins Gefängnis.» Erst dann habe er von ihr abgelassen.[25]

Als sie am nächsten Tag zu Myrdals Arbeitsgruppe kam, verkündete er, dass es ihr an den intellektuellen Voraussetzungen für die Mitarbeit fehle, und feuerte sie auf der Stelle. Auch die Kosten für die Rückreise wollte er nicht mehr übernehmen.

Sie konnte mit niemandem darüber sprechen, es gab keine Instanz, bei der sie Beschwerde einlegen konnte, sie befand sich in einem fremden Land. Um in Oxford bleiben zu können, wo sie mit Hilfe der Schriftstellerin Iris Murdoch einen weiteren Abschluss schaffte, musste sie am Wochenende kellnern und putzen. Wenn die Vorwürfe, die Devaki in ihrem Buch erhebt, zutreffen, dann könnte der Titel eines in der edition suhrkamp erschienenen Bändchens von Myrdal ironischer gar nicht lauten: «Objektivität in der Sozialforschung».[26] 1974 erhielt Gunnar Myrdal zusammen mit seinem Antagonisten Friedrich Hayek den Nobelpreis für Wirtschaftswissenschaften.

Nach dem Ende des Seminars fährt Walser, wie zuvor Devaki, mit Kanza nach Harlem, wo Kanza für die Unabhängigkeit der belgischen Kolonie Kongo wirbt. Devaki interessiert sich für die Bürgerrechtsbewegung, Walser eher für die Bewusstseinsindustrie. Walser besucht die großen Werbeagenturen in der Lexington Avenue, spricht dort mit den *mad men*, um zu erfahren, wie weit die Amerikaner den europäischen Methoden voraus sind. Seinen Helden Anselm Kristlein, den er über drei Romane begleiten wird, macht er zum Handelsvertreter und Werbefachmann.

Zumindest in der Rückschau war der Flug zurück nach Europa für Walser eine «Operation ohne Betäubung».[27] So wie er sich erinnert, fühlte er sich herausgerissen aus der Freiheit, die sich ihm in Harvard geboten hatte. Zu Hause hatte er die Zwangsjacke von Familie und von Deutschland zu fürchten. Aber nach vier Wochen begann er seinen Amerikaroman zu schreiben, der so gut wie nichts mit Amerika, aber viel mit der erlebten Freiheit zu tun hatte. «Halbzeit» ist bis ins parodistische Detail eine Folge der Proust-Lektüre, die ihm wiederum niemand anderes als Peter Suhrkamp ermöglicht hatte. Aus dem Verkauf des Sylter Hauses, das seine Frau Annemarie Seidel mit in die Ehe gebracht hatte, konnte Suhrkamp die deutschen Rechte an Proust erwerben und Eva Rechel-Mertens mit der

Übersetzung beauftragen. Walser, ein Wirtschaftswunderkind wie sein Freund Rudolf Augstein, bedankte sich mit einem perfekten (und bis heute genutzten) Reklameslogan: «Proust-Leser sind im Vorteil.»

Prousts erzählerische Grenzenlosigkeit half ihm, er musste sich «herausschreiben aus Amerika».[28] Erst später, nach einem guten Jahrzehnt ausdauernder Amerikakritik, konnte er im Buch nach Amerika zurückkehren und dann in «Brandung» dieses Land so hochleben lassen, wie er es 1958 erlebt hatte.

Während Peter Suhrkamp sich für Unseld und Walser – und Unseld später für Johnson – eine Weltöffnung durch das Kissinger-Seminar versprach, schaffte Enzensberger es ganz von allein. Um in der Provinzialität zu erstarren, war er viel zu unstet. Als Student trampte er nach Schweden und Spanien, verbrachte zwei Studiensemester in Paris und lebte danach erst in Norwegen, dann in Italien, zog zwischendurch unwillig nach Deutschland, riss aus nach Baku, Teheran und Lima und beendete die sechziger Jahre stilbewusst mit einem Rausschmiss aus Kuba.

Der berühmte offene Brief an den Präsidenten der Wesleyan University in Connecticut, in dem Enzensberger Anfang Februar 1968 sein Stipendium zurückgibt, weil er glaubt, dass er «vom kubanischen Volk mehr lernen und (…) ihm von größerem Nutzen sein kann als jemals den Studenten von der Wesleyan Universität»,[29] wird nicht zuletzt beflügelt durch ein Rund-um-die-Welt-Ticket, das ihm der kambodschanische Prinz Sihanouk bei einem früheren Aufenthalt in Havanna geschenkt hatte. Damit reist er – es ist inzwischen die Zeit der Peter-Stuyvesant-Generation – über New York und San Diego nach Tahiti, wo er auf die versprengten Überlebenden von Che Guevaras Guerillatruppe trifft, die mit Hilfe des noch unbekannten Salvador Allende nach Paris ausgeflogen werden sollen. Von dort geht es zu einem Literaturfestival nach Adelaide und ins heiße Innere Australiens, wo Enzensberger – «unterwegs wie ein Defraudant»[30] – fast zum Vorläufer Bruce Chatwins auf den Spuren der «Songlines», der mythischen, mittels Gesang überlieferten «Traumpfade» der Aborigines wird. Über Singapur und Moskau geht es zurück nach Berlin.

Als Vielreiser entwickelte Enzensberger frühzeitig eine «Theorie des Tourismus», die alles andere als wissenschaftlich, aber dafür bereits gegen die in den Fünfzigern ausbrechende Reisewelle gerichtet war. «Der Tourismus parodiert die totale Mobilmachung», befindet er, er sei «eine einzige Fluchtbewegung aus der Wirklichkeit». Doch bei allem Abscheu vor dem Massentourismus, vor dem Camping und den Hotelburgen, kann er die Ursache für das Fluchtbedürfnis nicht wegleugnen: «Das Verlangen, aus dem sich der Tourismus speist, ist das nach dem Glück der Freiheit.»[31]

Diese Freiheit gab es für ihn im Nachkriegsdeutschland nicht, er musste immer wieder weg. «Ich war auf zu vielen Flughäfen im Nirgendwo», wird der alte Enzensberger im Rückblick auf seine betriebsamsten Jahre sagen.[32] Für Peter Rühmkorf war er «überhaupt kein Festkörper, sondern ein Luftwesen, das Prinzip Hoffnung auf Rädern, der Weltgeist auf Achse», immer unterwegs, nicht anders als Henry Kissinger bei seinem Aufstieg vom Atomkriegsexperten zum Weltdiplomaten.[33] In der kambodschanischen Hauptstadt Phnom Penh wird Enzensberger zu einer Audienz im Palast beim Prinzen Sihanouk gebeten. «Wir sprachen über seinen Gegenspieler Henry Kissinger, den ich zufällig kannte. Ich war ihm im Haus meines Verlegers begegnet», erinnerte er sich Jahrzehnte später.[34] 1968, das lässt sich leicht überprüfen, war Kissinger noch Professor in Harvard, er leitete das International Seminar, er beriet Politiker, unternahm Reisen für sie, aber er war selber noch nicht an irgendeiner Schaltstelle und deshalb auch nicht zuständig für den Krieg in Vietnam, der bald auf Kambodscha übergreifen sollte, und damit nicht der Gegenspieler Sihanouks. Dem Weltreisenden erscheint die Welt als langer Rausch, und in der Erinnerung mag manches verschwimmen.

Enzensberger machte die Exterritorialität zum Prinzip. Niemand vermochte ihm zu folgen, man konnte ihm nur nachstaunen wie dem Fliegenden Robert. In Paris, wo sich Camus und Sartre stritten, hatte er den nicht nur poetischen Nutzen von Resolutionen und literarischer Empörung kennengelernt. Mit weiteren Autoren schließt er sich 1960 in einer Solidaritätsaktion dem antikolonialistischen «Manifest der 121» französischer Schriftsteller an, verspricht, «mit derselben Rückhaltslosigkeit wie unsere französischen Kollegen politisch Stellung zu nehmen».[35] In Frankfurt eröffnet er im Jahr darauf die Ausstellung «Algerien ist überall». Er wendet sich gegen die deutsche Regierung, die den französischen Krieg in Afrika mit der Nato unterstützt, und sieht dabei, was andere nicht sehen wollen, die jüngste Vergangenheit: «Wenn Sie unsere Kultur besichtigen wollen, gehen Sie nicht zu einem Kulturkongreß, gehen Sie zu keiner Dichterlesung, gehen Sie in diese Ausstellung. Sie wird Ihnen keine Freude machen. Denn was dort ausgestellt ist, das sind nicht die andern, das sind wir selber. Die Leute in den Konzentrationslagern, die verhungerten, die gefolterten, das sind wir – und wir sind die Henkersknechte, die Bombenwerfer und die Kapos.»[36]

Es ist wieder einmal Friedrich Sieburg, der sich im Ton eines beleidigten Reserveoffiziers darüber empört, dass Deutsche mitmachen, wenn in seinem geliebten Frankreich «ein erheblicher Teil seiner geistigen Elite mitten im Kriege die an der Front kämpfenden Soldaten auffordert, den Gehorsam zu verweigern und die Waffe fortzuwerfen».[37] Schriftsteller, deutsche zumal, seien dafür nicht zuständig, und warum sie nicht auswanderten, wenn es ihnen in Deutschland nicht passt? Das lässt sich die junge Generation nicht gefallen. Holthusen sieht bereits eine «literarische Opposition»[38] am Werk, Enzensberger schlägt zurück und bezeichnet Holthusen und seinesgleichen als «literarische Regierungspartei».[39] Für diese Älteren steht der Feind natürlich links, aber was noch schlimmer ist: Er ist jung.

Die Opposition richtet sich nicht nur gegen das goldgrundierte Edelmannstum, das den Ansturm der proletarischen Massen fürchtet, sondern auch gegen die Medien, sogar gegen den «Spiegel», der im Adenauerstaat selber eine Oppositionsrolle übernommen hatte. In einem Aufsatz hatte Enzensberger 1957 die klischeereiche und kasinoschnoddrige «Sprache des ‹Spiegel›» kritisiert.[40] Noch gründlicher setzt er sich 1961 mit der von der deutschen Wirtschaft getragenen «Frankfurter Allgemeinen Zeitung» auseinander, der er vorwirft, sich zu Unrecht auf die ruhmreiche «Frankfurter Zeitung» zu berufen. Mit dem Bedürfnis, unparteiisch und objektiv zu sein, mache sie keine Zeitung, sondern betreibe «Journalismus als Eiertanz».[41]

Bei seiner Analyse tut Enzensberger nichts anderes als einige Jahre später Uwe Johnson mit der «New York Times», er liest Zeitung und kommentiert das dort vermittelte Geschehen. Bei Johnson geht die reflektierende Lektüre über ein ganzes Jahr, Enzensberger beschränkt sich bei der FAZ auf neun Ausgaben im Dezember 1961, lässt Kultur, Literatur, Wirtschaft und alle Sonderteile beiseite und konzentriert sich ausschließlich auf die Politik. Ende 1961 ergeht in Jerusalem das Urteil gegen Adolf Eichmann, aber was diesen Leser noch viel mehr interessiert, ist die Berichterstattung über die Entkolonialisierung, insbesondere Kongos und Algeriens. Die ist für Enzensberger, vorsichtig gesagt, zurückhaltend, regierungsnah, also deutsch und nicht so international orientiert wie er es längst ist.

«Was ihn anzog, als gäbe es da reine Himmelskost zu naschen», schrieb Rühmkorf über den gleichaltrigen und ungleich weltläufigeren Enzensberger, «waren internationale Zeitungskioske, die umschwirrte er wie ein Kolibri.»[42] Die deutsche Presse konnte dagegen nur verlieren. Sein Befund, dass die FAZ ständig an den hehren Ansprüchen scheitere, die sie verkünde, ist nicht weiter überraschend. Im Detail kann er nachweisen, dass

Nachrichten, die sich in anderen, auch in deutschsprachigen Zeitungen finden, weggelassen werden, weil sie entweder der Redaktion unangenehm sind oder dem Leser nicht zugemutet werden sollen.

Der schlimmste Vorwurf trifft am härtesten: Die «Zeitung für Deutschland», wie sich die FAZ selbst bezeichnet, sei provinziell. Zwei der neun Hauptmeldungen im Berichtszeitraum bezögen sich auf die deutsche Innenpolitik, fünf weitere würden deutsche Namen nennen: Bonn, Berlin, Adenauer, Strauß und Brandt. Nur Eichmann, «obschon er zweifellos deutscher Herkunft ist», erscheine nicht in der Hauptüberschrift. «In dieser Auswahl drückt sich ein Provinzialismus aus, dessen keine anspruchsvolle Zeitung des Auslandes fähig wäre.» Für Enzensberger zeigt sich darin nichts anderes als das «Bedürfnis, sich unablässig der eigenen Wichtigkeit zu versichern, die Neigung, das eigene Land für den Nabel der Welt zu halten».[43]

Mit dem eigenen weit offenen Blick in die Welt steht Enzensberger ziemlich allein da im Nachkriegsdeutschland, er hätte in dieser Rolle des aus der nationalen Beschränktheit herausführenden Vorreiters der Musterschüler in Kissingers Seminar sein können. An seiner Person und den Reaktionen auf seinen Aktivismus zwischen Literatur und Politik lässt sich ablesen, wie schnell – oder wie langsam – Deutschland verwestlicht und sich dabei vom Gestern verabschiedet.

Der «Spiegel»-Herausgeber Rudolf Augstein druckt Enzensbergers Kritik in Auszügen nach und bietet dem Autor eine Kolumne an, die FAZ hingegen ist rechtschaffen beleidigt. Sie will nicht auf die stilistische, linguistische, auch nicht die inhaltliche Kritik eingehen, sondern sieht sich von den Jungen und deren moralischer Selbstsicherheit bedroht und nimmt entsprechend übel. Wo Sieburg 1955 über die «qualvolle Paradoxie der damaligen Epoche»[44] gejammert hatte, formuliert 1962 der FAZ-Mitherausgeber Benno Reifenberg mit geschichtstragischem Pathos, in welche Defensive sich die Vorgängergeneration durch das Auftreten der nächsten gedrängt fühlt: «Herr Enzensberger gehört nicht zu der Generation, die in der fürchterlichsten Epoche unserer Geschichte zur Wehrlosigkeit erniedrigt worden ist. Er hat kein Recht, an der Erschütterung dieser Generation zu zweifeln, die daran bis an ihr Lebensende zu tragen hat.»[45]

Das sind die älteren Herrschaften, gegen die sich die Generation der Kissinger-Schüler formiert. Als Holthusen, der spät mit einem selbstbewussten Bekenntnis zu seiner SS-Vorgeschichte herausrückt, 1968 auf eine Professur nach Amerika berufen wird, kann er sich freuen, dem «linksdeutschen Literatengesindel» entronnen zu sein.[46] Verloren hatten er und die Seinen dennoch. Sie sind nicht nur *démodé*, sondern, schlimmer noch, deutsch und bei aller Bildung: provinziell. Kissinger hält das natürlich nicht davon ab, mit Holthusen weiter in Verbindung zu bleiben. Noch 1965 dankt er dafür, dass er ihm zuliebe eine «langweilige Diskussion» über Nuklearpolitik besucht hat.[47]

Auf der Höhe der internationalen Avantgarde betont Enzensberger in seinem 1960 veröffentlichten Hassgedicht «schaum» sein Außenseitersein; er ist, wie es Adorno vom Künstler verlangt, kein «Knecht der bestehenden Mächte in irgendeinem Teil der Welt»[48]: «loslassen! loslassen! ich bin keiner von euch / und keiner von uns: ich bin zufällig geboren / unter schäumenden wasserwerfern, zufällig brüllend, / ehrlich gesagt, allein, ohne brüder, geblendet, / am schwarzen Freitag, in einem rosa bidet.»

Das ist natürlich eine Inszenierung. Es ist der Sound von Allen Ginsbergs Langgedicht «Howl» über Drogentod und Ritualmord, bundesrepublikanisch herabgedimmt auf die Katastrophe des Schwarzen Freitag 1929, den Enzensberger wirklich für seinen Geburtstag ausgab. Er ist keineswegs allein, er hat seine Brüder (und die Schwester) in der Gruppe 47, die er zumindest intellektuell und bald auch politisch anführt, und er hat Siegfried Unseld, den er einmal «meinen großgünstigen Verleger» nennt,[49] und er hat Martin Walser und Uwe Johnson.

Zusammen mit dieser Boygroup wagt Unseld den großen Sprung nach vorn. Die Gruppe entwickelt angesichts der aggressiven Gegner ein starkes Zusammengehörigkeitsgefühl, sie ist eine echte Interessengemeinschaft. Enzensberger arbeitet 1960/61 ein gutes Jahr als Lektor im Verlag, wo er sich unter anderem um ein Manuskript von Max Frisch kümmert, das erst «Modell» heißt und bald unter dem Titel «Andorra» ein Welterfolg wird. Später, wenn auch Ingeborg Bachmann mit ihrem Roman «Malina» zu Suhrkamp kommt, wird den Text erst Walser und dann Johnson bearbeiten. Johnson wird sich auch der Bücher von Max Frisch annehmen, darunter «Montauk», in dem Frisch, nach «Mein Name sei Gantenbein», ein weiteres Mal seine wenig glücklich verlaufende Liebesgeschichte mit Ingeborg Bachmann behandelt. Aus einem Beitrag zu einer Festschrift für Frisch wiederum entwickelt Johnson seine Novelle «Skizze eines Verunglückten», in der er seine Schreibkrise literarisiert, die ihn mehr als ein Jahrzehnt lang daran hindert, die «Jahrestage» abzuschließen, die für den Verlag und für Unseld die Krönung ihrer Zusammenarbeit sein werden. Wenn der übernationale Luftgeist Enzensberger der Protagonist des Generationswechsels in der Literatur der Bundesrepublik ist, dann ist Uwe Johnson, der 1959 aus dem Osten gekommen war, der eigentliche Autor in dieser neuen Generation. Walser und Enzensberger übernehmen freiwillig die Rolle betreuender Brüder.

Walser und Enzensberger rezensieren Bücher von Ernst Bloch, den Unseld zum Verlag gebracht hatte; Enzensberger schreibt über Johnsons «Mutmassungen», über den Roman «Fluchtpunkt» von Peter Weiss und über Walsers «Halbzeit» sowieso. Der Nicht-Autofahrer Enzensberger besingt sogar Walsers Auto.[50] Walser, Enzensberger und Johnson, diese drei bilden zusammen mit Unseld den runderneuerten Suhrkamp Verlag, der spätestens von 1963 an Unseld & Fleckhaus Verlag heißen müsste.

In dieser Kameraderie unterscheidet sich das «Kollektivwesen»,[51] wie der Unseld-Biograph Peter Michalzik den Suhrkamp-Verleger und seine ihm nächsten Autoren nennt, gar nicht wesentlich von der Männerbündelei der Kriegsmännergeneration. Von Ingeborg Bachmann abgesehen, bleiben die Frauen ausgeschlossen. Das hat niemand besser beschrieben als Corinne Pulver, die bis 1958 eine Liebesbeziehung mit dem verheirateten Martin Walser hatte. Als der nach Amerika zu Henry Kissinger reist, meldet sich der ebenfalls verheiratete Siegfried Unseld bei ihr. Er sei in Stuttgart und wolle mit ihr über ein Manuskript reden, von dem Walser berichtet habe. Sie fand ihn, als er erschien, «ungeheuer lebendig, fesselnd und imponierend».[52] Von dem Manuskript ist danach nie mehr die Rede.

Erst spät im Leben hat Pulver davon berichtet. Sie bot ihre Erinnerungen an Walser und Unseld mehreren Verlagen an, doch von den größeren wollte sie aus Angst vor Walser und Unseld keiner drucken. Es ist die klatschbegeisterte Geschichte einer Frau, die sich sehr erfolgreich in der Männermedienwelt behauptet und stolz über ihre Affären mit berühmten Männern berichtet. «Es war schwer, einem solchen Ansturm zu widerstehen», so beschreibt Pulver ganz frauenromanhaft den Eroberer Unseld. «Denn in der Art, wie er es machte, war er so dynamisch und genial, daß ich bereits eine Ahnung davon bekam, wie er seine Bücher und Autoren – später seinen Verlag – hochbrachte.»[53]

Als Walser aus Amerika zurückkommt, ist Pulver von Unseld schwanger. Peter Suhrkamp ist schwer krank, er stirbt am 31. März 1959. Unseld wird mit dem Segen der Brüder Reinhart in Winterthur sein Nachfolger, aber sie dürfen von dem Kind auf keinen Fall erfahren, das am 14. Juli, kurz nach Hermann Hesses zweiundachtzigstem Geburtstag, zur Welt kommt. Unseld und Pulver geben ihm den Namen von Hesses Ehefrau: Ninon.

Nach Pulvers Worten verband ihr Kind Unseld und Walser erst recht: «Was vorher eher eine Frage der Libido war, das wurde jetzt eine echte Verbindung, fast ein Dreiecksverhältnis, wie Siegfried es mit Eifersucht registrierte und demonstrierte.»[54]

Eine Rheinreise

«Die Luft ist kühl und es dunkelt,
Und ruhig fließt der Rhein.»

Heinrich Heine, Die Loreley

«Confluence» ist 1958 eingestellt worden, aber Kissinger hält seinen Agenten in Frankfurt weiter auf Trab. Wenn er nach Deutschland kommt, kündigt er sich meist an, und selbst wenn keine Zeit für ein Treffen bleibt – bei Kissinger pressiert es grundsätzlich –, telefonieren sie wenigstens zum Inlandstarif. Reist er von Bonn aus nach Frankfurt, holt ihn Unseld am Bahnhof ab, oder Unseld fährt selber nach Bad Godesberg, wenn dort wieder eine wichtige Tagung stattfindet. Das öfter wiederholte Angebot, wie die Suhrkamp-Autoren im Gästezimmer der Unselds zu übernachten, schlägt Kissinger meist aus. Mit den vielen Telefonaten, die er zu führen habe, würde er die Familie nur stören.

Zumindest in ihren Briefen ist nie von Politik die Rede. Selbst wenn Unseld von einer Reise nach Paris berichtet, die Stadt sei im Aufruhr wie seit der Dreyfus-Affäre nicht mehr, geht Kissinger nicht darauf ein. (Uwe Johnson behält die erste Auslandsreise in Gesellschaft von Unseld in Erinnerung, weil sie eine Aufführung von Samuel Becketts «Letztem Band» besuchten und auf dem Eiffelturm zu Mittag aßen.) Für Politik ist Kissinger zuständig, da lässt er sich nicht dreinreden und nicht einmal hineinschauen. Allenfalls wird Unseld, wenn wieder einmal eine Verabredung wegen aktueller Ereignisse ausfallen muss, auf die Zeitungen verwiesen. Nur wenn Kissinger zu fordernd wird, wenn er ihn drängt, für seinen nächsten Deutschlandaufenthalt in Frankfurt die wichtigsten Unternehmenschefs, Verbandspräsidenten und die halbe Redaktion der FAZ zusammenzutrommeln oder «dafür zu sorgen, dass [Ingeborg Bachmann] den beigelegten Brief bekommt, und bitte sie, mir zu antworten», ärgert sich Unseld ein bisschen über diese «gehobene militärisch-strategische Sprache Amerikas».[1]

Militärisch genau wird auch die Reise geplant, die Kissinger gemeinsam mit seiner Frau Ann im Sommer 1960 nach Europa unternimmt. Er sei völlig überarbeitet und brauche ein paar Tage Pause, hatte er Unseld vorher mitgeteilt. Man könne sich ja vielleicht auf ein Wochenende treffen, seine Frau sei noch nie am Rhein gewesen. Zuvor hat er aber noch ein anderes Anliegen. Ob er, Unseld, nicht einen deutschen Verlag für sein neues Buch wisse? Er legt für alle Fälle einen Entwurf bei. Keine Angst, beruhigt er ihn gleich, «das ist kein raffinierter Versuch, dich zu einer Veröffentlichung zu drängen. Ich weiß schon, dass das kein klassisches Suhrkamp-Buch ist.»[2] Anfang des Jahres hatte er das Buch bereits Ingeborg Bachmann gegenüber erwähnt. Die Arbeit daran mache einen zu einem schlechten Gastgeber, «aber wer würde das besser verstehen als Du».[3] Unseld rät ihm, sich an S. Fischer zu wenden, Kissinger trifft sich bei seinem nächsten Aufenthalt in Frankfurt mit der Verlegerin Brigitte Bermann Fischer, hört dann aber zu seiner Überraschung nichts mehr vom Verlag. «Die Entscheidung drängt», eine Sammlung seiner Aufsätze zur Verteidigungspolitik, erscheint bei Econ.[4]

Die Europareise von London über Bonn, Frankfurt, Stuttgart und weiter nach Süden gemeinsam mit Ann findet aber statt. Unseld hat ebenfalls in Stuttgart zu tun, er muss sich mit dem ehemaligen Bundespräsidenten Theodor Heuss treffen, sie könnten diese Strecke doch zusammen fahren. Auch sonst hat er einiges zu bieten: Am 2. Juli 1960 gibt er bei sich zu Hause in Frankfurt eine «Gesellschaft, die vorwiegend aus dem kulturellen Sektor stammt». Lotte Lenya will Lieder von

Brecht singen, Adorno wird sie am Klavier begleiten. Gern würde er ihn dazu einladen. Die Kissingers treffen dafür jedoch zu spät in Deutschland ein; soweit bekannt, ist es leider nie zu einer Begegnung zwischen Adorno und Kissinger gekommen.[5]

Kissinger schlägt Unseld vor, das Ehepaar am 4. Juli in Bonn im Hotel Königshof abzuholen und dann zusammen im Auto nach Frankfurt zu fahren, dort zu übernachten und am nächsten Tag früh weiter nach Stuttgart. Dann konsultiert er aber den Zugfahrplan und den der Rheinfähren und hat eine viel bessere Idee: Sie könnten doch eine gemeinsame Bootsfahrt unternehmen, von Bonn (Abfahrt 8.50 Uhr) nach St. Goar (Ankunft 15.55 Uhr), und von dort mit dem Zug weiter nach Frankfurt. Oder noch besser («Ich traue mich das gar nicht zu fragen»): Unseld kommt ihnen mit dem Auto entgegen, parkt in St. Goar und kommt mit dem Zug zum Frühstück nach Bonn.[6] Unseld macht begeistert mit. «Ich freue mich sehr, daß wir einmal ausgiebig Gelegenheit haben, uns auszusprechen.»[7]

In seiner Antwort nennt Unseld ihm dann die Verbindung, mit der er selber es mit Umsteigen in Koblenz bis acht Uhr zum Hotel schaffen kann. Der Personenzug nach Bonn verlässt St. Goar um 6.12 Uhr, was aber heißt, dass Unseld für die gut hundert Autobahnkilometer von Frankfurt nach St. Goar bei heutigen Verkehrsverhältnissen etwa anderthalb Stunden braucht und deshalb kurz nach vier Uhr morgens losfahren muss.

Die gemeinsame Rheinfahrt zur Loreley muss ein großes Erlebnis gewesen sein, denn Kissinger bedankt sich hinterher überschwänglich. Diesmal ist er auch bei Unselds über Nacht geblieben. Im Reisebericht, den Unseld regelmäßig zu führen beginnt, steht von dem ganzen Abenteuer unter dem 4. Juli 1960 nur: «Zusammentreffen mit Professor Henry Kissinger. Neben anderem ging es vorwiegend um das Problem, wie heute eine ‹Theorie der Demokratie› geschrieben werden könnte, die alle

Aspekte fundamental, historisch, philosophisch, soziologisch, politisch, moralisch aufzeigt.»[8] Mit einem Wort, ein ziemlich klassisches Suhrkamp-Buch.

Die Kissingers fahren weiter durch die Schweiz nach Italien und Griechenland, wo sie ein paar Tage ausruhen, Kissinger aber wieder offiziell als «Nuklearexperte» gefragt ist und als Sonderbotschafter Eisenhowers gefeiert wird. Selbstverständlich nimmt er die italienischen und griechischen Zeitungen mit, in denen zum Teil groß über ihn berichtet wird. Unterwegs hätte sich Kissinger gern mit Ingeborg Bachmann getroffen, die mittlerweile in Zürich wohnt, aber sie verpassen sich knapp. In der Schweiz kaufen sie zwei Uhren, in Venedig Schuhe, in Rom einen Hut.[9] Auf der Rückfahrt besuchen Ann und Henry Kissinger ihre Geburtsstadt Fürth und kaufen im Spielwarenhaus Virnich in Nürnberg für ihre einjährige Tochter Elizabeth einen «Steiff Bär auf Rädern».[10]

Wieder zu Hause, schickt Kissinger ein Telegramm nach Frankfurt und lädt Unseld für August zu einem Seminar nach Japan ein, aber Unseld hat die Zeit nicht, zu viele Termine und dann die Buchmesse. Er ist todunglücklich: «Dieses Land betritt man, wenn man nicht gerade Wehrwissenschaftler ist, vermutlich doch nur einmal im Leben.»[11]

Kissinger legt Wert auf Verbindungen nach allen Seiten, doch im Sommer 1960 ist ihm Unseld zweifellos wichtiger als Holthusen, sein anderer deutscher Kontaktmann, der auch gern nach Japan gefahren wäre. Über Monate lässt Kissinger Holthusen ohne Antwort und sagt ihm dann fast gleichzeitig mit der Einladung für Unseld ab. Es ist gut möglich, dass ihm inzwischen die Gerüchte über die SS-Mitgliedschaft Holthusens zugetragen worden waren.

Das Vertrauensverhältnis, das nicht zuletzt durch die gemeinsame Rheinreise zwischen ihnen entstanden war, erlaubt Kissinger, die Frankfurter um Unterstützung zu bitten, sie brauchten ein «Mädchen». Obwohl Kissinger, schon weil in den USA sein ganzer wissenschaftlicher und politischer Umgang Englisch spricht, die deutsche Sprache meidet, möchte er für den Haushalt und für seine Tochter ein Au-pair-Mädchen aus Deutschland, ob Unseld nicht helfen könne. Das Mädchen würde für zwei Jahre angestellt, bekäme freie Kost und Logis und am Anfang monatlich hundertfünf Dollar, von denen jeweils fünfzehn Dollar abgezogen würden, bis die Kosten für die Schiffspassage, hundertfünfzig Dollar, die sie vorstrecken würden, abgegolten seien. Bei der Vorgängerin hätten sie den Lohn regelmäßig erhöht.[12]

Selbstverständlich kann Unseld helfen, beziehungsweise seine Frau. Sie seien selber gerade auf der Suche nach einem «dienstbaren Geist».[13] Nach der Mitteilung zum neuesten Buch von Max Frisch und der römischen Adresse Ingeborg Bachmanns, um die Kissinger gebeten hatte, folgt handschriftlich der beruhigende Satz: «Meine Frau ist sehr aktiv in der Mädchensuche.»[14] Hilde Unseld gibt eine Anzeige in einer schwäbischen Kirchenzeitung auf und sieht sich die beiden jungen Frauen an, die sich melden. Kissinger besteht hinterher darauf, Unseld die Spesen zu ersetzen, 51 Mark für die Anzeige und 18 Mark Fahrtkosten. In einem Brief mit aufgeklebtem Passbild stellt Hilde Unseld die junge Frau vor, «die sowohl mir, als auch meinem Mann äusserst gut gefiel. Es scheint uns, daß sie in der Lage sein wird Ihren Anforderungen zu genügen. Sie macht einen sehr aufgeweckten Eindruck und freut sich besonders auf Ihre Kinder. Im Kochen kann sie noch wenig, ist aber sehr interessiert daran, es zu erlernen. Sie scheint flink und von guter Auffassungsgabe.» Hilde Unseld verabschiedet sich mit herzlichen Grüßen für ein «schönes Weihnachtsfest».[15]

Das «Mädchen», das am 1. Juli 1962 als Au-pair bei der Familie Kissinger in Boston anfängt, heißt Edda Gudrun Jeglinsky, wurde am Weihnachtstag 1941 in Breslau geboren und hatte seine ersten drei Lebensjahre im niederschlesischen Festenberg (dem heutigen Twardogóra) verbracht. Edda Jeglinsky war alles andere als eine Italienfahrerin, sondern froh, mit dem Leben davongekommen zu sein.

Ihr Vater hieß Heinz, wie Kissinger, als er noch in Deutschland gelebt hatte, und war wie Unseld in der Kriegsmarine gewesen. Im Winter 1945 war sie mit ihren Eltern vor der Roten Armee aus Schlesien durch die Tschechoslowakei nach Bayern geflohen. Sie landeten auf einem Bauernhof in Baldersheim südlich von Würzburg, zogen dann weiter nach Göppingen. Als Älteste war es ihre Aufgabe, sich um die beiden jüngeren Geschwister zu kümmern. Wie die meisten Teenager in den Fünfzigern war sie ganz vernarrt in alles, was Amerika war. Im Kino hat sie alle Elvis-Filme angeschaut, die GIs, denen sie in Göppingen begegnete, waren Kulturbotschafter aus einer anderen und wie es schien für sie unerreichbaren Welt. Sie wollte fort.

Die Gelegenheit dazu bot eine Anzeige im Kirchenblatt. Erst als sie zu einem Gespräch nach Frankfurt eingeladen worden war, erzählte sie ihren Eltern davon. In Frankfurt kam sie in ein großes Haus, die Besitzer hatten irgendwas mit dem Verlagsgeschäft zu tun, was genau, wusste sie nicht und fragte auch nicht, war aber sehr beeindruckt vom Lebensstil der Unselds. Über ihre Gastfamilie erfuhr sie nur, dass das Ehepaar Kissinger aus Deutschland stamme, in Boston lebe, zwei kleine Kinder im Alter von einem und drei Jahren habe. Herr Kissinger sei Professor und viel auf Reisen, während Frau Kissinger vielerlei gesellschaftliche Verpflichtungen habe. Dass es sich um eine jüdische Familie handelte, wurde ihr gegenüber nicht erwähnt, wie sie auf Nachfrage betont.[16]

Das «Mädchen» heißt heute Ms. Edda Sehgal und lebt mit ihrem Mann in einer Seniorenresidenz in Florida. Sie steht nach wie vor im Kontakt mit Ann Kissinger, aber Näheres über die häuslichen Umstände bei den Kissingers in Boston wäre von ihr, selbst wenn man sie danach fragte, nicht zu erfahren. Sie hat bei ihrem Abschied versprochen, nicht über die Familienverhältnisse zu sprechen.

Auch Edda Jeglinskys Biographie ist eine Aufsteigergeschichte, und auch sie führt über Harvard. Wie Ingeborg Bachmann, wie Siegfried Unseld und Martin Walser reiste das brieflich verpflichtete Au-pair mit dem Schiff nach New York. Am 9. Juni 1962 sah sie die Freiheitsstatue in New York, sie musste weinen, für sie war es, als sei sie zu Hause angekommen. Dort wurde sie von Henry Kissingers Schwiegermutter erwartet, die nach wie vor in Washington Heights lebte. Mit dem Bus reiste sie weiter nach Boston.

Wie schon in Frankfurt war sie von den geräumigen Wohnverhältnissen überrascht. Dazu hatte sich der Professor über der Garage ein großes Studio bauen lassen, völlig anders als der traditionelle amerikanische Stil des übrigen Hauses: modern und voller Bücher und Zeitungen. Sie war verblüfft, als sie unter den Fotos, die Regierungschefs und Minister zeigten, mit denen Henry Kissinger zusammengetroffen war, auch ein Bild des deutschen Bundeskanzlers Konrad Adenauer bemerkte, der sich während ihrer zweijährigen Dienstzeit aus dem Amt verabschiedete. Erst da ging ihr auf, dass der Hausherr ein bedeutender Mann sein musste.

Sie hatte Heimweh. Am Anfang sprach sie mit Mrs. Kissinger noch deutsch, aber mit den Kindern sollte sie Englisch sprechen, wie es auch die Eltern taten. Sie war überglücklich, als ihr Mrs. Kissinger erlaubte, an Weihnachten in ihrem Zimmer einen kleinen Christbaum aufzustellen und zu schmücken. Das war so überraschend, dass die Kinder zu ihr kamen, um ihn anzustaunen. Die Kissingers feierten Weihnachten nicht, doch um ihr Heimweh zu dämpfen, brachte Mrs. Kissinger sie mit dem Auto zu einer Christmette. Im Jahr darauf besuchte Henry Kissinger ihre Familie in Göppingen und versicherte ihr, wie zufrieden sie mit ihr waren.[17]

Edda Jeglinsky studierte nicht in Harvard, aber sie lernte in

Harvard einen Mann kennen, der mit einem Rockefeller-Stipendium aus Indien gekommen war, um bei dem Pflanzenbiologen Paul C. Mangelsdorf zu studieren. Suri Sehgals Mutter war Sikh, sein Vater, ein Anhänger Mahatma Gandhis, Hindu. 1947, bei der Teilung des indischen Subkontinents, wurde die Familie auseinandergerissen, Suri lebte eine Zeit lang auf der Straße in Delhi. Auch für ihn bot Amerika die Rettung.

Nach seinem Abschluss heirateten Suri Sehgal und Edda und zogen nach Des Moines, wo er vor allem an der genetischen Verbesserung von Saatgut arbeitete. Das Vermögen, das er mit seiner eigenen Firma erwirtschaften konnte, haben die beiden fast vollständig in eine Stiftung eingebracht, die die Ernährungslage in der Welt verbessern soll.

Ein Gerücht wird erforscht

«America was a rumor.
I came here to verify the rumor.»[1]

Uwe Johnson, 1966

Die italienische Reise nach Amerika hatte für Uwe Johnson naturgemäß in Mecklenburg begonnen, wo lange Wellen an den Strand treiben, die, durch ein Buch verbunden, in New Jersey wiederkehren. In den «Jahrestagen» erscheint ein getreues Abbild von New York City im Jahre 1967/68, aber diese zwölf Monate strecken sich dann auf fünfzehn Jahre, die der Autor braucht, um Stadt und Land, die Kindheit und die Gegenwart, den Osten und den Westen zu rekonstruieren, wie es ist, wie es war, 1933, 1954 und 1968. Johnson geht auf in New York, am liebsten hätte er sich ganz in der Stadt verloren. So weit trieb er die Mimikry, dass er sich 1970 mit der Überschrift «Dead Author's Identity in Doubt» einen fingierten Nachruf im Stil der «New York Times» schrieb und den englischen Text von dem Autor Herbert Feuerstein, der damals Chefredakteur der deutschsprachigen «New Yorker Staats-Zeitung» war, ins Deutsche rückübersetzen ließ.[2]

Anders als Unseld hatte Johnson kein Krieg über die Grenzen Deutschlands geführt. Er war noch beschränkter aufgewachsen, nämlich in der DDR, die er erst 1959 verließ. Nicht geflohen wollte er sein, sondern «umgezogen», nicht als Flüchtling gelten, auch nicht die damit verbundenen Vorteile wahrnehmen; ihm ging es darum, wie er der «New York Times» in einem Gespräch darlegte, sich auf eigene Rechnung durchzuschlagen.[3] Die Wayne State University in Detroit hätte ihn bei einer Lesung gern als «Germany's Pasternak» angekündigt, er sträubte sich gegen das Etikett.

Ein Schaustück war er trotzdem, ein Exot aus dem kommunistischen Osten und, weil er doch in den Westen gewechselt war, der manifeste Beweis für die Überlegenheit des Kapitalismus. Die Suhrkamp-Herrenrunde aus lauter Provinzlern hatte ihn begeistert aufgenommen, aber da war wieder die Befürchtung, er könnte zu provinziell sein, zu viel Segeln. Obwohl Peter Suhrkamp den Nutzen bezweifelt hatte, wollte Unseld deshalb, dass Johnson mehr von der Welt sah, und das hieß, dem eigenen Beispiel zu folgen und nach Harvard zu gehen, ins Kissinger-Seminar und danach erst in die Villa Massimo, so wichtig ein Aufenthalt dort war, weil man damit als Schriftsteller anerkannt war.

Nach Italien durfte er erst, meinte Johnson im Jahr 1979 bei der Feier zu Unselds zwanzigstem Jubiläum als Verleger, das auch seines als Suhrkamp-Autor war, «nachdem du mir vier Monate in God's own country zur Aufgabe gemacht hattest, ein Geschenk, das uns zehn Jahre später die ‹Jahrestage› eingetragen hat, von denen du», wie Johnson etwas voreilig versprach, «noch in diesem Jahr das letzte Wort gelesen haben wirst».[4]

1960 war von diesem Geschenk noch nichts zu ahnen gewesen. Amerika war für Johnson Herman Melville (dessen «Israel Potter» er übersetzt hatte) und William Faulkner (von dem er die Form der «Mutmassungen» gelernt hatte). Das Geschenk brauchte einen Mittler, und das war Henry Kissinger. Er ließ Johnson nach Amerika kommen und lud ihn später ein, sich für sein Großunternehmen «Jahrestage» länger in New York niederzulassen. So werden die vier Bände nicht das schlechteste Ergebnis der letztlich von der amerikanischen Regierung und der CIA finanzierten antikommunistischen Kulturförderung, eine Friedensdividende der psychologischen Kriegsführung.

Johnson sollte es ihm nachtun, meinte Unseld, und den freien Geist von Harvard atmen, darum hatte er seinen jüngsten Autor Kissinger gegenüber schon bei der Reise entlang des Rheins als Kandidaten empfohlen und Johnson als Opfer der kommunistischen Diktatur präsentiert. «Er ist drüben in der DDR aufgewachsen, studierte dort, und als er Schreib- und Betätigungsverbot erhielt, kam er hier herüber. Sein erster Roman ‹Mutmassungen über Jakob› ist für ihn ein großer Erfolg geworden. Er zählt von nun an zu den ersten deutschen Prosa-Autoren.»[5]

Martin Walser, sein bester Freund eigentlich, bald in steter Konkurrenz um die größere Gunst beim gemeinsamen Verleger, fand nie ein solch hohes Lob. Gerade hatte Unseld seinem amerikanischen Freund Walsers annähernd neunhundertseitigen Roman «Halbzeit» mit einer kaum klappentextfähigen Charakterisierung geschickt: Er werde bestimmt keine Zeit haben, es zu lesen, aber vielleicht seine Frau Ann. «Es ist ein sehr wichtiger Blick auf die deutsche Gesellschaft der Goldenen Fünfziger.»[6]

Kissinger hat jedoch noch gar nicht das Geld für das nächste Seminar zusammen, in das er Johnson aufnehmen soll, außerdem ist er gerade anderweitig beschäftigt. Seine Aufgaben nehmen zu, die Termine sind immer dichter gedrängt, und er entwickelt bald die Gewohnheit, über das akademische Viertel hinaus zu spät zu kommen, um den Eindruck der Geschäftigkeit und des Gefragtseins noch zu verstärken.

Immer wieder taucht in seinen Briefen nach Deutschland Ingeborg Bachmann auf. Sie gehört offensichtlich wie auch Astrid Claes zu den «gedankenreichen oder schüchternen Menschen»,[7] die sich in größerer Gesellschaft nicht entfalten können. Kissinger will wissen, was die Dichterin treibt, die zwischen Zürich, Rom, Paris und Frankfurt pendelt und nie für ihn erreichbar scheint. Über Holthusen hat er sie gleich nach Beendigung des Seminars wissen lassen, wie sehr sie ihn fasziniert habe. Holthusen zitiert ihr, was ihm Kissinger mitgeteilt hat: «Ich kann mich nicht erinnern, dass sie zu mir oder den anderen irgendetwas Besonderes gesagt hätte, doch als ich nach dem Ende des Seminars einige von den Teilnehmern, deren Urteil mir am wichtigsten ist, danach fragte, wer sie am meisten beeindruckt habe, nannten fast alle Ingeborg Bachmann.»[8]

Kissinger hat sich vielleicht ein bisschen in die Seminarteilnehmerin von 1955 verliebt. Er ist längst nicht so erotoman wie Unseld, im Männergeschäker über die unstete Frau treffen sie sich aber doch. Unseld vermittelt auf seine Weise zwischen den beiden: Kissinger meldet er, dass sie sich auf einer mehrwöchigen Vortragsreise befinde, ihr teilt er mit, dass er Kissinger abgewimmelt habe, worauf dieser wieder daran zweifelt, dass Ingeborg Bachmann, die er in Harvard als fahrig und unkonzentriert kennengelernt hatte, überhaupt in der Lage sei, Termine einzuhalten.[9] Während Kissinger ihn wegen der Kontaktdaten bedrängt, versucht Unseld genauso hartnäckig, seinen Schützling Johnson unterzubringen. Im Februar 1961 hat er noch immer keine Nachricht aus Boston. Bekommt Johnson den Platz etwa doch nicht? Einen Brief, den er der Sekretärin diktiert hat, ergänzt er mit dem handschriftlichen Zusatz: «Er ist bei weitem der beste Deutsche dafür!»[10]

Im Monat darauf wird er noch dringlicher, fragt auf Englisch: «What's about Johnson and the seminar?»,[11] und kann dann ankündigen, dass er selber bald nach Amerika fahren müsse. Es geht um eine Werkausgabe Bertolt Brechts, die bisher nicht zustande gekommen war, weil Brechts ehemaliger Mitarbeiter Eric Bentley als Übersetzer die Rechte an zwei Stücken beansprucht. Brechts Werke hatten die McCarthy-Zeit überlebt, Unseld beobachtet wachsendes Interesse an den Universitäten und erwartet neue Inszenierungen. Bob Dylan liest Brecht und hört Lotte Lenyas Songs aus der «Dreigroschenoper».

Es ist wieder einmal die Politik, die Kissinger und Johnson in die Quere kommt. Unseld habe ihn in einer besonders hektischen Phase erwischt, schreibt Kissinger zurück, er müsse jetzt «immer mal wieder nach Washington».[12] Zumindest schriftlich klärt er seinen Brieffreund nicht weiter darüber auf, warum – er hofft auf Beschäftigung in der Regierung des neuen demokratischen Präsidenten John F. Kennedy.

Kennedy stammt aus Boston, er hatte in Harvard Politikwissenschaft studiert und 1940 mit Hilfe seiner Familie seine Abschlussarbeit «Why England Slept» über die ausbleibende Reaktion Großbritanniens auf die Wiederaufrüstung Deutschlands in den Dreißigern als Buch veröffentlicht. Nach seiner Wahl im November 1960 holte er einige der sogenannten *defense intellectuals* nach Washington, darunter als Sicherheitsberater Kissingers Kollegen McGeorge Bundy. Theo Sommer hat bei seinem Aufenthalt im Sommer 1960 beobachtet, wie die Professoren schon vor der Präsidentschaftswahl auf gepackten Koffern saßen, weil sie alle auf den Ruf nach Washington hofften. In den folgenden zwei Jahrzehnten wird Kissinger regelmäßig im Shuttle zwischen Boston und Washington sitzen.

Doch Unseld lässt nicht locker. Für seinen Schützling wirft er sich wie für keinen anderen ins Zeug und schreibt den schönsten Werbebrief, den sich ein Autor nur wünschen kann. «Lieber Henry», beginnt Unseld, der sich mittlerweile wieder lieber auf Deutsch ausdrückt: «Mir läge aus manchen Gründen viel an der Teilnahme Johnsons am Seminar, und zwar in erster Linie wegen des Seminars selbst. Johnson ist eine Idealfigur für all das, was Du mit dieser Einrichtung überhaupt anstrebst. Er ist ein Mann, der in marxistischer Umgebung aufgewachsen ist, den Osten aber verlassen mußte, weil er ihm weder Lebensraum noch Raum für seine geistige Entfaltung gab.» Der «Raum» taucht hier etwas überraschend als Relikt aus einer ganz anderen Zeit auf, doch wichtiger ist der folgende Satz, der Johnson nicht ein weiteres Mal als den idealen Kandidaten vorstellt, sondern wie ein bereits vollendetes Erziehungsprojekt der psychologischen Kriegsführung präsentiert: «So ist Johnson eine Art

Musterbeispiel für unser Denken, Fühlen und Handeln hier im Westen.»[13]

Es folgt dann der bereits bekannte Werdegang: das erste Manuskript nicht veröffentlicht (wofür allerdings allein die Unterdrückung in der DDR verantwortlich gemacht wird), erzwungene Arbeitslosigkeit, dann die «Mutmassungen über Jakob», der Roman – so viel Trommelwirbel muss sein –, «den ich herausgab». Unseld spart nicht mit großen Worten, er will ja schließlich belegen, dass auch sein Autor zu den Männern gehört, die wie er auf ihrem Arbeitsfeld einmal eine höhere Stellung einnehmen werden. Die «Mutmassungen» sind deshalb nicht bloß ein Buch, sondern «ein außerordentliches Buch, vermutlich das substanzreichste Buch eines Vertreters der jüngeren deutschen Generation. Du weißt, was es bedeutet, wenn ich dies sage. Er steht am Anfang einer ganz großen schriftstellerischen Laufbahn und wird noch viel von sich reden machen.» Und damit Kissinger versteht, was er an Johnson haben kann, wird er dann doch noch einmal als ideale Besetzung vorgestellt: «Solche Leute wie ihn brauchen wir hier im Westen, um Vernünftiges bewirken zu können.»[14]

Amerika würde Johnsons Horizont enorm erweitern, und deshalb weiß Unseld genau, «daß der Aufenthalt für ihn, und damit auch für die Literatur allgemein, Folgen hätte».[15] Das klingt vielleicht prophetischer, als es in Unselds Werbebrief gemeint war, aber genau so kam es. Der Aufenthalt in Amerika wird die «Jahrestage» ermöglichen, das Buch, mit dem sich Johnsons Nachruhm verbindet.

In dem ganzen Durcheinander stellt sich plötzlich heraus, dass eine Bewerbung nie eingegangen war. Hektisch telefoniert Unseld mit Ingeborg Bachmann und Jürgen Weichert wegen der Unterlagen, die danach auf den Weg gebracht werden. Im März 1961 erhält Johnson endlich die von Unseld ersehnte Zusage.

Siegfried Unseld fährt seinerseits wie angekündigt in die USA, wo er sich mit Kissinger treffen und noch einmal das Lob Uwe Johnsons singen kann. Neben den neu verhandelten Brecht-Rechten erbringt Unselds Amerikareise einen weiteren Ertrag, oder zumindest die Aussicht darauf: Henry Kissinger wird Suhrkamp-Autor werden. Nach dem Besuch in Washington bei Kissinger hält er fest: «Er arbeitet an einem Buch über die Theorie der Demokratie, an dem ich interessiert bin.»[16] Johnson kommt schon vor dem Seminar in die USA, er hat Zeit, etwas mehr als den Campus der Harvard University kennenzulernen. Überall wird er eingeladen und unweigerlich nach dem Kommunismus gefragt. Nach einigem Zögern entschließt er sich, sein Vorbild William Faulkner in Charlottesville zu besuchen. Es wird eine äußerst peinliche Begegnung. Der Bewunderer tritt seinem Idol gegenüber und legt ihm stotternd seine Bewunderung zu Füßen. Faulkner will aber keine Vorträge über seinen Stil hören und fertigt Johnson mit knappen Sätzen ab: «Ich bin kein Mann der Literatur. Ich verstehe nicht [sic] was Sie fragen wollen.»[17]

Das Seminar verläuft weit besser, wie üblich findet es vom 1. Juli bis zum 15. August statt. Liebevoll bereitet Unseld seinen Nachfolger in Harvard mit Erinnerungen an den eigenen Aufenthalt sechs Jahre zuvor darauf vor: «Bald werden Sie in Cambridge einziehen und [das Studentenwohnheim] Holworthy bewohnen. Da beneide ich Sie. Und morgens gehen Sie über den frischgeschnittenen Rasen an den Eichhörnchen und den beiden herrlichen Bibliotheken vorbei zum Dining-Room und erfreuen sich an den vielen Summer Students, die Sie da vorfinden, und gelassen werden Sie Ihr Seminar über sich ergehen lassen.» Und ganz wichtig: «Versäumen Sie nicht, schwimmen zu gehen. Ich tat dies immer zwei Mal am Tag, das herrliche Schwimmbad war fast immer leer.»[18] Brav schreibt Johnson an den Ersatzvater nach Hause: «Das Seminar ist noch nicht ganz versammelt, es ist ein Sonnabend wie still und sitzt auf dem Gras vor den Tueren: gleich geht es los.»[19]

Es geht los, und zwar zurück nach Berlin. Naheliegenderweise dreht sich Johnsons Referat um das geteilte Deutschland, es trägt den sachlichen Titel «The Berlin Border of the Divided World as a Place of Writing». Der Lehrer Kissinger meldet sich mit einem Zwischenbericht. Er zeigt sich von Johnson nicht nur, wie seine Standardformel lautet, «beeindruckt», sondern «tief beeindruckt».[20] Im Betreuungston gibt Unseld zurück: «Er ist wirklich eine Persönlichkeit, bei der es sich lohnt, daß man sich um sie kümmert.»[21] Das tut Kissinger, und das tut Unseld erst recht. Kaum hatte sich Johnson beim Professor vorgestellt, fragt Unseld Kissinger nach seinem Eindruck: «Wie war es mit Johnson? Warst Du mit ihm zufrieden?»[22]

Das Harvard-Idyll ist bloß keins, oder nur dort. In Berlin herrscht seit Jahren Krise. Wenn es um die geteilte Stadt geht, pokert die Sowjetunion ständig, droht mit einer neuen Blockade, öffnet wieder, zeigt sich verhandlungsbereit, um dann erneut zu blockieren. Immer mehr Menschen verlassen wie Uwe Johnson die DDR in Richtung Westen. Der neue amerikanische Präsident lässt sich von Nikita Chruschtschow vorführen, das CIA-Unternehmen in der Schweinebucht, mit dem der inzwischen nach Moskau orientierte Fidel Castro gestürzt werden soll, scheitert kläglich während Adenauers Antrittsbesuch in Washington. Die Deutschen bedürfen, wie Kissinger in einem Memorandum festhält, besonderer Fürsorge, weil sie wegen des Eichmann-Prozesses in Jerusalem um ihr Ansehen in der Welt fürchten.

Noch während sich Uwe Johnson in Amerika aufhält, wird der Westteil Berlins abgeriegelt. Johnsons Biograph Bernd Neumann glaubt, dass Kissinger davon im Voraus wusste und seinen Stipendiaten informiert hat. Belegt ist das nicht, doch es spricht einiges dafür. Kissinger war in diesen Monaten einige

Male in Washington gewesen, um den Besuch Willy Brandts im März und den Adenauers im April vorzubereiten. Im Mai war er selber nach Deutschland geflogen, um sich mit Strauß zu treffen und ihm ein weiteres Mal die Bitte um Atomwaffen abzuschlagen.

Im September 1961 werden die Bundestagswahlen stattfinden. Der populäre Regierende Bürgermeister von Berlin tritt als Kanzlerkandidat gegen Adenauer an, den Kissinger als alt und unbelehrbar einschätzt,[23] dessen Geschichtspessimismus und mangelndes Vertrauen in die Deutschen er dennoch teilt. Letztlich ist es aber die Politik, die entscheidet. Am 30. Juli erklärt J. William Fulbright, der Vorsitzende des Senatsausschusses für auswärtige Angelegenheiten, mit einer Schnoddrigkeit, die in Westdeutschland und in Berlin nur Empörung auslöst: «Ich verstehe nicht, warum die Ostdeutschen ihre Grenze nicht dichtmachen, denn ich glaube, sie haben das Recht dazu.»[24] Kennedy distanziert sich keineswegs von dieser Carte blanche, und der SED-Vorsitzende Walter Ulbricht holt sich daraufhin bei Nikita Chruschtschow die Erlaubnis zum Bau der Mauer.

Neun Tage, bevor es dann so weit ist, warnt Johnson seine Freundin Elisabeth Schmidt, dass das Unwahrscheinliche eintreten, sogar unmittelbar bevorstehen könnte: «Ich bin überzeugt, dass die herrschende Klasse Ostberlins den Zugang nach Westberlin aus Gründen der Notdurft und der Würde zusperren wird für die ostdeutsche Bevölkerung, damit sie weiterhin lebt wie sie arbeitet.»[25] Ulbricht werde gar nichts anderes übrig bleiben, als die Leute, die in den Westen strebten, aufzuhalten. Nach dem 13. August 1961, als die DDR-Regierung tatsächlich mit dem Bau einer Mauer beginnt, ist es so gut wie unmöglich, von Ost nach West zu gelangen, Elisabeth Schmidt ist eingeschlossen. Uwe Johnson hatte die Indologiestudentin, die wie er aus Mecklenburg stammte, noch in diesem August heiraten wollen.

Wie bei der Kennedy-Regierung insgesamt, der er bis zu diesem Sommer als gelegentlicher Deutschland-Berater gedient hatte, ist Kissingers Verhältnis zur Mauer ambivalent. Er will den Deutschen die Illusion der endlichen Wiedervereinigung nicht nehmen, fürchtet sie aber zugleich, weil für ihn damit eine Neutralisierung Gesamtdeutschlands und womöglich eine Annäherung an die Sowjetunion droht. Dennoch soll den beiden deutschen Staaten die Aussicht auf Wiedervereinigung nicht dadurch versperrt werden, dass die Großmächte über sie hinweg verhandeln. Deshalb drängt Kissinger nach dem Bau der Mauer als Beruhigungsmaßnahme auf eine entschiedenere Deutschlandpolitik.[26]

Daran ist niemand mehr interessiert als Kissinger selber, erhofft er sich doch eine aktivere Rolle in Washington. Für ihn liegt nichts näher als die deutsche Frage, sie ist sein Fachgebiet, seit er in Oberammergau die anderen Soldaten in deutscher Geschichte unterrichtet hatte. In seinem neuen Buch, für dessen deutsche Ausgabe er Unseld um Vermittlung gebeten hatte, verkündet er mit gewohnt großer Geste: «Die 60er Jahre werden heroische Anstrengungen verlangen, und wir werden uns nicht immer im öffentlichen Beifall sonnen können.»[27] An ihm soll es nicht liegen, aber zunächst bleibt vor allem der Beifall aus dem Weißen Haus aus. Kissinger wird zwar gebraucht wegen seines guten Einvernehmens mit Adenauer, aber dieses Einvernehmen ist auch der Grund, dass er in Washington das deutsche Begehren nach Atomwaffen vorgetragen hatte, während die Kennedy-Regierung nuklear abrüsten will und auf eine konventionelle Nachrüstung setzt. Am Ende des Jahres verabschiedet sich Kissinger enttäuscht aus Washington und beschränkt seine politische Tätigkeit auf Seminare, Vorträge, Konferenzen und die Beratung seines Mäzens Nelson Rockefeller.

In Berlin geht nach der Abriegelung durch Stacheldraht die Befestigung der Grenze zu dem über, was einmal «antifaschistischer Schutzwall» heißen wird. Bei Johnsons Rückkehr Ende August 1961 erscheint in der «Süddeutschen Zeitung» ein Vorabdruck aus seinem «Dritten Buch über Achim», das zum Buch der Stunde wird und ihn zum «Dichter der beiden Deutschland» macht. Martin Walser liefert dazu eine Handreichung für die Leser. In ihr klingt an, was ihn Jahrzehnte später, in der «Verteidigung der Kindheit» oder in «Dorle und Wolf», selber beschäftigen wird: «Johnson beschuldigt nicht, er registriert lakonisch die Wirkung der Grenze, der Entfernung, und zwar die Wirkung auf alles, das Auseinanderleben in jeder Empfindung.»[28]

Unseld kümmert sich weiter um seinen Autor und kann wie ein stolzer Vater gar nicht genug Komplimente für ihn einsammeln. Kissinger liefert bereitwillig: Johnson sei ein herausragender Teilnehmer am Seminar gewesen, «mit dem ich gern mehr geredet hätte und mit dem ich hoffentlich weiter in Verbindung bleiben kann».[29]

Kissingers Sorge gilt aber nicht der Betreuung von Unselds Liebling allein. Nur damit sein deutscher Brieffreund erfährt, in welchen Sphären er sich bewegt und wie viel Ennui ihm das als Akademiker angeblich bereitet, seufzt er im gleichen Brief: «Den Sommer habe ich überwiegend in Washington zugebracht. Ich kann nicht behaupten, dass das eine ermutigende Erfahrung ist.»[30] Trotzdem will er genau dorthin, ins Zentrum der Macht. Literatur interessiert ihn weiter, alles, was aus Deutschland oder in diesem Fall aus der Schweiz kommt. Aus dem «Spiegel» erfährt er von Max Frischs neuem Drama «Andorra», das am 2. November 1961 am Zürcher Schauspielhaus eine triumphale Premiere erlebt hatte. Er bittet Unseld, ihm Frischs Stück zu schicken: «Ich bewundere ihn und muss es unbedingt haben.»[31] Im «Spiegel» hatte er zudem gelesen, dass sich unter den Premierengästen neben Curd Jürgens und Friedrich Dürrenmatt auch Ingeborg Bachmann befand. Wieder fragt Kissinger seinen Freund nach ihrem Verbleib, im Januar komme er nach Rom. Unseld schickt ihm «Andorra» zusammen mit Bachmanns römischer Adresse und Telefonnummer.

Mitte November meldet sich Kissinger auch bei Uwe Johnson, lobt dessen jüngsten Roman als «eines der interessantesten Bücher, das ich seit langem gelesen habe».[32] Das «Dritte Buch über Achim» müsste er auf Deutsch gelesen haben, zu diesem Zeitpunkt war es noch gar nicht übersetzt. Kissinger neigt generell zum großen Lob, aber in diesem Fall will er auch etwas von seinem Seminarteilnehmer: Er bittet ihn um ein Bild der psychologischen Situation Berlins. Der sonst so misstrauische Johnson lässt sich bereitwillig als Außendienstmitarbeiter der psychologischen Kriegsführung einspannen.

In einem noch etwas wackligen Englisch kann Johnson an Weihnachten berichten, man sei sich in Berlin recht sicher, dass die Amerikaner vom Mauerbau schon vorher gewusst hätten. Man würde verstehen, dass Kennedy eine kriegerische Auseinandersetzung um jeden Preis vermeiden wollte, doch sei jetzt auch jedem Bürger Westberlins klar geworden, dass der Berliner nicht über die gleichen Rechte wie der Westen verfüge. Man könne sich das ganze Ausmaß der Verzweiflung gar nicht vorstellen: Jeder Dritte habe Verwandte im Osten, deshalb sei an Weihnachten mit einer hohen Zahl von Selbstmorden zu rechnen. Dennoch schließt Johnson optimistisch: «Die Art, wie sich die Menschen gegenüber dem verhalten, was doch nicht zu ändern ist, lässt mich die Stadt mehr lieben als je zuvor.»[33] Die Berliner seien in der Lage, sich auf die neuen Verhältnisse einzustellen. Seit August sei die ganze Stadt (West) damit beschäftigt gewesen, Ostdeutsche und Ostberliner erst mit Gewalt, dann mit Hilfe gefälschter Papiere herauszuholen.

Was Johnson nicht sagt und nicht einmal andeutet, ist seine Beteiligung an der Fluchthilfe. Sie kommt verklausuliert in der Erzählung «Eine Kneipe geht verloren» zur Sprache, die 1965 in der ersten Ausgabe des «Kursbuch» erscheint. Mit einer Fluchthilfeorganisation wird er seine künftige Frau im Februar 1962 von Prag über Berlin und Schweden nach Westdeutschland holen lassen. Die genauen Umstände dieses gewagten Unternehmens will er auch noch fünf Jahre später nicht verraten, als ihn ein Reporter der «New York Times» danach fragt.[34]

Johnsons Auskunft über die allgemeine Stimmung in Berlin kreuzt sich mit einem ungewöhnlich wütenden Brief Kissingers an ihn. In der «Zeit» hatte er von einem Auftritt Johnsons in Mailand gelesen, wo im Verlag Feltrinelli gerade die italienische Übersetzung der «Mutmassungen» erscheint. Zur Buchvorstellung war auch der Schriftsteller Hermann Kesten eingeladen, der bei dieser Gelegenheit Bertolt Brecht als *servitore* bezeichnete, als Diener, der sich der DDR-Diktatur angepasst habe. Dieser Diktatur habe auch Johnson das Wort geredet, behauptete Kesten hinterher in einem Beitrag in der «Welt», und setzte hinzu, für Johnson sei die Mauer «keineswegs unmoralisch. Die Mauer sei notwendig gewesen. Drei bis vier Millionen seien aus dem Osten in den Westen geflohen (…). Das konnte die Deutsche Demokratische Republik nicht mehr dulden. Also mußte sie eine Mauer bauen, und das sei gut, vernünftig und sittlich.»[35] Kesten gab damit die Aussagen Johnsons falsch wieder, in der Tonbandabschrift, die die «Zeit» dokumentierte, kamen die Begriffe «gut», «vernünftig» und «sittlich» überhaupt nicht vor.

Sicherlich hatte Johnson in Mailand missverständlich formuliert. Er sprach davon, dass die ostdeutschen Kommunisten mit dem Bau der Mauer nicht die Absicht verfolgt hätten, «unmoralisch zu handeln», sie hätten sich aber «in der Notwehr» befunden. Wegen des aus der Massenflucht resultierenden Mangels an Arbeitskräften «versperrten sie die Fluchtwege, denn» – und hier wiederholt Johnson das Argument, mit dem er im August 1961 die Freunde in Ostberlin auf die drohende Abriegelung hingewiesen hatte – «sie wollten weiterleben».[36]

Doch der aufgebrachte Kissinger hält sich an die Version Kestens. Die Lektüre veranlasst ihn zu einer Antwort, die nicht nur in ihrer Heftigkeit, sondern auch durch den Vergleich auffällt. Den Holocaust erwähnt er in diesen Jahren so gut wie nie, hier aber zieht er ihn heran, um den Unrechtsstaat DDR mit ihm gleichzusetzen: «Mit Verlaub, dies ist, als wenn man sagte, daß die Gaskammern moralisch gerechtfertigt waren, weil sie das effizienteste Mittel waren, die Juden[37] zu vernichten. Oder daß, wenn ich jemanden ermorden will, mich niemand wegen jeglicher Handlungen kritisieren darf, welche auch immer aus dieser Entscheidung folgen mögen. Ich sehe nicht, daß es ein Naturgesetz gibt, das fordert, daß ein kommunistischer Staat existiert gegen die Wünsche des Volkes von Deutschland. Der alleinige Wunsch einer Gruppe sich zu erhalten, erklärt teilweise die Taten, die sich daraus ergeben, aber er kann sie nicht rechtfertigen.» Soweit erkennbar – und er hat immer darauf bestanden –, hat Johnson den Mauerbau ebenso wenig gerechtfertigt wie weitere Willkürmaßnahmen der DDR, unter denen er und seine künftige Frau doch bereits ausgiebig zu leiden hatten.

«Was die Verantwortlichkeit der Intellektuellen betrifft», fährt Kissinger fort, «so ist dies ein kompliziertes Thema, für das ich keine Zeit habe, da ich heute nach Indien abreise. Ich möchte jedoch sagen, daß unsere besten Leute kein Recht haben, sich über Barbarei zu beklagen, wenn sie eine so selbstbezogene Haltung einnehmen.» Zum Schluss der Tirade fängt er sich wieder, es liegt ihm erkennbar an einem weiter guten Einvernehmen mit Johnson. «Ich würde diesen Brief nicht schreiben, hätte ich eine weniger hohe Meinung von Ihnen.»[38]

Kissinger verreist nach Indien vor Jahresende, verbringt zuvor aber eine knappe Woche in Israel, das er zum ersten Mal besucht. Auch hier hat er einen dicht gedrängten Terminplan, lässt sich vom Kibbuz bis zum Weizmann-Institut für Wissenschaften alles zeigen, trifft sich mit dem ehemaligen Seminarteilnehmer Jigal Allon, der mittlerweile Arbeitsminister ist, und vermutet als Kenner der Materie, dass Israel heimlich an einem eigenen Atomprogramm arbeitet. Israel bleibt ihm fremd: Seiner Überzeugung nach hätte dieser Staat nie gegründet werden sollen, hält er in seinen Aufzeichnungen fest. Zugleich ist er beeindruckt vom Optimismus und der Tapferkeit der Israelis, die in Reichweite arabischer Geschütze ihre Kinder unterrichten oder Plantagen anlegen.[39]

Als Uwe Johnson im Februar 1962 im Frankfurter Rathaus heiratet, ist Siegfried Unseld zusammen mit Walter Boehlich Trauzeuge. Der fürsorgliche Verleger verschafft ihm das Stipendium in der Villa Massimo, und er schickt ihn ins Tessin zu seinem eigenen Meister, dem inzwischen vierundachtzigjährigen Hermann Hesse. Dieser ist zwar vom «Dritten Buch über Achim» nicht ganz so begeistert wie Kissinger, wie er Unseld mitteilt, empfängt den jungen Mann aber, lässt sich von Johnsons verunglücktem Besuch bei William Faulkner erzählen und ist «in allem sehr herzlich».[40] Johnson wiederum kann sich vorstellen, eine bisher nur geplante internationale Literaturzeitschrift mit dem merkwürdigen Namen «Gulliver» zu leiten, vorausgesetzt, man gibt ihm Gelegenheit, in den nächsten zwölf Monaten «eine ausreichende Menge von Italienisch und Französisch» zu lernen.[41] Daraus wird nichts, stattdessen soll er ein weiteres Mal nach Amerika.

Die Kubakrise von 1962 ist überstanden, die gegenseitige Aufrüstung wird durch vorsichtige Entspannungsbemühungen abgelöst, der Kalte Krieg beruhigt sich. In der Sowjetunion hat ein kleines Tauwetter eingesetzt, 1962 darf sogar eine Erzählung des Dissidenten Alexander Solschenizyn erscheinen. Kissinger braucht allmählich ein neues Betätigungsfeld in der Politik, doch ist er nach wie vor neugierig auf die Literatur, die ihm Unseld vermittelt. Ein bereits 1960 vorgesehenes Treffen ist nicht zustande gekommen, aber Anfang 1963 kann ihn Unseld endlich mit dem mittlerweile berühmten Max Frisch zusammenbringen. Frisch kommt nach New York, um die Proben zu seinem erfolgreichsten Stück zu überwachen: «Andorra» erreicht den Broadway. Marlene Dietrich bietet Frisch ihre Gästewohnung an, und er darf sich schmeicheln, dass der mit dem

Film «Die glorreichen Sieben» inzwischen zum Hollywood-Star aufgestiegene Horst Buchholz die Hauptrolle des Andri spielt.

Zur Premiere am 9. Februar 1963 hatte Unseld Kissinger nach New York eingeladen, doch zu dessen Enttäuschung erscheint der Autor des «Stiller» ohne Ingeborg Bachmann. Trotz Buchholz wird die Aufführung ein Reinfall. In seinem Reisebericht urteilt Unseld sehr streng: «Die Andorra-Aufführung kann nur als sehr mäßig angesehen werden. Die Inszenierung von Michael Langham ließ das Stück immer wieder durchhängen. Viele Szenen wurden nur vordergründig gespielt.» Zwar seien die beiden Stars – neben Buchholz war das Hugh Griffith, der für seine Rolle in «Ben Hur» einen Oscar erhalten hatte – «publikumswirksam» gewesen, «jedoch erfüllten sie nicht die Bedingungen ihrer Rollen. (...) Das Publikum reagierte an sich nicht schlecht, wobei man nicht vergessen darf, daß es sich um ein Broadway- also um ein Zirkus-Publikum handelt, das eben letztlich doch nur entertainment und fun sucht.» Das ist Amerikakritik nach bester Adorno'scher Manier, das Gegenteil von dem, was das Harvard-Seminar bewirken sollte. «Wir müssen einsehen», schreibt Unseld den Daheimgebliebenen im Verlag, «daß für unser modernes Theater in Amerika und besonders am Broadway jeglicher Hintergrund und jegliche Tradition fehlt.»[42]

So scheitert der Autor Frisch an der amerikanischen Wirklichkeit, die er mit der gebührenden europäischen Skepsis bereits in «Stiller» geschildert hatte, was sein geneigter Leser Kissinger wiederum nicht besonders gelungen fand. Das Theater, auch seines, kann am Broadway nicht als Bildungsanstalt wirken, sondern muss kommerziell bestehen. «Andorra» wird nach neun Vorstellungen abgesetzt.

Als guter Freund schreibt Kissinger, dieser hundertfünfzigprozentige Amerikaner, der an der europäischen Hochkultur hängt, dem Verleger einen kurzen Trostbrief: «Mir hat das Stück gefallen, aber ich fürchte, die Schauspieler haben es massakriert.»[43] Doch hat Unseld in seinem Bericht auch Erfreuliches zu melden: Er habe mit Kissinger «über seine Arbeit ‹Theorie der Demokratie› gesprochen, die mich für den Verlag sehr interessiert».[44]

Max Frisch hat sich von Ingeborg Bachmann getrennt. «Es war ein schweres Jahr», schreibt er Kissinger im November 1963 und dankt verspätet für die Einladung zu sich nach Hause, «nicht wegen failure am Broadway, Sie wissen warum; ich hoffe, Sie brechen den Stab nicht über mich. Es gibt Gebrochenes genug.»[45] Natürlich weiß Kissinger von der Trennung, schließlich ist Frisch in New York mit einer neuen Frau an seiner Seite erschienen, und versichert Frisch, dass er selbstverständlich beiden, Ingeborg Bachmann ebenso wie ihm, gewogen bleiben wird.[46] Seit ihrem Treffen in Boston habe er viel gearbeitet, meldet ihm Frisch im selben Brief, «meinen langen Roman zu Ende geschrieben», gemeint ist «Mein Name sei Gantenbein». Der liege jetzt «bei Ingeborg, und ich hoffe, sie ist nicht entsetzt darüber. Drei Jahre Arbeit, ich selbst habe kein Urteil darüber, nur schwere Melancholie.»[47]

Für die Nachwelt wird Bachmann das Damenopfer sein, doch als sie Frischs Roman liest, freut sie sich über die «Grösse des Buchs», das ihr «bleiben» werde, «weil es zugleich alles ist, was ich noch zu geben habe». Selbstlos, ganz die Muse, setzt sie den Brief an den Autor fort: «Und es wird meine Tröstung sein, denn so erkenne ich zuletzt dass die Jahre gut für Dich waren, fruchtbar für Dich waren.»[48] Für sie sind sie bald furchtbar. Sie muss neben dem Weltruhm Max Frischs weiterleben.

Mit seinem Brief hatte Frisch eine Anregung Kissingers aufgegriffen und ein Exposé aufgesetzt, das dieser für ihn bei der Rockefeller-Stiftung einreichen will. Kissinger bestätigt den Empfang, vertröstet Frisch noch zweimal und entschuldigt sich wegen seiner vielen Auslandsreisen, die ihn nicht dazu kommen ließen, den Antrag wie versprochen weiterzuleiten.[49] Frisch hoffte auf ein weiteres Stipendium, nicht für sich, sondern für Übersetzer. Der in Yale überlieferte Briefwechsel gibt jedoch keinen Hinweis darauf, ob er damit Erfolg hatte.

1964 lassen sich Ann und Henry Kissinger scheiden. Unseld erfährt davon durch eine Karte Anns und weiß nicht, was er darauf antworten soll. An Weihnachten schreibt er Kissinger, dass er aus Zeitgründen nicht dazu gekommen sei, auf die Nachricht zu reagieren. «Ich hoffe, daß Du irgendwann nach Europa kommst und wir uns sehen können, damit ich etwas von Deiner neuen Existenz höre.»[50] Kissinger reagiert knapp mit der Andeutung, dass das vergangene Jahr, wie man sich vorstellen könne, für ihn schwierig gewesen sei. Ihm wäre es aber lieber, sie würden sich darüber nicht schriftlich, sondern mündlich austauschen.[51]

Überall Vietnam

«Hier wäre das Zusehen entwürdigend.»

Peter Szondi (1967)

1965 beginnt für Unseld und Kissinger der Vietnamkrieg. Es ist das Jahr, in dem das «Kursbuch» herauskommt. Ursprünglich hatte es eine mehrsprachige Literaturzeitschrift werden sollen, doch der Plan zerschlug sich, allzu viele wollten mitreden. Enzensberger ergriff die Chance, die sich ihm bot, und schuf eine Zeitschrift ganz neuen Typs, für ihn selber der große Sprung nach vorn. Die Jahre zuvor hatte er in Tjøme bei Oslo in einer Art freiwilligem Exil gelebt. «Irgendein Solarplexus» hatte ihm gesagt, «daß in Deutschland etwas im Gange» sei,[1] und so kam er aus Norwegen nach Deutschland zurück, kaufte sich mit Hilfe Johnsons ein Haus in Berlin und wurde Herausgeber des «Kursbuchs», das sich in kürzester Zeit zur wichtigsten politischen Zeitschrift im westlichen Deutschland entwickelte. Nicht wenige Beiträge wurden in anderen Ländern nachgedruckt. Es erschien vier Mal im Jahr und brachte es in diesen ersten Jahren bei einzelnen Ausgaben mit Nachauflagen auf mehr als fünfzigtausend Exemplare. Der Herausgeber konnte sich auf die Infrastruktur und die Vertriebsmöglichkeiten des Suhrkamp Verlags stützen, sollte aber in der Redaktion weitgehend autonom walten, solange er die Hausheiligen Brecht, Hesse und Frisch schonte.

Der geradezu unverschämt sachliche Name der neuen Zeitschrift lässt sich als eine Anspielung auf ein Gedicht Enzensbergers verstehen («lies keine oden, mein sohn, lies die fahrpläne: / sie sind genauer»), der Umschlagentwurf stammt wiederum von Willy Fleckhaus. Er ist wie das Schild eines Schulbuchs gestaltet: Es gibt keine Grafiken, keine ablenkenden Bilder, dafür eine Unmenge zu lesen. Im Gegensatz zu Kissingers Sommerseminar bietet das «Kursbuch» ein strenges Erziehungsprogramm; nicht zufällig wünscht sich Enzensberger eine «politische Alphabetisierung».[2] In Dossiers wird Mathematik präsentiert und Revolutionsgeschichte nachgeholt, es gibt Einführungen in die moderne chinesische Poesie und den Strukturalismus, Noam Chomskys Transformationsgrammatik wird erklärt, und hier erscheinen Ingeborg Bachmanns letzte Gedichte.

So windungsreich Enzensberger auch agiert, beim Widerstand gegen die atomare Aufrüstung ist er unerschüttert wie in den Fünfzigern, als Adenauer der Bundeswehr eine nukleare Artillerie besorgen wollte. Nach wie vor fürchtet er den finalen Atomkrieg, deshalb druckt er in der dritten Ausgabe des «Kursbuch» neben Texten des Philosophen Michel Foucault und des Patienten und ehemaligen Gerichtspräsidenten Daniel Paul Schreber ein besonders wahnhaftes Kapitel aus Herman Kahns 1960 erschienenem Buch «On Thermonuclear War» ab. Der Nuklearstratege Kahn schlägt vor, den Wiederaufbau nach einem Atomkrieg vorzufinanzieren, schon jetzt also einen «Kriegsschäden-Lasten-Ausgleichs-Fond» zu gründen, gedacht für die «Wiederherstellung der Eigentumsverhältnisse und der Verfügungsgewalt über Vermögenswerte».[3]

So entsteht tatsächlich eine international aufgeschlossene Zeitschrift, in der die Lage in China, im Iran, in Südafrika und in Schweden verhandelt wird, etwa mit einem Vorabdruck aus Frantz Fanons 1961 in Frankreich veröffentlichter Schrift «Die Verdammten dieser Erde» über die Legitimität von Gewalt. Damit etabliert sich das «Kursbuch» sofort als Theorielieferant im Berliner Studentenprotest. Der Mord an Benno Ohnesorg wird hier im Detail rekonstruiert, und Rudi Dutschke und Christian Semler entwerfen für Berlin eine Zukunft als Räterepublik.

Unseld versäumt nicht, den ehemaligen Zeitschriftenredakteur Kissinger auf dieses neue Produkt aus seinem Hause hinzuweisen. «Nach jahrelangem Hin und Her ist bei mir nun doch eine Zeitschrift erschienen, die Dich vielleicht in einzelnen Teilen interessieren wird. Sie heißt ‹Kursbuch› und wird von Enzensberger herausgegeben. Ich schicke Dir die erste Nummer zu.»[4] Er ist sich sicher, dass Kissinger gleich auf Walsers Aufsatz «Unser Auschwitz» stoßen werde. Unseld mag hier Interesse am Thema vermuten, wichtiger für Kissingers Aufmerksamkeit dürfte aber der vertraute Name des ehemaligen Seminarteilnehmers sein. Unseld empfiehlt auch den Text seines Lektors Karl Markus Michel («Die sprachlose Intelligenz»), für ihn der intelligenteste Beitrag des Heftes, und schlägt bei dieser Gelegenheit Michel gleich fürs nächste Seminar vor. Kissinger antwortet denkbar knapp, dankt für die Zusendung und verspricht, das Heft «mit dem größten Interesse» zu lesen.[5] Eine weitere schriftliche Reaktion Kissingers ist nicht überliefert. Dass Unseld selber mit dem ersten Heft nicht unbedingt einverstanden ist, schreibt er nur an Enzensberger.

Dafür lobt er das zweite, das mit Frantz Fanons erwähntem Aufsatz «Von der Gewalt» anhebt, bedauert jedoch das «Fehlen jeglicher Literatur».[6] Das aber ist Programm. Enzensberger und das «Kursbuch» entfernen sich vom Verlag, allerdings rückt auch dieser schneller nach links und weg von der «reinen Literatur», als es dem Hesse-Verleger Unseld recht sein kann. Enzensberger pocht auf die vereinbarte redaktionelle Autonomie, über die es bereits vor Erscheinen des ersten Heftes Streit gegeben hatte. Unseld verhindert aus geschäftlicher Rücksicht auf die Brecht-Witwe Helene Weigel einen Vorabdruck aus Günter Grass' Stück «Die Plebejer proben den Aufstand», in dem Brechts Verhalten nach dem Arbeiteraufstand am 17. Juni 1953 kritisiert wird. Enzensberger hatte von Anfang an Bedenken gehabt und beklagte sich bei Johnson: «ich beginne zu überlegen, ob die zeitschrift bei diesem mann gut aufgehoben ist.»[7] Ob das «Kursbuch» nicht bei Rowohlt oder Luchterhand in besseren

Händen wäre? Auch Augstein böte sich als Geldgeber an. Die Verlags- und Vertragsgemeinschaft wird noch fünf Jahre halten, ehe sie mit großem Getöse auseinandergeht.

Ein besonderes Projekt Enzensbergers ist die vierte Ausgabe des «Kursbuch» vom Februar 1966, für die drei Politologen einen «Katechismus zur deutschen Frage» verfassen. Von dieser fünfzigseitigen Fleißarbeit wird vorab ein Sonderdruck hergestellt, der an Kirchenleute, Gewerkschafter, Journalisten und Industriechefs geht. Einige Katechismus-Exemplare werden in der Hoffnung auf Antworten illustrer Namen ins Ausland verschickt. Der polnische Außenminister Adam Rapacki, der 1957 eine atomwaffenfreie Zone für Mitteleuropa als Verhandlungsziel vorgeschlagen hatte, antwortet immerhin, aber am Ende autorisiert er seinen Beitrag doch nicht. Kissingers Kollege Hans Morgenthau, der sich in der Verteidigungspolitik von den Falken verabschiedet hatte, bescheidet sich mit einer kurzen Antwort: «In Wahrheit können die deutschen Ziele [gemeint ist die Wiedervereinigung] nur in Kooperation mit der Sowjet-Union erreicht werden. (…) Das kann nicht durch Akkumulation militärischer Stärke in Westdeutschland und im Westen überhaupt geschehen, da die militärische Stärke der Sowjets der des Westens die Waage hält.»[8]

Im selben Heft bringt Enzensberger einen Vorabdruck aus Walsers neuem Roman «Das Einhorn», der eine vage Reminiszenz an Harvard enthält. Nach einem «Einschub über die scheinbare Gleichzeitigkeit», der von der Ermordung des kongolesischen Präsidenten Patrice Lumumba handelt, taucht, evoziert durch die «grünen Glanzkuppeln» einer Mitreisenden im Zugabteil, als unwillkürliche Erinnerung Thomas Kanza wieder auf[9] – ebenjener Kanza, mit dem sich Walser 1958 nach dem Seminar in Harlem herumgetrieben hatte, wo Kanza für die Unabhängigkeit von Belgisch-Kongo warb. Der Handlungsreisende Anselm Kristlein, den Walser als halb amerikanische Figur aus den Werbeagenturen New Yorks mitgebracht und in seinen Roman «Halbzeit» und den nachfolgenden Roman «Das Einhorn» implementiert hat, wird so in einem deutschen Regionalzug von weltpolitischen Ereignissen eingeholt, auch wenn sie ihn selber überhaupt nicht betreffen. Der Autor Walser zitiert die großen Worte Kanzas («Die Geschichte möge über uns richten»[10]), der nach dem Aufenthalt in Harvard kurze Zeit als UN-Botschafter Lumumbas amtierte und nach dessen Sturz sein Amt verlor. In seinem Tagebuch hält Walser erleichtert fest, dass sein Freund den Putsch im Kongo überlebt hat: «Thomas Kanza nicht mehr in Stanleyville, sondern in Nairobi, also vorerst gerettet.»[11]

Im November 1965 schreibt auch Enzensberger an Kissinger. Er beruft sich darauf, dass sie sich bei Unseld zu Hause kennengelernt hatten. Zweifellos sei er derzeit mit anderen Dingen beschäftigt, mit der «Vietnam crisis» – womit er jenen euphemistischen Begriff gebraucht, mit dem sich das offizielle Amerika den Krieg vom Leib hält.[12] Enzensberger erhofft sich einen Kommentar zu seinem «Katechismus». Kissinger antwortet knapp drei Wochen später: Er komme gerade aus Vietnam zurück und habe deshalb noch keine Gelegenheit gefunden, sich den «Katechismus» anzuschauen, wünsche aber viel Erfolg. Enzensberger setzt noch einmal nach, aber Kissinger hat keine Zeit, etwas beizutragen, wahrscheinlich auch keine Lust.

Die Raketenkonfrontationszeit der Großmächte ist vorbei, jetzt geht es um Vietnam, wo sich durch den Einsatz der amerikanischen Militärmacht ein Stellvertreterkrieg mit konventionellen Waffen entwickelt. In diesem Krieg dürfen die Verbündeten nicht abseits stehen. Der neue Bundeskanzler Ludwig Erhard war 1963 nach Texas gereist und hatte dem neuen Präsidenten Lyndon B. Johnson «aus dem Wunsch, den Amerikanern um fast jeden Preis zu Gefallen zu sein»,[13] wie Franz Josef Strauß wetterte, die Entsendung deutscher Soldaten nach Vietnam zugesagt. Nur der Widerstand des ehemaligen Verteidigungsministers konnte verhindern, dass sich das westliche Deutschland ebenfalls in dieses Dschungelabenteuer stürzte.

Zeitgleich mit der westdeutschen Intelligenz, die ihrerseits gerade dabei ist, ihr geistiges Zentrum im Suhrkamp Verlag zu entdecken, hatte der Atombombenaktivist Kissinger sein neues Thema gefunden.[14] Weil er so entschlossen die Teilhabe an der Macht anstrebt, vielleicht auch weil es ihn nach der heroischen Tat dürstet, steht er fast von Anfang an auf der falschen Seite. Viel früher als Kissinger ahnt Sebastian Haffner, dass «jeder neu in Vietnam gelandete amerikanische Truppenteil den Endsieg der Gegner Amerikas sicherer macht».[15] Während Kissinger sich zunehmend in das Vietnam-Management verstrickt, wendet sich fast die gesamte akademische Ostküste, bis dahin sein intellektuelles Habitat, gegen den amerikanischen Krieg im fernen Asien.

Im November 1965 melden sich deutsche Autoren, Journalisten und Professoren mit einer «Erklärung über den Krieg in Vietnam» zu Wort, in der sie sich von der «moralischen und finanziellen Unterstützung des Vietnamkriegs durch die Bundesregierung» distanzieren und sich für die «sofortige Beendigung des Krieges und für die Neutralisierung ganz Vietnams» aussprechen.[16] Außer der «Süddeutschen Zeitung» will keine Zeitung den Aufruf drucken. Der «Münchner Merkur» weiß, welches Unheil sich da anbahnt: «Gammler, bekannte Schriftsteller und einige Hochschullehrer in einer Front». Es sind «ein paar ehrliche, jedoch einfältige Leute, viel [sic] schlampige Frauenzimmer und Jünglinge, die so aussehen, als röchen sie etwas streng».[17] Genauer gesagt sind es neben vielen anderen Günther Anders, Ernst Bloch, Jürgen Habermas, Erich Kästner, Rolf Hochhuth, Heinrich Böll, und zusammen mit seinen Autoren Enzensberger, Walser, Johnson und seinem Cheflektor Boehlich hat auch Unseld unterschrieben.

Populär ist die Aktion nicht, eher die Gegenorganisation: Angeleitet vom Springer-Verlag und unterstützt vom Regierenden

Bürgermeister Willy Brandt werden die Berliner aufgefordert, zum Stückpreis von 17,25 Mark eine porzellanene Nachbildung der Berliner Freiheitsglocke zu erwerben, die ihrerseits als Nachbildung der Freiheitsglocke in Philadelphia den Berlinern 1950 zum Geschenk gemacht worden war, und sie an die Hinterbliebenen der in Vietnam gefallenen US-Soldaten zu schicken.[18] Die FAZ verzichtet auf den gewohnten Eiertanz und sagt lieber gar nichts zum Protest der offenbar linken Intelligenz.

Wie in der amerikanischen Vietnam-Berichterstattung gelangt auch in Deutschland das Wort «Eskalation» in Umlauf, mehr Waffen, mehr Soldaten, mehr Tote und immer noch kein Erfolg gegen die Guerilla. «Der Sieg eines drittrangigen kommunistischen Bauernstaates über die Vereinigten Staaten wird bei den kommunistischen Bruderkämpfen auf der ganzen Welt unweigerlich die gefährlichsten Gruppen stärken», warnt Kissinger. Auch wenn US-Generäle wie Curtis LeMay Vietnam mit der Atombombe in die Steinzeit zurückbomben wollen, kommt sie nicht zum Einsatz. Kissinger hatte sich zu diesem Zeitpunkt bereits von seiner eigenen Lehre des begrenzten Atomschlags abgewandt und sieht es als seine Aufgabe, den lokalen konventionellen Krieg einzudämmen. In einem Artikel, der im August 1966 in der Zeitschrift «Look» erscheint, formuliert Kissinger das Vietnam-Problem und bietet gleichzeitig sich als Lösung an: «Der Krieg in Vietnam wird von zwei Faktoren beherrscht: Ein Rückzug wäre katastrophal, und Verhandlungen sind unvermeidlich.»[19] Eben diese Verhandlungen wird er zu seiner Aufgabe machen, es fehlt ihm nur noch das Mandat, und dass er es je erhalten würde, ist noch längst nicht absehbar. Kissinger wird in Washington nach wie vor nur als wissenschaftlicher Berater geführt, doch hatte er wiederholt bewiesen, dass er jederzeit einsatzbereit ist.

1965, als Kissinger auf Bitten des amerikanischen Botschafters zum ersten Mal Vietnam besucht, um sich ein Bild zu machen, erkennt er als Außenseiter, dass dieser Krieg so nicht gewonnen werden kann. Das bestätigt ihm unter anderem der politische Analytiker Daniel Ellsberg, wie er Harvard-Absolvent, ein Spieltheoretiker, der für die Rand Corporation (und damit im weitesten Sinn für den Geheimdienst) arbeitet.

Bei diesem ersten Besuch lernt Kissinger auch den deutschen Arzt Erich Wulff kennen, dem er ohne Umschweife gesteht, dass er von Vietnam keine Ahnung habe und sich deshalb das Land und dessen Situation von «den Deutschen», von Wulff und anderen Ausländern, die schon länger in Vietnam leben, erklären lassen wolle. Wulff lobt den «ungemein aufmerksamen Zuhörer».[20] Mit seiner Bereitschaft, sich belehren zu lassen, unterscheidet sich Kissinger angenehm von den durchreisenden Verteidigungsexperten. Doch ist er nicht nur der leger gekleidete, immer noch vergleichsweise junge Professor, sondern auch ein Kriegsstratege, vor dem man sich fürchten kann. Wulff spricht von dem «gespenstischen Eindruck», den Kissingers Freude am «Durchspielen der verschiedenen Denkmöglichkeiten» auf ihn macht: «Es waren Sandkastenspiele für Giganten, die für Nationen und Kontinente unabsehbare Folgen haben konnten.»[21] Aber noch darf er nicht spielen.

Die «Jahrestage» in transatlantischer Hebammenkunst

> «... ein Mann unterwegs an den Ort
> wo die Toten sind; und sie, das Kind
> das ich war.»
>
> Uwe Johnson, Jahrestage (1983)

Als Akademiker ist Henry Kissinger inzwischen etabliert genug, dass er sich im Herbst 1965 in Harvard für ein Jahr beurlauben lassen kann. Seit zehn Jahren hat er sich immer wieder mit Otto von Bismarck und dessen Bündnispolitik beschäftigt, aber die politische Gegenwart fasziniert ihn bald mehr als das Verhältnis der europäischen Großmächte im 19. Jahrhundert. Nach Vietnam reist er, um den Blick des Verteidigungspolitikers einzuüben, nebenbei macht er weiter den Anwalt für die deutsche Literatur. Er hat Uwe Johnson ausdrücklich eingeladen, ganz wie damals im Seminar, seine Erfahrungen in Amerika zu erweitern. Johnson kommt auf dieses Angebot zurück, er braucht Amerika für sein nächstes Buch. Diesmal soll es ein Aufenthalt für mindestens ein Jahr sein, mit Frau und Kind. Wenn das Unwahrscheinliche einträte, wenn ihm wirklich ein Stipendium zuerkannt würde, meint Johnson hoffnungsvoll, wäre ich «natürlich dem Spender, aber mehr noch Ihnen dankbar, die Sie sich die Mühe machen, es mir zu verschaffen».[1] Das ist der Anfang der «Jahrestage», die jedoch erst 1983, volle achtzehn Jahre später, in vier Bänden vollständig vorliegen werden. Dann allerdings wird sich das freundschaftliche Verhältnis zwischen Johnson und seinem Förderer erheblich eingetrübt haben. Das liegt auch an Vietnam.

Vietnam wird für Walser, Enzensberger und Johnson auf einige Jahre das bestimmende Thema. Zwischen ihnen entsteht eine Konkurrenz darum, wer sich am radikalsten gebärdet. Während der Krieg eskaliert, will Johnson unbedingt nach Amerika. 1961, bei seinem ersten Aufenthalt, hatte er selbst Westdeutschland kaum gekannt. In den «Jahrestagen» wird Johnson die Verknüpfung der mecklenburgischen Herkunft mit der New Yorker Gegenwart auf ideale Weise gelingen: In Kollaboration mit dem «Genossen Schriftsteller», der Uwe Johnson ist und auch wieder nicht, rekonstruiert Gesine Cresspahl, die Protagonistin des Romans, in New York ihre Familiengeschichte. «1961, zur Zeit der ersten Reise in die U.S.A.», berichtet Johnson in den «Begleitumständen», den Poetikvorlesungen, die er 1979 in Frankfurt hält, «war noch das meiste ein Faszinosum, was einem zustossen konnte zwischen Detroit und Princeton, zwischen Chicago und San Francisco, zwischen New Orleans und Washington, und für einen schreibenden Besucher aus der alten Welt ist sprichwörtlich die unglückselige Versuchung am 22. Tage des Aufenthalts, der Neuen Welt auf den Leib zu rücken mit jener verblüffend einfachen Analyse, die ihm in den ersten Tagen so unerreichbar erschienen war.»[2]

Die sprachlichen Umstände, die Johnson hier macht, haben auch damit zu tun, dass sich Mecklenburg für ihn als Thema weitgehend erschöpft hat und er nach einem neuen sucht. Amerika könnte es sein. Er habe, referiert Johnson seinen Gemüts- und Weltzustand als damals noch weltunsicherer Autor, in Boston und Harvard manches gesehen, vieles kennengelernt, manches auch erfahren über amerikanische Sitten und Gebräuche, habe sich sogar den elektrischen Stuhl in Walpole, einen echten diesmal, vorführen lassen, hege aber einen «zielbewussten Zweifel», ob er für das geplante Buch genug über die Vereinigten Staaten wisse.[3] Für ihn steht fest, und zumindest nachträglich klingt es wie eine buchhalterische Lebensplanung: «Wer die U.S.A. genauer kennen lernen will als in der beliebigen Vermutung, dort werde zumindest technologisch die Zukunft Europas als eine Gegenwart aufgeführt, der muss suchen, wiederzukommen.»[4]

Noch aber lässt ihn Deutschland nicht los, wo sich die Autoren immer enger an die Politik anschließen. Die Gruppe 47 ist auf dem besten Weg zu einer halbstaatlichen Einrichtung, nebenbei gehören die Berliner Schriftsteller über die Ford Foundation zu den Nutznießern amerikanischer Kulturförderung. Organisiert von Günter Grass, verständigen sich die Autoren darauf, mit noch mehr Eifer als 1961 den SPD-Kanzlerkandidaten Willy Brandt zu unterstützen, um endlich die CDU-Herrschaft der Nachkriegszeit zu brechen. Brandt steht den Literaten als ehemaliger Journalist ohnehin näher als der amtierende Kanzler Ludwig Erhard, der sie gerade summarisch als «Pinscher» beschimpft hatte. Für die Schriftsteller ist das der Geist von gestern, die Kultur tendiert längst nach links. Im Rundfunk führen Hans Werner Richter, Günter Grass, Wolfdietrich Schnurre und Uwe Johnson ein wahlwerbendes Gespräch mit Willy Brandt.

Johnson hatte sich nur zögernd beim Schriftstellerkontor für die Wahl Brandts einspannen lassen. Er habe, berichtet er Kissinger am 25. September 1965, die letzten Monate mit der Frage verbracht, ob man die SPD, diese «bedauernswerte Partei», wirklich unterstützen solle.[5] Als Dokument der Bemühungen seiner Kollegen schickt er Kissinger die Anthologie «Plädoyer für eine neue Regierung oder Keine Alternative» mit Beiträgen von Günter Grass, Walter Jens, Rolf Hochhuth und Rudolf Augstein. Martin Walser ist diesmal nicht dabei. Er will sich nicht für Brandt verwenden, den Regierenden Bürgermeister von Berlin, der es nicht wagt, seine Stimme gegen den Krieg zu erheben, den die amerikanische Schutzmacht in Südostasien führt. Auf der Bodenseefähre von Konstanz nach Meersburg hatte Walser den Kanzlerkandidaten Brandt nach dessen Verhalten zu Vietnam gefragt. «Seine Antwort war flau. Da wusste ich: die SPD ist es nicht mehr.»[6]

Der Regierende Bürgermeister von Berlin, der Stadt, deren Freiheit in der Propaganda am Mekong verteidigt wird, kann aus seiner Sicht gar nicht anders, auch er ist ein Nutznießer der amerikanischen psychologischen Kriegsführung. In seinen Memoiren zeigte sich Brandt etwas zerknirscht, als «weltpolitischer Lehrmeister oder gar Sittenrichter» habe er nicht hervortreten wollen. «Ich schluckte tiefe Zweifel hinunter und hielt den Mund, wo es gegolten hätte, einerseits vernehmlich zu widersprechen, andererseits unterdrückte Sympathie nach außen zu kehren.»[7]

Auch wenn Kissinger Brecht vermutlich nicht so furchtbar viel abgewinnen kann, muss Johnson in seinem Bewerbungsschreiben andeuten, wie fleißig er in der Zwischenzeit gewesen war. So hatte er aus Brechts Nachlass dessen «Me-ti. Buch der Wendungen» herausgegeben, eine Arbeit, die ihm sauer wurde, weil er es mit Helene Weigel zu tun bekam: «Ich bin mehr denn je davon überzeugt, dass Witwen beim literarischen Nachlass sofort vom Erbe ausgeschlossen werden müssen.»[8] Sein eigenes Buch war gerade fertig geworden, «Zwei Ansichten», ein Roman, dem die Befreiung von Johnsons Frau Elisabeth Schmidt aus dem eingeigelten Osten zugrunde liegt, doch ist er bereits mit der Planung für ein nächstes Werk beschäftigt, und dabei vertraut er auf die Hilfe des Mannes, der ihn vier Jahre zuvor in der Kesten-Affäre bei der Moral gepackt hatte. Im vergangenen Mai, anlässlich einer kleinen Lesereise durch die USA, hatten sie sich wiedergetroffen. «Nach einem Abendessen mit Prof. Dr. Henry Kissinger», erinnert sich Johnson frohgemut, «was kann danach noch schief gehen?»[9]

Wie bei Max Frisch ist Kissinger gern bereit, Johnson mit einem Stipendium zu helfen, das seinen Aufenthalt in den USA finanzieren kann. Seinem Freund Shepard Stone von der

Ford Foundation empfiehlt er Johnson auf dessen Bewerbungsschreiben hin als einen der «zwei oder drei herausragenden deutschen Schriftsteller».[10] Johnson sei der Autor der Romane «Mutmassungen über Jakob» und «Das Dritte Buch über Achim», die er persönlich «faszinierend» finde. Ob man ihn nicht für ein halbes oder auch ein ganzes Jahr nach Amerika einladen sollte, damit er seine «Batterien aufladen» könne? Im Übrigen habe Johnson auch schon am Harvard-Seminar teilgenommen, was heißen soll: Er ist einer von uns.[11] Und dann fordert die Politik ihr Recht, Kissinger muss schon wieder los: Dem erwartungsvollen Stipendienempfänger, dem er mitteilt, dass er den Brief an die Ford Foundation geschrieben habe, verrät er das genaue Reiseziel nicht, spricht nur vom «Fernen Osten».[12] Shepard Stone erfährt es: Kissinger muss nach Vietnam.

Wie es dem Projekt «Jahrestage» angemessen ist, wird daraus ein transatlantisches Unternehmen. Im November wendet sich J. E. Slater von der Ford Foundation «persönlich und vertraulich» an Walter Höllerer in Berlin.[13] Höllerer, auch er ein Kissinger-Stipendiat, hatte mit Hilfe der Ford Foundation in Berlin am Wannsee das Literarische Colloquium aufgebaut, in das er nicht nur deutschsprachige, sondern auch europäische und amerikanische Autoren einladen kann. Der Lyriker Höllerer ist ein Propagandist der Literatur, er gibt neben den «Akzenten» die Zeitschrift «Literatur im technischen Zeitalter» heraus und importiert Amerika nach Berlin. Am Colloquium entstehen Filme, er bringt Literatur ins Fernsehen, und er entwickelt ein besonderes, in Deutschland unbekanntes Programm, das noch nicht *creative writing* heißt: Angehende Schriftsteller üben hier das Schreiben und gehen sich dann, wie Peter Rühmkorf beobachtete, «mit der Unerbittlichkeit einer zu großen Hoffnungen berechtigenden neuen Generation an die Gurgeln».[14]

Vor allem verfügt Höllerer mit seiner «Überbauinstitution der Fordwerke oder der CIA oder beider zusammen»[15] (Peter Rühmkorf) über viel Geld, von dem auch Ingeborg Bachmann profitiert, die für ein Jahr nach Berlin eingeladen wird. Slater will wissen, was Johnson von einem möglichen Stipendium hätte. Ob es helfen würde, fragt er, und es ist nicht ganz klar, ob er den Nutzen für die Literatur oder für die Foundation und damit für das ganze Amerika meint.

Im Januar übernimmt die Außenstelle Berlin. Höllerer versichert, dass es sich lohnen würde, Johnson nach Amerika einzuladen. Wieder ist die DDR-Herkunft ein Argument. Bei den Transatlantikern sollte es doch ein Geschäft zu beiderseitigem Nutzen werden. Nach wie vor geht es um die Implementierung westlicher Werte – die nicht nur materielle Anschubfinanzierung für etwas, was amerikanischen Autoren bis heute schwerfällt, eine epische Erzählung ihrer eigenen politisierten Jahre in den Monaten um die Jahreswende 1967/68. Ein Autor mit DDR-Hintergrund bedeutet, auch noch lange nach Joseph McCarthys Tod, immer ein gewisses Risiko. Andererseits finden sich unter den intellektuellen Vertretern des «freien Westens», die sich beim von der CIA finanzierten Berliner Kongress für kulturelle Freiheit versammeln, etliche ehemalige Stalinisten oder Trotzkisten: Manès Sperber, Arthur Koestler oder Melvin Lasky blicken auf eine einschlägige Vergangenheit zurück. Mit seiner Übersiedelung hatte Johnson immerhin bewiesen, dass er sich für den Westen entschieden hatte, und scheint daher propagandistisch aufgeschlossen.

«Ich glaube, es lohnt sich sehr, Uwe Johnson nach Amerika einzuladen und ihm dort die Möglichkeit zu geben, zu arbeiten und einen neuen Roman zu konzipiren [sic]», schreibt Höllerer im Januar 1966 zurück.[16] Doch obwohl sich Kissinger und Höllerer für ihn einsetzen, wird es nichts mit der Förderung, die Foundation lehnt Johnson aus unbekannten Gründen ab.

1965, bei seinem letzten Aufenthalt in New York, hatte Uwe Johnson Hannah Arendt und deren amerikanische Verlegerin Helen Wolff kennengelernt, die inzwischen auch seine ist. Helen Wolff vermittelt ihm einen Job bei ihrem Verlag Harcourt, Brace & World. «Hier hatte jemand Glück mit seinen Verlegern»,[17] wird er später dankbar seufzen. Er kann im Verlag als Lektor arbeiten, genauer gesagt, er wird ein Schullesebuch für Amerikaner betreuen. Es wird «Das Neue Fenster» heißen und Texte zeitgenössischer deutscher Autoren enthalten. Für den pädagogischen Gebrauch mussten sie entschärft sein, durften nicht den Alkoholgenuss propagieren oder Unzucht mit Tieren und auch sonst jeden Anschein vermeiden, dass sie die jugendliche Phantasie aufreizten. Johnson versieht diese Aufgabe mit seiner auch sonst erschreckenden Gründlichkeit, korrespondiert ausführlich mit den Autoren, deren Texte er verwenden will und bearbeiten muss, und ergeht sich in den Stunden, die ihm vor und nach dem Ganztagsjob noch bleiben, in dem New York, das seine Stadt werden soll.

Bevor er die Stelle am 1. Juli 1966 antritt, fährt Johnson im April zur Tagung der Gruppe 47, die sich diesmal nach Princeton hat einladen lassen, wiederum finanziert von der Ford Foundation, also, wie im Jahr darauf allgemein bekannt wird, letztlich von der CIA. Kissinger bittet Unseld um die Teilnehmerliste, will kommen, als er von diesem auf Nachfrage erfährt, dass auch Ingeborg Bachmann erwartet wird, und bleibt dann doch weg, als sie absagt. Hans Magnus Enzensberger und Peter Weiss streiten sich auf der Tagung darum, wie sehr man sich gegen den Krieg in Vietnam engagieren soll. Doch der dreiundzwanzigjährige Peter Handke, von Unseld an Hans Werner Richter empfohlen, stiehlt allen die Schau, weil er den Versammelten ihre «Beschreibungsimpotenz»[18] vorhält.

Wer ebenfalls nicht kommt, wer sich ausdrücklich weigert, mit seiner Kohorte an diesem literarischen Hochamt in den USA teilzunehmen, ist der sich zunehmend radikalisierende Martin Walser: «Ich war gegen die kritiklose Zustimmung Bonns zu diesem Krieg. Ich war gegen die Versuche unserer Presse, aus diesem Krieg ein Ereignis höheren Rechts zu machen. Ich wollte die deutsche Treue zum offiziellen, kriegführenden Amerika diffamieren. Ich bin nicht mit der Gruppe 47 nach Princeton gefahren, weil ich fand, es sei grotesk, in einem kriegführenden Land einander Gedichte und Prosa vorzulesen.»[19]

Vietnam bleibt ein Thema, das die Boygroup beschäftigt. Das «Kursbuch» macht im Juli 1966 zweisprachig mit dem Text «Where is Vietnam?» des Beat-Poeten Lawrence Ferlinghetti auf, die Übersetzung kommt von Enzensberger.[20] Wie das SED-Zentralorgan «Neues Deutschland» meldet, gründet Walser «zur wahrheitsgetreuen Unterrichtung der westdeutschen Öffentlichkeit über die USA-Aggression»[21] ein Vietnambüro, das Nachrichten sammeln und verbreiten soll, die sonst in der Bundesrepublik nicht in die Zeitungen gelangen. Johnson lässt Walser in den «Jahrestagen» als Anselm Kristlein auftreten: «Zum Sammeln von Spenden für europäische Auftritte gegen den Krieg in Viet Nam, dazu ist er nach New York gekommen.»[22]

Im «Kursbuch» erscheint Walsers Kritik an Enzensberger. Dieser sei «eifersüchtig, weil Weiß [Peter Weiss] das Bekenntnis zu den Reisbauern und Grubenarbeitern so einfach von den Lippen kommt. Enzensberger möchte auch so einfach bekennen können.»[23] Ebenfalls im «Kursbuch» spottet Johnson über die «guten Leute», die nicht müde werden, «öffentlich zu erklären, daß sie die Beteiligung ihres Landes am Krieg in Vietnam verabscheuen (...). Die guten Leute haben es mit der Moral.» Er schließt mit dem frommen Wunsch: «Die guten Leute sollen das Maul halten.»[24] In einem weiteren Text, der auf Johnsons Hohn folgt, verschärft Walser nochmals den Ton. Er habe bereits «viel von den angebotenen politischen Psychopharmaka geschluckt», er habe sich auch «ohne Zimperlichkeit eingeübt in ein Zeitalter amerikanischer Freiheitsverbreitung. (...) Aber seit Amerika in Vietnam seinen Menschenjagd-Krieg offen betreibt, seitdem spreche ich auf die Rechtfertigungsdrogen nicht mehr an.»[25]

Noch ein Teilnehmer des Kissinger-Seminars engagiert sich: «Der notwendige Krieg», betitelt Theo Sommer seinen Aufsatz am 24. Dezember 1965 in der «Zeit». Christopher Emmet, Leiter des American Council on Germany, freut sich über Kissingers «Einfluss auf Theo Sommer»,[26] der als verlässlicher Interpret der amerikanischen Außenpolitik gilt. Für den Stipendiaten Walser hat der Stipendiat Sommer fast mustergültig die Lernziele der psychologischen Kriegsführung von Harvard erreicht: «Theo Sommer als Fachmann und Realist und Referent des Pentagon, interpretiert diesen Krieg von Mal zu Mal nach den Regeln, nach denen die USA sich ein Recht gebastelt haben für ihre Aggression.»[27]

Der strenge Moralist Johnson muss sich der moralischen Appelle erwehren, die ausgerechnet ihn bedrängen. Amerika soll ihm den Stoff für sein nächstes Buch liefern, von dem er Kissinger bereits erzählt hatte, aber Amerika wird allmählich zum Hort des Bösen, und er lässt sich von diesem Moloch auch noch finanzieren. Walser hält sich an Jean-Paul Sartre, für den es «ganz selbstverständlich» sei, «daß ein berühmter Schriftsteller jetzt nicht nach Amerika fahren kann».[28] Johnson reagiert darauf in den «Jahrestagen» und folgert, dass nach Sartre jeder Ausländer, «der in die U. S. A. reist oder dort lebt, zu einem Mitschuldigen» werde. Damit wäre auch er schuldig, und diese Selbstbezichtigung gilt es zu vermeiden. Johnson schreibt das nicht nur als im Lande geduldeter Autor, sondern als Nutznießer der finanziellen Förderung durch dieses Land, das einen allerdings wesentlich höheren Anteil seiner Ressourcen dafür aufwendet, den Kommunismus abzuwehren oder wenigstens ein widerständiges Volk irgendwo in Asien in Schach zu halten. Immerhin kann er dem als Vorbild angeführten Sartre mit buchhalterischer Logik inkonsequentes Verhalten nachweisen: Der sei doch in den Dreißigern nach Italien gereist und habe sich, ebenfalls staatlicherseits subventioniert, eine große «Faschistische Ausstellung» angesehen. Anschließend habe er ein ganzes Jahr in dem Berlin verbracht, als die Nazis bereits die Macht übernommen hatten.[29]

In Manhattan sei ihm, wie Johnson fortan seinen Schreibansatz erklärt, eines Tages Gesine Cresspahl erschienen, die Verlobte Jakobs, der in den «Mutmassungen» immer quer über die Gleise gegangen war. Sie war in den Westen gegangen, nach Düsseldorf, bekam Marie und zog mit dem Kind nach New York, wo sie in einer Bank arbeitet und die Protagonistin der «Jahrestage» wird. Um diese literarische Chronik schreiben zu können, möchte Johnson seinen Aufenthalt in New York über das eine Jahr hinaus verlängern, das ihm die Verlagsarbeit ermöglicht hatte, wofür er aber weiter auf Förderung angewiesen ist. Nachdem es mit der Ford Foundation nichts geworden war, kommt es in New York zu einer konzertierten Aktion, um Johnson doch noch zu einem Stipendium zu verhelfen. Hannah Arendt, der er die Freude gemacht hatte, über die risikolos engagierten Vietnam-Demonstranten in Berlin zu spotten und ihnen zu empfehlen, das Maul zu halten, wendet sich im März 1967 an Gerald Freund von der Rockefeller-Stiftung.

Johnson würde gern einen «amerikanischen Roman» schreiben, benötige aber für einen weiteren Aufenthalt in New York, der ihm dafür erforderlich scheine, eine materielle Grundlage. Auch Arendt betont seine Herkunft aus dem Osten, doch kommt es für sie noch auf etwas anderes an: «Er ist ein Mensch von außergewöhnlicher moralischer Integrität. Ich bin davon überzeugt, daß jedwede Hilfe für das Vorhaben, ein weiteres Jahr zu bleiben, von großer *objektiver* Bedeutung sein würde.»[30]

Doch dann fährt ein weiteres Mal die Politik, die drängende Gegenwart dazwischen, nicht Kissingers überstürzter Aufbruch nach Vietnam diesmal, sondern die Auswirkungen des Krieges in Berlin. Johnson hat für die Zeit seiner Abwesenheit seine Berliner Wohnung Ulrich Enzensberger überlassen, dem jüngeren Bruder seines Nachbarn in Friedenau. Jetzt kommt ein Telegramm von Rechtsanwalt Horst Mahler aus Berlin: «Sprengbombengeschichte Erfindung der Polizei. Nur Rauchbomben gefertigt. Soweit alles ok.»[31] Aber da war nichts mehr okay. Die Kommune I, zu der auch Ulrich Enzensberger gehört, hatte sich, um zu demonstrieren, «daß ihnen die politik der vereinigten staaten in vietnam mißfällt», vorgenommen, den amerikanischen Vizepräsidenten Hubert Humphrey bei dessen Besuch in Berlin mit Rauch einzunebeln. Die Polizei schlug rechtzeitig zu, die vermeintlichen Attentäter mussten aber gleich wieder freigelassen werden, die «New York Times», Johnsons Lokal- und Weltmedium, meldet den vermeintlichen Anschlag auf der Titelseite. Hans Magnus Enzensberger versucht, Johnson zu beruhigen, und berichtet in bewährter radikaler Kleinschreibung «aus dem freien berlin», was vorgefallen war: «wenn du meine meinung hören willst, so handelt es sich um eine gemeinsame operation der politischen Polizei und der hiesigen Presse, gerichtet gegen den sds und die widerstrebende studentenschaft überhaupt. zu dieser operation haben die verhafteten aus ignoranz, unerfahrenheit und kinderei einen brauchbaren vorwand geliefert.»[32] Doch das hilft auch nichts mehr, mit der Freundschaft von Johnson und Enzensberger war es vorbei, Johnson lässt Günter Grass die Kommunarden aus seiner Wohnung werfen.

Das Problem ist, dass die vorgesehene Förderung der Rockefeller-Stiftung für Amerikaner gedacht ist. Wenn auch nicht zum Amerikaner, so ist Johnson doch überzeugend zu einem New Yorker geworden, trotzdem sehen die Regularien diese spezielle Förderung nur für Bürger der Vereinigten Staaten vor. Die Stiftung holt deshalb weitere Meinungen ein, der Lyriker Robert Lowell verwendet sich für ihn und natürlich Helen Wolff. Zur Vorlage bei der Stiftung schreibt sie als «Mrs. Kurt Wolff» am 15. Januar 1968 einen Brief an ihre Freundin Hannah Arendt, in dem sie Johnsons desaströse finanzielle Situation in aller Ausführlichkeit schildert.

Er habe, so Wolff, bereits einen Vorschuss für das kommende Buch erhalten, der weit höher sei als die je zu erwartenden Einnahmen, aber inzwischen seien die Ersparnisse aufgebraucht. Seine Wohnung in Berlin sei durch einen Brand, den seine Schwägerin dort verursacht habe, zerstört worden, die Schwägerin dabei ums Leben gekommen, er habe für die Kosten der Beerdigung aufkommen und ungeplant nach Deutschland reisen müssen (dass sich die Kommune I unabhängig davon schon vorher in seiner Wohnung breitgemacht und auch noch polizeinotorisch geworden ist, erwähnt sie vorsichtshalber nicht). «Ich wollte doch nur etwas Ruhe und ein gutes Buch schreiben», habe er zu ihr gesagt, als er wegen des Trauerfalls nach Berlin musste. Mit diesem Buch habe er bereits begonnen, ihm fehlten aber die Mittel, um fortzufahren, doch schreiben könne er nur in New York. Sie habe keine Zweifel, dass dabei ein «außergewöhnliches und bedeutendes Buch» entstehe, ein Buch, das Amerikaner ebenso wie Deutsche interessieren werde.[33]

Arendt schreibt wenige Tage danach ein weiteres Mal an Mr. Freund. Auch sie singt nur das höchste Lob für Johnson. Es gebe heutzutage nur wenige Autoren, «und ich meine nicht nur unter den deutschen», die bei der Literaturkritik wie bei seinen Kollegen ein ähnlich hohes Ansehen genießen würden, und zwar nicht nur wegen der Qualität ihrer Arbeit, sondern auch wegen ihrer moralischen Integrität. Sie habe ihn vor Kurzem als Gast in ihrem Seminar in Chicago erlebt, wo die Professoren ebenso von ihm begeistert gewesen seien wie die Studenten. Er soll «einen amerikanischen Roman in Amerika» schreiben können, und dabei gehe es keineswegs «um Uwe Johnson allein, sondern auf dem höchsten Niveau um die ‹internationalen Beziehungen›».[34] Der Appell kommt von einer prominenten Intellektuellen und ist eindeutig: Die Rockefeller-Stiftung soll das von Kissinger begonnene Werk fortsetzen.

Johnson wird schließlich zu einem Gespräch eingeladen, bei dem er einen so günstigen Eindruck macht, dass ihm eine Beihilfe von siebentausend Dollar gewährt wird, auszuzahlen in sieben Monatsraten von Februar bis August 1968. Freund staunt darüber, wie vollständig sich Johnson in der vergleichsweise kurzen Zeit eingelebt hatte. Er erscheint ihm als aufrechter Moralist, wenn ihm auch der Unterschied nicht recht einleuchten mag, den Johnson zwischen Stalins Massenmord an den Kulaken und dem Hitlers an den Juden macht. Bei Stalin erkenne Johnson nachvollziehbares Regierungshandeln, das eher zu verstehen sei als die systematische, sinnlose Auslöschung der Juden. Zudem fällt Freund auf, dass Johnson sich so tief in der deutschen Schuld sieht, dass für ihn ein Zusammenleben von Deutschen und Juden nicht mehr möglich scheint. Freund bezeichnet das als «intellektuelle Irrtümer eines hochfliegenden Geistes».[35] Das schadet seiner Bewerbung nicht, doch ist es letztlich der Einsatz von Arendt, der den Ausschlag dafür gibt, diesen Mann voller moralischer Skrupel zu unterstützen.

So wie Johnson kurz vor dem Mauerbau im Kissinger-Seminar seinen Wechsel von Ost nach West beschrieben hatte, könnte man auch seine amerikanische Erfahrung wiedergeben: «Es wird ihn Mühe kosten, das Zeichensystem des fremden Landes zu erlernen, dies mit dem mitgebrachten zu vergleichen und endlich ein eigenes nach seinen persönlichen Erfahrungen anzustimmen.»[36] Bei allem Bedürfnis, vollständig in das fremdvertraute New York einzutauchen, bleibt Johnson der Amerika-Skeptiker, der sich allenfalls im rhetorischen Aufwand von Walser und Enzensberger unterscheidet. Für den Autor richtet in den «Jahrestagen» die ziemlich altkluge Marie die entscheidende moralische Frage an de Rosny, den Vizepräsidenten der Bank, bei der ihre Mutter arbeitet: «Trifft es zu, daß die Kreditinstitute aus dem Krieg in Viet Nam Gewinne ziehen?» Der Banker gibt sich große Mühe, ihr so zu antworten, als redete er mit einer Erwachsenen: «Wir wünschen von ganzem Herzen, daß der Konflikt in Indochina beendet wird, so oder so, jedenfalls daß unser Land nicht länger daran beteiligt ist. Wir glauben nicht an einen Frieden mit einem amerikanischen Sieg, nicht einmal in zwei Jahren.»[37]

Das ist wohlgesprochen im fiktionalen Dezember 1967, das Buch aber erscheint im Herbst 1970, als von einem amerikanischen Sieg noch immer keine Rede sein kann, den der mittlerweile zum Nationalen Sicherheitsberater avancierte Henry Kissinger noch immer verspricht. «Niemals hätte man Marie in dies Haus mitnehmen dürfen»,[38] kommentiert der Autor und meint doch, wie ironisch auch immer, niemals hätte man ihn in dieses Land lassen dürfen, denn er schreibe doch über das, was er sehe, höre, lese.

Wesentlich weniger Mühe als Johnson hatte Enzensberger mit seinem Stipendium für den bereits erwähnten Aufenthalt an der Wesleyan University gehabt. Er ließ sich auf ein Jahr unter so luxuriösen Bedingungen einladen, dass er nach vier Monaten ausbrach und sich nach einem Schriftstellerkongress in Havanna entschied, dass die Kubaner seiner dringender bedürften als die Reichenkinder in Middletown. Überall in Amerika hatten die Proteste gegen den Vietnamkrieg begonnen, nur Wesleyan war eine «Oase der Stille. Sehr zivilisiert ging es unter den Ahornbäumen zu.»[39] Seinem «Kursbuch»-Redakteur Karl Markus Michel hatte er angekündigt, dass es bei seinem Abgang knallen würde, und so kam es auch: Enzensberger gewann in der internen Konkurrenz um das effektvollste Engagement gegen den Krieg in Vietnam und musste sich dafür nicht einmal zu Reisbauern und Grubenarbeitern bekennen. In einem offenen Brief an den Universitätspräsidenten, der unter dem Titel «On Leaving America» («Warum ich Amerika verlasse») am 29. Februar 1968 in der «New York Review of Books» und sofort danach in der «Zeit» erschien, rechnet Enzensberger mit der «gefährlichsten menschlichen Gruppierung der Erde» ab, der Klasse, deren Werkzeug die amerikanische Regierung sei. Diese Klasse, meint er, «führt gegen mehr als eine Milliarde

Menschen einen nicht erklärten Krieg. Ihre Waffen reichen von Bombenteppichen bis zu den raffiniertesten Techniken der Verführung; ihr Ziel ist es, ihre politische, ökonomische und militärische Vorherrschaft über jede andere Macht der Welt zu errichten.»[40] Der Krieg gegen Vietnam sei nur ein Teil davon.

Einmal im rhetorischen Furor, muss er den Amerikanern sagen, dass ihn die Situation in ihrem Land an die dreißiger Jahre in Deutschland erinnere, als noch angesehene Staatsmänner nach Berlin reisten, um Hitler die Hand zu schütteln. Genau genommen sei es sogar schlimmer als in Nazideutschland: «Unsere augenblicklichen Herren verfügen nicht nur über Zerstörungskräfte, von denen die Nazis nicht einmal träumen konnten; sie haben auch einen Grad von Gerissenheit und Fälschung erreicht, der in der alten rohen Zeit unbekannt gewesen ist.» Um sein Glaubwürdigkeitsproblem ein für alle Mal zu lösen, zitiert er den französischen Philosophen Régis Debray, der in Bolivien im Gefolge Che Guevaras verhaftet worden war und im Gefängnis sitzt: «Wenn man einen Intellektuellen beurteilen will, reicht es nicht aus, seine Ideen zu untersuchen; es ist die Beziehung zwischen seinen Ideen und seiner Praxis, die zählt.»[41]

Im November wird Enzensberger nach Kuba aufbrechen. Das im selben Monat erscheinende «Kursbuch» bringt das literarische Debüt von Gastón Salvatore Pascal, der, wie die biographische Anmerkung stolz verkündet, «zu den militanten Köpfen der politischen Bewegung in dieser Stadt» gehört, und ganz zum Heftschluss darf die Deutsche Gruppe der Second Front um Geld für die Desertionskampagne bitten mit der Begründung: «Je grausamer der Krieg in Vietnam wird, desto mehr amerikanische Soldaten verlassen überall in der Welt die Armee. (…) Wir benötigen Geld für Propagandamaterial und Transport der amerikanischen Deserteure.»[42]

Uwe Johnson ist anders als Enzensberger dankbar für das Geld, das er von Amerika empfängt, und er bezeigt seine Dankbarkeit, indem er sich in den «Jahrestagen» neun Seiten lang über den Kollegen lustig macht: «Die Verwandlung des Herrn Enzensberger in den Nutzen des cubanischen Volkes, dargestellt auf offener Bühne. Keine Tricks, keine doppelten Vorhänge, keine Schleier!»[43]

Johnson hatte einigen Grund, Enzensbergers Reaktion zu fürchten, aber er glaubt sich bei seinem Angriff moralisch im Recht. Durch Unseld weiß er von den Schwierigkeiten, die Enzensberger, von dem sich Johnson bereits 1967 nach dem Aufsehen mit der Kommune I in regelrechter Feindschaft getrennt hatte, ihrem gemeinsamen Verleger immer wieder bereitet, nicht zuletzt wegen des «Kursbuchs», in dem ausgiebig an der Nützlichkeit der Literatur gezweifelt wird. Johnson selber kennt keine Zweifel, sondern ist sogar überzeugt, Unseld werde, wie er an Hannah Arendt (und mit ähnlichen Worten an Max Frisch) schreibt, «wohl seinen Autor Enzensberger verlieren, weil ich nicht umhin konnte, und Mrs. Cresspahl erst recht nicht, zu dessen Offenem Brief On Leaving America Einfälle zu bekommen».[44]

Doch es kam anders: Als er Enzensberger die Passage aus den «Jahrestagen» habe zeigen wollen, meldet ihm Unseld, «erwiderte er mir lachend, er wolle sie nur im Kontext des Buches lesen, vielleicht tadeltest Du ihn zu Recht wegen dieser Sache, vielleicht hätte er also Unrecht gehabt. In jedem Falle wolle er die Sache hinnehmen, wenn Du es geschrieben und ich es verlegt hätte. Das ist doch Haltung!»[45]

Enzensberger ist zwar ein bisschen gekränkt, aber dreizehn Jahre später muss er doch zugeben, dass ihm Johnson die theatralische Pose zu Recht vorgehalten hatte. Von der damaligen Position nimmt er jedoch nichts zurück. Noch immer regiere in den USA eine gemeingefährliche Klasse, und der nicht erklärte Krieg «wird heute genauso geführt wie damals».[46]

Weit weniger Erfolg hat Hannah Arendt, als sie nicht bloß den Autor Uwe Johnson, sondern auch sein Buch empfiehlt; für sie sind die «Jahrestage» «ein Meisterwerk». Ihrem Vertrauten in Deutschland möchte sie 1972 das Buch, zwei Bände sind inzwischen erschienen, zum Einzug in das neue Haus schenken. «Es handelt von der Nazizeit in einem Mecklenburgischen Dorf, aus der Erinnerung gesehen gegen den Hintergrund von New York und aus der Perspektive der Nachkommen.»[47] Wie sie glauben konnte, dass Martin Heidegger ausgerechnet mit Erinnerungen an die Nazizeit behelligt sein wollte, ist ein Rätsel.

1968 oder Die Machtfrage

«In Türangeln gibt es keine Holzwürmer.»[1]

1968 denkt Siegfried Unseld an seinen Platz in der Geschichte, und den sieht er naturgemäß in der Literatur. Er bereite gerade eine Ausgabe mit Briefen Hermann Hesses vor, schreibt er an seinen Freund Henry Kissinger. Dabei habe er «entdeckt» (was ihm ja nicht unbekannt sein kann, weil er dieses Gutachten seinerzeit selber erbeten hatte), dass ihm Hesse 1955 mit einer Empfehlung den Platz im International Seminar in Harvard verschafft hatte. Ob er den Brief, der sich in Kissingers Besitz befinden müsste, haben könne?[2] Trotz seines übervollen Terminkalenders kümmert sich Kissinger um das alte Gutachten und schickt es sofort nach Frankfurt.

Auf die Einleitung des Briefes jedoch geht Kissinger nicht ein. Da spricht Unseld an, was in diesen Wochen im August 1968 die Welt bewegt, die sowjetische Invasion in Prag zwei Tage zuvor, «das Schlimmste, was in diesem Jahrzehnt passieren konnte».[3] Nach Plan wird Uwe Johnson die «Jahrestage», die er im Januar in New York zu schreiben begonnen hatte, am Ende des letzten Bandes an genau diesem Tag mit dem kryptischen Satz «Heute abend rufen wir an aus Prag» zu Ende kommen lassen.

Was die Lage in der Tschechoslowakei betrifft, wird Kissinger Unseld nicht für kompetent halten. Außenpolitik, erst recht der Ost-West-Konflikt, ist die Domäne des Geopolitikers. Der Osten gehört der Sowjetunion, deshalb interessiert sich Kissinger schlicht nicht für die Tschechoslowakei. Damit folgt er der amerikanischen Nachkriegspolitik, die der Sowjetunion den ihr in Jalta zugestandenen Einflussbereich nicht streitig machen wollte. Die Amerikaner hatten sich nicht um den Arbeiteraufstand 1953 in Ost-Berlin gekümmert und auch nicht um den drei Jahre später in Budapest. In einem Aufsatz für die Zeitschrift «Foreign Affairs» hatte Kissinger 1959 die Haltung der USA unmissverständlich formuliert: «Das Beispiel Ungarn hat schlüssig bewiesen, daß der Westen nicht bereit ist, Aufstände in den Ländern hinter dem Eisernen Vorhang mit eigenen Machtmitteln zu unterstützen.»[4] Die USA hatten der Sowjetunion das Recht zugestanden, eine Mauer durch Berlin zu ziehen, und sie rührten daher auch keinen Finger, als die russischen Panzer durch Prag rollten. Karsten Voigt, von 1969 bis 1972 Vorsitzender der deutschen Jungsozialisten, erinnert sich, wie er in diesem August 1968 mit anderen Frankfurter Studenten unter roten Fahnen zur sowjetischen Militärmission zog, um gegen die Invasion zu demonstrieren, nur um zu erleben, dass das Konsulat nicht nur von deutscher Polizei, sondern auch von amerikanischen GIs vor den Demonstranten geschützt wurde.[5]

Der Überfall empört Unseld so sehr, dass er in der irrigen Meinung, die Nationale Volksarmee der DDR sei an der Seite der sowjetischen Truppen in Prag einmarschiert, die Teilnahme seines Verlags an der Leipziger Buchmesse absagt. Seinem Autor Enzensberger, der ihm immer mehr entgleitet und im Frühjahr bereits angekündigt hatte, nach Kuba gehen zu wollen, fordert er das Versprechen ab, im «Kursbuch» keine Rechtfertigung der Invasion lesen zu müssen. Andernfalls, so lässt er durchblicken, sei er nicht mehr bereit, die Zeitschrift zu verlegen. Enzensberger kann ihn beruhigen: «du kennst mich schlecht, wenn du befürchtest, ich könnte den überfall der sowjets verteidigen oder auch nur den idiotischen rechtfertigungsversuchen der kp-leute ein forum geben.»[6]

Suhrkamp hatte sich – bei der Weltlage unvermeidlich – politisiert und war schon viel weiter nach links gerückt, als es Unseld recht sein kann. Er mag es noch nicht wahrhaben, aber er hatte seinen Verlag bereits aus der Hand geben müssen. Zwar ist er nach wie vor der Eigentümer, doch das Programm, das nichts mehr mit der bildungsbürgerlichen Gediegenheit des Gründers zu tun hat, bestimmen die Lektoren.

Den Geschäftsgang bestimmt jedoch nach wie vor der Verleger, und er kann sich dabei auf sein aktuelles Programm verlassen. Voller Stolz meldet er seinem Freund Kissinger: «Ich bin Dir neulich in einem Manuskript begegnet.» Kissinger war in die Literatur eingegangen, eine Figur in einem Buch, das bei Suhrkamp erscheint, «Vietnamesische Lehrjahre».[7] «Du wirst, sicherlich als einziger Amerikaner, darin angenehm erwähnt.»[8]

In diesem Buch berichtet der bereits erwähnte deutsche Psychiater Erich Wulff von seinen Erlebnissen in der ehemaligen Kaiserstadt Huế. Als Unterstützer der Opposition in Südvietnam war er 1964 ausgewiesen worden. Nachdem die Militärs den Präsidenten Ngô Đình Diệm gestürzt hatten, durfte Wulff zurückkommen und seine Arbeit fortsetzen. Dabei kam es zur Begegnung mit Kissinger, den eine Dienstreise als politischer Aufklärer nach Vietnam führte. Weil Wulff mit Kritik an Regierungsmitgliedern, Kollegen und durchreisenden deutschen Journalisten nicht spart, erscheint das Buch unter dem Pseudonym Georg W. Alsheimer.

Mit professioneller Höflichkeit lobt Kissinger den Autor: «Ich freue mich, dass Wulff ein Buch schreibt. Er hat mich in Huế sehr beeindruckt.»[9] Wulff ist Partei, er hält es keineswegs mit den Amerikanern, einen Teil der Spenden, die er in Deutschland für sein Krankenhaus eingesammelt hatte, leitet er an den Vietcong weiter.[10] Obwohl das Buch in seinem Material im Sommer 1968 bereits zwei, drei Jahre alt ist, kommt es zur rechten Zeit. Der Verleger hat seine Schwierigkeiten damit, für den Lektor Karl Markus Michel sind die «Vietnamesischen Lehrjahre» «ein aufregendes und, meiner Meinung nach, innerhalb unseres Herbst-Programms das wichtigste Buch».[11]

Ein Auszug war da bereits im «Merkur» erschienen. Der

«Spiegel» wird das Buch in drei Folgen im September vorabdrucken, zu einem Zeitpunkt, als sich in den USA der Krieg in Vietnam zum beherrschenden Wahlkampfthema entwickelt. Kissinger, der mit seiner Abschlussarbeit von 1950 über den «Sinn der Geschichte» gearbeitet hatte, kann diesem Anspruch fast zwei Jahrzehnte später praktisch nachgehen. In Vietnam findet er seine Aufgabe, allerdings kommt er zu spät. Geschichte wird für ihn Sinngebung für etwas, was den meisten seiner akademischen Peers bereits als sinnlos aufgegangen ist. 1965, als Wulff den Politologen Kissinger kennengelernt hatte, war dieser noch lange nicht an seinem Ziel, selber Politik zu machen, doch er bereitete sich schon auf das große Spiel vor. Wulff lobt in seinem Buch die Intelligenz des Theoretikers, beobachtet ihn aber genau: «Kissingers Genie bestand darin, daß er komplizierte Sachverhalte in einfachen Sätzen ausdrücken konnte, ohne sie dabei zu banalisieren. In der Anstrengung des Denkens gewannen die Dinge eine spielerische Leichtigkeit. Nun konnte man sie zusammensetzen und auseinanderbauen wie die Klötze eines Kinderbaukastens. So machte er Politik.»[12]

Wie Unseld kümmert sich auch Kissinger um seinen Platz in der Geschichte, und er findet ihn an der Seite Otto von Bismarcks, dem «weißen Revolutionär». Hans Egon Holthusen weist den «Merkur»-Herausgeber Hans Paeschke auf das Bismarck-Porträt hin, das Kissinger im Sommer 1968 in der amerikanischen Zeitschrift «Daedalus» veröffentlicht.[13] Der Autor ist erkennbar stolz auf diesen Essay. Zu Recht vermutet er dafür ein besonderes Interesse bei den Deutschen und verschickt deshalb Sonderdrucke. Franz Josef Strauß, mit dem er sonst über Einzelheiten des geplanten Atomwaffensperrvertrags diskutiert, den der ehemalige Verteidigungsminister für Deutschland vehement ablehnt, gehört ebenso zu den Empfängern des Aufsatzes wie Hans Speidel, der ehemalige Oberbefehlshaber der alliierten Landstreitkräfte in Mitteleuropa bei der Nato. Unseld, der sich ein Buch von Kissinger erhofft, erhält offenbar keinen Separatdruck.

Für den «Merkur» ist das eine Gelegenheit, an die alte Verbindung aus den frühen Fünfzigern anzuknüpfen. Hans Paeschke möchte eine deutsche Übersetzung bringen. Er wendet sich Anfang Januar 1970 an Kissinger und lobt dessen Studie als «hervorragend», weil sie aufzeige, «daß Bismarcks politisches Denken dem [sic] ‹sacro egoismo› des Nationalisten mit Selbstdisziplin zu verbinden wußte. Das ist für einen deutschen Politiker sehr selten. Heute könnten unsere deutschen Politiker beider Parteien von ihm lernen, die Sozialdemokraten das Pragmatische, die Christdemokraten die Selbstdisziplin.»[14] Kissinger interessiert eher die unmittelbare Anwendungsmöglichkeit in seinem Wirkungsbereich. Als er die Anfrage vom «Merkur» erhält, ist er längst kein Theoretiker mehr, sondern tief in die Politik mit ihren Kompromissen, Geheimverhandlungen und journalistischen Sonderverbindungen verstrickt.

«Der weiße Revolutionär. Gedanken über Bismarck» wird, über zwei Hefte verteilt, ein Jahr später im «Merkur» veröffentlicht. Paeschke kontrastiert den staatstragenden Bismarck-Aufsatz von Nixons Vietnam-Unterhändler Kissinger in einem der folgenden Hefte bewusst mit einem Text von Kissingers ehemaligem Kollegen und jetzigem Widersacher Daniel Ellsberg, der in den «Pentagon Papers» die gescheiterte Vietnam-Politik aller amerikanischen Regierungen bloßgestellt hatte. Ellsbergs Artikel erscheint mit einer Anspielung auf Che Guevara unter dem Titel: «Nixons ‹zwei, drei … viele Vietnams›».[15]

Der «weiße Revolutionär» bietet eine eher konventionelle Sicht auf Bismarck nach der bewährten Maßgabe, dass Große Männer besonders groß Geschichte machen. Gleichzeitig lesen sich die Gedanken über Bismarck streckenweise wie die Überlegungen eines Mannes, der darauf brennt, die Welt mit seinen heroischen Anstrengungen zu verblüffen, und dabei einen ersten Einblick in seine Pläne gewährt. «Ein Revolutionär muß zumindest zwei Eigenschaften besitzen: eine Konzeption, die mit der bestehenden Ordnung nicht zu vereinbaren ist, und den festen Willen, sie unter allen Umständen zu verwirklichen.»[16] Dazu war Kissinger fest entschlossen. Die bestehende Ordnung musste kein Hindernis sein.

Die bestehende Ordnung, das ist die amerikanische Verfassung, die als Voraussetzung für das Präsidentenamt verlangt, dass der Bewerber in den Vereinigten Staaten geboren ist. Kissinger ist in Fürth geboren, und dass er Jude ist, hätte seine Wahlchancen nicht unbedingt erhöht. Er braucht daher andere, und zwar einen Mann, der nicht bloß durchsetzungsstark ist, sondern sich zugleich von seiner, Kissingers, «Konzeption» überzeugen lässt und bereit ist, ihr unter seiner, wiederum Kissingers, Anleitung zu folgen. Er hatte den Mann bereits gefunden, seinen Förderer Nelson Rockefeller, einen liberalen Republikaner. Kissinger half ihm mit Memoranden, Strategieplänen und gelegentlichen Interviews. Den Konkurrenten Nixon hatte er als für das Amt des Präsidenten völlig ungeeignet erklärt,[17] stellte sich ihm aber nach dessen Wahlsieg im Herbst 1968 sofort zur Verfügung. Die Gelegenheit war einfach zu günstig, um sie nicht zu nutzen: Nixon ist der fünfte Präsident, für den er arbeitet, und mit ihm gelangt Kissinger endlich an eine richtige Schaltstelle. Wenige Monate nach Erscheinen des Bismarck-Porträts ist Kissinger Weltpolitiker mit Bismarck'schem Gestaltungswillen. Sein Aufgabenbereich ist als Nationaler Sicherheitsberater bezeichnet und nicht genau definiert, aber am besten mit dem Witz beschrieben, der bald kursiert: Was passiert, wenn Henry Kissinger zurücktritt? Dann wird Nixon Präsident.

Das Porträt Bismarcks, der als Kanzler das politische Regiment im Kaiserreich und davor in Preußen führte, nimmt diese machtvolle Rolle vorweg: «Wenige Staatsmänner haben die Geschichte der Gesellschaft, der sie angehören, so tiefgreifend verändert wie Bismarck.»[18] Das ist, was den Reichskanzler betrifft, sicherlich nicht falsch, vor allem aber ist es das, was Kissinger an dieser «elementaren, vielleicht sogar dämonischen Persönlichkeit»[19] so fasziniert, die Möglichkeit zu revolutionären Veränderungen: «Mit wenigen groben Hieben fegte Bismarck die Dilemmata beiseite, die das deutsche Streben nach Einheit behindert hatten. Nebenbei gab er der Landkarte Europas und den Beziehungen der Staaten untereinander eine völlig neue Gestalt.»[20]

Bismarck – und vor ihm vielleicht Metternich beim Wiener Kongress – gebot über solche Möglichkeiten, aber schon der amerikanische Präsident Woodrow Wilson, mit dem sich Kissinger in Harvard eingehend beschäftigt hatte, war mit seinem Plan gescheitert, Europa nach Kriegsende 1918 mit einer neuen Landkarte zu einem dauerhaften Frieden zu verhelfen. Auch für die nächstfolgende Nachkriegspolitik blieben nach den Vereinbarungen von Jalta wenig Gestaltungsmöglichkeiten. Um die gegenseitige atomare Vernichtung zu verhindern, ging es bis 1989 nicht um eine neue Landkarte, sondern um die Bewahrung des Status quo. Für die Entkolonialisierung, die 1947 mit der Unabhängigkeit Indiens und Pakistans begonnen hatte, hat sich Kissinger nie interessiert; seine Welt blieb durch die Ost-West-Konfrontation bestimmt.

Bismarck stellte 1847 bei seiner Jungfernrede im «Vereinigten Landtag» Preußens die Machtfrage über den Patriotismus. Bei der Schilderung dieses Auftritts kann Kissinger seine Bewunderung kaum unterdrücken. Der konservative Revolutionär Bismarck erscheint als jemand, der von seiner Überlegenheit so überzeugt ist, dass alle anderen sich seinem Willen zu unterwerfen haben: «Die Tatsache, daß Bismarck nachdrücklich darauf bestand, seinen eigenen Willen mit dem Sinn des Geschehens zu identifizieren, sollte stets ein Kennzeichen für seinen revolutionären Charakter bleiben.»[21] Das ist Geschichte, wie sie in vordemokratischen Zeiten gemacht wird, Herrschaft statt Teilhabe.

Gleichzeitig deutet Kissinger in seinem Aufsatz einen Wandel in seinem bis dahin zutiefst antikommunistischen Weltbild an. Bisher war es für ihn darum gegangen, dem Gegner zuvorzukommen und ihm rechtzeitig eins zu verpassen, die nukleare Option nicht ausgeschlossen. Der werdende Unterhändler Kissinger sieht die Chance für die Zukunft in einer entideologisierten Diplomatie, ist also schon viel weiter in der Realpolitik fortgeschritten, als er es seinem deutschen Gegenüber Egon Bahr zugestehen würde. Bahr hatte 1963 in der Evangelischen Akademie in Tutzing eine selbstständige westdeutsche Außenpolitik mit dem Ziel «Wandel durch Annäherung» angekündigt – Annäherung an die ansonsten vorzugsweise in Anführungsstrichen gesetzte DDR, was weder John F. Kennedy noch Lyndon B. Johnson gefiel und Kissinger schon gar nicht. Jetzt ist er es, der unter Berufung auf Bismarck eine Abkehr von der rationalistischen und die Wende zu einer empiristischen Politik empfiehlt, oder in der gehobenen Sprache des Politikers: dass die «Außenpolitik nicht irgendwelchen Sympathien folgen dürfe, sondern Kräfteverhältnisse abzuschätzen habe».[22] Der neue Präsident Nixon wird ihm bei dieser Realpolitik ebenso folgen wie bei der bei Bismarck bestaunten und bewunderten «amoralischen Flexibilität».[23]

Die Suhrkamp-Autoren und mit ihnen ihr Verleger haben in diesem Jahr 1968 einen vollkommen anderen Revolutionsbegriff. Das Wettrennen, wer sich am radikalsten äußert, ist noch nicht entschieden. Weil ein anderer Text ausgefallen war, entscheidet der Herausgeber Enzensberger kampf- und streitlustig, die elfte Ausgabe des «Kursbuchs» zum Thema «Revolution in Lateinamerika» mit einem Nachruf von Peter Weiss auf Che Guevara zu eröffnen – «ich habe mich, bis zu einem gewissen grad, von weißens unvernunft bekehren lassen», gibt Enzensberger in einem unter den Ahornbäumen der Wesleyan University in Middletown geschriebenen Brief an den Redakteur Karl

Markus Michel zu.[24] Der Nachruf, mehr eine Totenklage, war zuerst in der schwedischen Zeitung «Dagens Nyheter» erschienen, als «Andreas Thalmayr» übersetzt ihn Enzensberger selber ins Deutsche. Che Guevara, das ist die Botschaft aus Stockholm und aus Middletown, hat sich geopfert: «Er zeigte mit seinem eigenen Leib: Wenn ihr andern es nicht tut, dann tue ich es.» Er tat es und demonstrierte damit: «Das einzig Richtige ist, ein Gewehr zu nehmen und zu kämpfen.» Auch wenn da rhetorisch mördermäßig getönt wird – «Nur die Gewalt kann helfen» –, wird weder Weiss noch Enzensberger eine Pistole anfassen.[25] Noch ist alles Literatur. Drei Jahre später ruft die RAF zum bewaffneten Kampf auf und will in der Nachfolge Che Guevaras dem Volk mit dem Gewehr in der Hand dienen.

In seinem Engagement für Vietnam wird Peter Weiss sogar noch weiter gehen als Martin Walser. Vietnam ist der Erregungsanlass für eine Linke, die von der Regierung nichts mehr erwartet, erst recht nicht, seit sich in der Großen Koalition Union und SPD zusammengetan hatten, um mit den Notstandsgesetzen das Grundgesetz zu ändern. Bei der Bundestagswahl 1965 mag Unseld so wenig wie Enzensberger und Walser die SPD unterstützen. Die Deutsche Friedens-Union (DFU), eine linke Splitterpartei, die unter Verdacht steht, von der DDR unterwandert zu sein, erscheint Unseld «immer noch die einzige Alternative», allerdings mit der Einschränkung, dass man sie zwar wählen, sich aber «nicht öffentlich zu ihr bekennen» könne, wie er Weiss am 10. September 1965 bekennt.[26] Um den muss er bangen, nachdem Weiss wenige Tage zuvor im «Neuen Deutschland» ein Glaubensbekenntnis abgelegt hatte (der heute leider vergessene Schriftsteller Helmut Salzinger schrieb einmal, Weiss habe «ein nicht zu unterdrückendes Bedürfnis, sich zu etwas zu bekennen»[27]): «Die Richtlinien des Sozialismus enthalten für mich die gültige Wahrheit. (...) Zwischen den beiden Wahlmöglichkeiten, die mir heute bleiben, sehe ich nur in der sozialistischen Gesellschaftsordnung die Möglichkeit zur

Beseitigung der bestehenden Mißverhältnisse in der Welt.»[28] Unseld, der sich Weiss nicht zuletzt durch die gemeinsame Begeisterung für Hesses «Glasperlenspiel» verbunden fühlt, versucht, seinen Autor vom Beton-Sozialismus weg und zurück auf den rechten Weg zu führen, wenn er ihm am 6. September schreibt: «Ich sehe wenig Sinn darin, sich im Wort politisch zu engagieren, ohne daß die Tat oder eine konkrete Haltung folgt. Sache des Schriftstellers ist aber letztlich das Schreiben und nicht das Handeln.»[29]

Im Jahr darauf, bei der Tagung der Gruppe 47 in Princeton, verabschiedet sich Weiss mit der Ankündigung «I Come out of my Hiding Place» von einem surrealistisch reinen, also politikfreien Literaturverständnis und entschließt sich, nicht mehr seine Verzweiflung vorzuführen, sondern sein Schreiben in den Dienst wichtigerer Anliegen zu stellen. Nach seinem Vortrag beteiligt er sich an einem Sit-in gegen den Vietnamkrieg. Die anderen Suhrkamp-Autoren konnten nur schauen, wie schnell er ihnen damit davonstürmte.

Unseld ist auf seine Art ebenfalls vom Thema Vietnam ergriffen. Selbstverständlich zieht er nicht mit den Demonstranten durch die Straßen Frankfurts, aber er folgt seinen Autoren, die ein immer größeres Publikum finden. Weiss' Stück «Marat / Sade» war von 1964 an weltweit ein Theatererfolg gewesen, das nächste, das Auschwitz-Oratorium «Die Ermittlung», hatte 1965 an vierzehn Bühnen in der BRD und der DDR gleichzeitig Premiere. Der immer weiter eskalierende Vietnamkrieg bestimmt nicht zuletzt wegen der Proteste die Nachrichten. Selbst Hermetiker wie Theodor W. Adorno und Peter Szondi sind gezwungen, darauf zu reagieren, und sei es, um sich gegen den Einfluss zu stemmen, den Herbert Marcuse bei der studierenden Jugend gewinnt. Während Max Horkheimer im Mai 1967 bei der Eröffnung der Deutsch-Amerikanischen Freundschaftswoche behauptet, die USA führten den Krieg zur «Verteidigung der Menschenrechte», und die Demonstranten daran erinnert, dass sie nicht demonstrieren könnten, «wenn Amerika nicht eingegriffen hätte und Deutschland und Europa vor dem furchtbarsten totalitären Terror schließlich gerettet» hätte,[30] wird Marcuse mit Verweis auf die «Ausgebeuteten und Verfolgten» zum Herold der Revolution. Die Kritische Theorie, der Horkheimer wie er folgen, will «jenen die Treue halten, die ohne Hoffnung ihr Leben der Großen Weigerung hingegeben haben und hingeben», wie Marcuse in seinem Hauptwerk «Der eindimensionale Mensch» verkündet. Und er schließt mit einem Satz, den Walter Benjamin, der Säulenheilige nicht nur der Frankfurter Schule, sondern inzwischen auch des Suhrkamp Verlags, der Nachwelt hinterlassen hat: «Nur um der Hoffnungslosen willen ist uns die Hoffnung gegeben.»[31]

Als Verleger sieht Unseld die kommerziellen Möglichkeiten, die der innerhalb und außerhalb des Verlages diskutierte Vietnamkrieg bietet, und drängt seinen Autor deshalb, sich nicht durch den «Lusitanischen Popanz», Weiss' Auseinandersetzung mit der portugiesischen Kolonialpolitik, ablenken zu lassen, sondern sich auf das geplante Vietnam-Stück zu konzentrieren.[32] Um des Materials Herr zu werden, engagiert Weiss als Mitarbeiter Jürgen Horlemann vom Sozialistischen Studentenbund (SDS), der zusammen mit Peter Gäng in der edition suhrkamp bereits den Band «Vietnam – Genesis eines Konflikts» herausgebracht hatte.

«Ich habe den Eindruck, es bahnt sich in Vietnam eine Wendung an», schreibt Unseld Anfang Februar 1967 leicht nervös an Weiss. «Es wäre doch sehr gut, wenn das Stück bald auf die Bühne käme.»[33] Als ihm Weiss dann die ersten Akte schickt, ist er einigermaßen entsetzt, bangt «um die Wirkung des Ganzen»[34] und hält das Stück in der vorliegenden Form nicht für aufführbar. «Marat / Sade» war in der Inszenierung von Peter Brook sogar am Broadway gelaufen und, anders als Frischs «Andorra», mit hundertfünfundvierzig Aufführungen ein sensationeller Erfolg gewesen. In Zusammenarbeit mit dem Lektor Karlheinz Braun entsteht für das neue Stück eine theatergerechte Version, die aber immer noch vier Stunden Geschichtslehrstunde bietet.

Nur wenige Wochen nach dem Berliner Vietnamkongress, an dem neben dem italienischen Verleger Giangiacomo Feltrinelli auch Erich Wulff und Peter Weiss teilgenommen hatten, feiert in Frankfurt am 20. März 1968 der «Viet Nam Diskurs» Premiere, vom Autor Weiss gedacht als «Beispiel für die Notwendigkeit des bewaffneten Kampfes der Unterdrückten gegen ihre Unterdrücker sowie über die Versuche der Vereinigten Staaten von Amerika die Grundlagen der Revolution zu vernichten». Erst zehn Jahre waren vergangen, seit Bundespräsident Theodor Heuss den klassizistischen Suhrkamp-Autor Rudolf Alexander Schröder zu dessen achtzigstem Geburtstag mit einer Rundfunkansprache gehrt hatte. Jetzt bildet Suhrkamp die Speerspitze der Revolution.

Inspiriert vom Straßentheater und auch schon von den theatralischen Vorgängen auf den Straßen, erzählt Weiss in seinem «Diskurs» eine zweieinhalbtausend Jahre lange Geschichte Vietnams als Geschichte von Ausbeutung und Unterdrückung, die in der Gegenwart mit Bomben und Napalm fortgesetzt wird. Karlheinz Braun formuliert für die Buchausgabe einen Begleittext, der keine Zweifel an der Tendenz lässt: «Das Stück nimmt Partei für die Unterdrückten, es zeigt die Ursachen, die Vorgeschichte und den Verlauf des Befreiungskrieges, der nicht mit einem Frieden enden kann, wie ihn sich die Aggressoren wünschen.»[35]

Zur Premiere in den Städtischen Bühnen erscheinen hundertfünfzig in- und ausländische Kritiker, doch sind sie vom künstlerischen Wert des Stücks nicht zu überzeugen. Für den Kritiker Botho Strauß ist der «Viet Nam Diskurs» dennoch «eines der spektakulärsten Theaterereignisse der Saison», denn «unser politisches Interesse hat sich von seiner verbohrten aufarbeitenden Rückwärts-Orientierung an spezifische deutsche

Geschichtsdaten, an Auschwitz, den 20. Juli, den 17. Juni, die ‹deutsche Teilung›, weitgehend losgesagt».[36] Zum spektakulären Ereignis wird der «Viet Nam Diskurs» aber vor allem dadurch, dass sich bei jeder Aufführung Demonstranten ins Theater drängen, «Ho-Ho-Ho-Chi-Minh!» skandieren und das steife Dokumentarstück damit zu der hochaktuellen politischen Veranstaltung machen, die sich der Autor auch gewünscht hatte. Nach der Premiere diskutieren von der Bühne aus Peter Weiss und Jürgen Habermas mit dem Publikum. Unter den Zuschauern wird Geld gesammelt, damit der Vietcong sich Waffen kaufen kann. Als der Regisseur Peter Stein, der den «Diskurs» anschließend an den Münchner Kammerspielen inszeniert, ebenfalls den Hut herumgehen lässt, wird er vom dortigen Intendanten August Everding gefeuert und berühmt.

Vietnam bleibt in der ganzen westlichen Welt das beherrschende Thema. Doch 1968 ist auch das Jahr, in dem in der Bundesrepublik die Notstandsgesetze verabschiedet werden und die Intellektuellen die Machtfrage stellen, nur um mit großem Aufwand daran zu scheitern. Es gelingt die Verbrüderung mit den Gewerkschaften, was aber trotz eines Sternmarschs auf Bonn die Verabschiedung der Gesetze nicht verhindert. Am Aktionskomitee «Demokratie im Notstand» beteiligen sich neben Walser und Enzensberger auch Böll, Augstein und Unseld. Adorno ist ebenfalls dabei und stellt sich nach seinem Statement tot, um nicht, wie Alexander Kluge mutmaßt, die Erklärungen der anderen anhören zu müssen. Er soll für Suhrkamp ein Buch über Kälte schreiben, «das von denen, die sich gerade aufgewärmt zu haben glauben, gelesen wird».[37]

Nicht dabei ist Weiss, der sich zu diesem Zeitpunkt nur mehr für Vietnam interessiert. Mit seiner Frau Gunilla reist er über Paris nach Hanoi. Noch vorher bringt er einen «Bericht über die Angriffe der US-Luftwaffe und -Marine gegen die demokratische Republik Viet Nam» heraus, allerdings zum Ärger Unselds nicht bei Suhrkamp, sondern in der Edition Voltaire von Bernward Vesper. Die amerikanischen Luftangriffe tragen für Weiss «einen Vernichtungscharakter. Sie sind, ihrem Ausmaß und ihren Absichten nach, als Genocide-Aktionen zu bezeichnen.»[38] Was ihm ebenfalls wichtig ist: «Die Angriffe der US-Luftwaffe und -Marine richten sich gegen die Errungenschaften des Sozialismus.»[39] Im August 1968 drängt er Unseld, möglichst noch zur Buchmesse Ende September seine Aufzeichnungen über diese Reise herauszubringen, die dann unter dem Titel «Notizen zum kulturellen Leben der Demokratischen Republik Viet Nam» im November tatsächlich erscheinen. «Zahlreiche Begegnungen und Gespräche» liefern ihm die Erklärung dafür, «warum der Angriff der imperialistischen Technokratie, der Reichen Welt, an diesem kleinen Agrarstaat, dem Repräsentanten der Armen Welt, scheitern muß».[40] So illusionär das 1968 klingt, der Sozialist Weiss wird recht behalten.

«Die Amerikaner sind unsere engsten Verbündeten, unsere engsten politischen Freunde», hatte Walser im Vorjahr erklärt und daraus gefolgert: «Sie führen diesen Krieg auch in unserem Namen.»[41] 1968 ist noch nicht bekannt, dass die Bombenangriffe auch von US-Stützpunkten in Deutschland aus koordiniert werden. Das wird noch Weiterungen haben.

Vietnam erfasst den Suhrkamp Verlag und dessen Autoren manchmal auch ganz manifest: Bei einer Demonstration in Berlin im Dezember 1966 werden als Zaungäste Alexander Kluge und dessen Schwester Karin festgenommen, der Religionswissenschaftler Jacob Taubes wird von der Polizei geprügelt. Taubes gehört wie die Suhrkamp-Autoren Hans Blumenberg, Hans Robert Jauß und Peter Szondi zur geisteswissenschaftlichen Forschergruppe «Poetik und Hermeneutik». Er beschwert sich beim Regierenden Bürgermeister und bezeichnet das Vorgehen der Polizei als «brutal und provokativ», es wecke «allzu böse Erinnerungen».[42] Die «Bild»-Zeitung schlägt den hermeneutischen Zirkel: «Polizeihiebe auf Krawallköpfe, um den möglicherweise doch vorhandenen Grips locker zu machen, sind brutal.»[43] Blumenberg wird sich später über Taubes lustig machen: «Mir jedenfalls zeigte er den blauangelaufenen Bluterguß am linken Arm, den ihm auf dem Kurfürstendamm der Griff eines Polizisten beigebracht hatte. Er war nur stehenbleibenwollender Zuschauer einer Demonstration gewesen – und nun doch noch gezeichneter Aspirant aufs Martyrium. Er strahlte mich an. Meine Bewunderung blieb aus.»[44]

Adorno äußert sich anders. Aus Sicht dieses Pessimisten haben die Studenten und die Intellektuellen insgesamt für die Reaktion «die Rolle der Juden übernommen».[45] Gegen die Unterstützung durch Deutschland, insbesondere aus der «Frontstadt» Berlin, wendet sich ein Flugblatt der Kommune I mit der Überschrift «Wann brennen die Berliner Kaufhäuser?» Anlass war die sensationalistische Berichterstattung über den Brand des Brüsseler Kaufhauses «L'Innovation», bei dem über zweihundert Menschen gestorben waren. «Unsere belgischen Freunde», heißt es, «haben endlich den Dreh heraus, die Bevölkerung am lustigen Treiben in Vietnam wirklich zu beteiligen: sie zünden ein Kaufhaus an, zweihundert saturierte Bürger beenden ihr aufregendes Leben und Brüssel wird Hanoi. Keiner von uns braucht mehr Tränen über das arme vietnamesische Volk bei der Frühstückszeitung zu vergießen.»[46]

Für Taubes, der mit den Studenten sympathisiert, ist das Flugblatt lupenreiner Surrealismus, für Szondi, der es ebenfalls zur Begutachtung bekommt, eine «satirische Unterstellung, mit der die Befürworter der amerikanischen Kriegsführung bloßgestellt werden sollen».[47] «Unsere Gutachten», verteidigt sich Szondi, der als Kind nach Bergen-Belsen verschleppt worden war, «sind nicht Verteidigungsschriften für diese Leute, sondern Anklageschriften gegen eine kleinbürgerliche und politisierte Justiz (...). Hier wäre das Zusehen entwürdigend.»[48]

Die Gutachten hatte Horst Mahler bestellt, Verteidiger der wegen dieses und weiterer Flugblätter angeklagten Kommunarden Fritz Teufel und Rainer Langhans. Auch im Prozess gegen

Andreas Baader und Gudrun Ensslin sowie zwei Mittäter, die am 2. April 1968 Brandsätze in zwei Frankfurter Kaufhäuser legen und damit die satirische Aufforderung wörtlich nehmen, bemüht der Verteidiger Mahler die Literatur. Vor Gericht entwirft er im Oktober 1968 ein großes politisches und gesellschaftskritisches Begründungspanorama, das Frischs «Biedermann und die Brandstifter» ebenso wie Hesses «Steppenwolf» einschließt und in der Aufforderung an die Richter gipfelt, die Roben auszuziehen und sich dem Kampf der Gesinnungsethiker auf der Anklagebank anzuschließen.

Vor Gericht tritt auch Bernward Vesper auf, der ehemalige Verlobte Gudrun Ensslins, jetzt als Verleger der Voltaire-Flugschriften unmittelbarer Konkurrent von Suhrkamp. Er hält ein einstündiges Plädoyer, in dem er nicht nur die Brandstiftung als «Fanal gegen den Krieg in Vietnam» interpretiert, sondern die Angeklagte Ensslin historisch und literarisch einordnet: «Einer Generation, die den Krieg erlebte, kann man allerdings nicht weismachen, daß Napalm frei macht.» Als Angehörige des Jahrgangs 1940 gehört Ensslin zu einer Generation, die, wie Kissinger später in seinen Memoiren formulieren wird, «von Skeptikern, Relativisten und Psychiatern erzogen»[49] wurde. In ihrem Fall gehört zu den Erziehern auch Peter Weiss, der, wie Vesper dem Gericht erläutert, für Ensslin der einzige maßgebliche Schriftsteller geworden sei, weil er den Weg von Hesse zum Sozialismus gefunden habe: «Was sich im Leben von Gudrun E. vollzog, war das gleiche, wenn auch auf einer andren Stufe der Kreativität, wie im Leben von Peter Weiss, dem einzigen Autor, der bei ihr zählte, und zwar, weil es ihm gelungen war, aus den Problemen der frühen Subjektivität herauszukommen und sie und sich gesellschaftlich zu begreifen.»[50]

Hermann Hesse, Max Frisch, Peter Weiss, dazu die Professoren Taubes und Szondi – vermutlich kam nie wieder so viel Suhrkamp-Kultur im Gerichtssaal zusammen. Der Richter mag den Angeklagten nicht absprechen, dass es moralische Überlegungen waren, die sie zur Tat drängten, sie werden dennoch zu drei Jahren Haft verurteilt.

Im neuen «Kursbuch», das im November 1968 erscheint, fordert Enzensberger die «politische Alphabetisierung» Deutschlands, wofür er die Reportagen Günter Wallraffs, die Kolumnen Ulrike Meinhofs in der Zeitschrift «konkret» und Wulffs Vietnam-Buch empfiehlt. Voraussetzung wäre allerdings die «Alphabetisierung der Alphabetisierer», jener Klasse von Autoren also, die bisher «auf Kunst aus war». Sollte sich das ändern, könnte das für den Alphabetisierer die erfreuliche Folge haben, dass der «Gebrauchswert seiner Arbeit ihrem Marktwert über den Kopf wächst».[51]

Mit dem Nutzen von Literatur hält sich Karl Markus Michel gar nicht lange auf, sondern windet ihr einen Kranz und fragt frech: «Wozu Dichter?»[52] Als Walter Boehlich zu allem Überfluss in einem dem Heft beigelegten «Kursbogen» ein «Autodafé» veranstaltet, in dem er rhapsodierend der bürgerlichen Literaturkritik den Abschied gibt («Sie ist gestorben an sich selbst, gestorben mit der bürgerlichen Welt, zu der sie gehört hat, gestorben mit der bürgerlichen Literatur, die sie schulterklopfend begleitet hat, gestorben mit der bürgerlichen Ästhetik, auf die sie ihre Regeln gegründet hat …»[53]), glaubt Siegfried Unseld, dass seine Lektoren und einer seiner prominenten Autoren in einer Auflage von fünfzigtausend Stück den Tod der Literatur und damit vor allem den der Suhrkamp-Literatur verkündet hätten.

Doch auch wenn Enzensberger am Wert der Literatur zweifelt, erscheinen in Enzensberger'scher Dialektik im selben «Kursbuch» Gedichte und Prosa von Ingeborg Bachmann, Samuel Beckett, Daniil Charms, Julio Cortázar und Lars Gustafsson. Noch ein anderer Dichter debütiert in dieser Ausgabe: Mao Tse-tung mit dem bisher unveröffentlichten Poem «Beim Besuch des Ching-Kang-Berges geschrieben». Im dazugehörigen Dossier ein weiteres Gedicht Maos, das der Sinologe Joachim Schickel als «lyrisches Manifest der Rotgardisten» bezeichnet. Es klingt so martialisch, wie die von Mao entfachte chinesische Kulturrevolution mit ihren vermeintlichen Gegnern umging: «Vier Meere aufgebäumt, Wolken und Wasser zornig, / fünf Erdteile bebend, Wind und Donner entfacht. / Müßt sie auskehrn, allesamt, die üblen Insekten: Nirgend sonst Feinde.»[54] Üble Insekten.

Siegfried Unseld aber hält sich an die Literatur. In diesem Annus mirabilis 1968, mitten in der von der Weltgeschichte forcierten allgemeinen Politisierung, in der die Literatur nichts mehr gelten soll, probiert er es mit Selbstgeschriebenem. Der Text handelt von einem unfreiwilligen Winterabenteuer Unselds, für den Skifahren «das Drittschönste auf der Welt» ist. «Schwere erdgebundene Menschen verwandeln sich in leichte, schwingende, schwebende, zarte, schlanke Wesen, sie sind nicht mehr von der Erde angezogen, sondern schweben, gleiten, schwingen, fliegen über ihr, losgelöst von Erdbedingtheiten, nichts zieht zurück, ein Träumen nach vorne in fließender Bewegung.»[55]

An einem späten Januarnachmittag unternimmt der Erzähler am Arlberg eine letzte Abfahrt. Er gerät in einen Schneesturm, verliert die Orientierung, «der Sturm peitscht die Schneeflocken wie Hagelkörner in sein Gesicht», er versinkt im Schneestaub, es droht der Lawinentod. «Der Mann unserer Geschichte steht also allein da», muss der Erzähler dieser Geschichte feststellen, aber er hat wenigstens seine Autoren: «Er denkt an Max Frisch, dessen Figuren und Vorstellungen ihm gegenwärtig sind. Er sieht sich in der Situation von Homo faber, von Stiller und Gantenbein; für die Umwelt bin ich gestorben, verschollen, vereist, ein Mal auch, wie bei Nossack.»[56]

Er denkt noch mehr, dieser Erzähler, sagt sich, dass er jetzt die Möglichkeit hätte auszusteigen, wie die Figuren bei Frisch die Identität zu wechseln, «mit 43 Jahren das Leben neu beginnen», aber das will er gar nicht, sondern einfach überleben. Der Mann dieser Geschichte will lieber Suhrkamp-Verleger bleiben und zitiert sich selber mit dem, was er antwortet, wenn man ihn danach fragt, was ein Verleger lernen sollte: «Panikresistenz und Simultankapazität.»[57]

Damit erreicht der Erzähler oder vielmehr Unseld eine rettende Hütte, bricht ein Fenster auf, kann drinnen ein Feuer machen, Tee kochen und sich aufwärmen. Er zündet Kerzen an. «Rilke, denkt er, strahlende Kerzenkunst»,[58] und denkt doch immer an seinen Verlag. Günter Eich wollte er auf dem Heimweg besuchen, Walser taucht als ebenfalls skibegeisterter «Martin» in seinen Gedanken ebenso auf wie «mein Prokurist» Walter Boehlich, verkürzelt als W. B., mit dem er eigentlich nach der Abfahrt telefonieren wollte.

Natürlich geht die Geschichte gut aus, sonst hätte der Erzähler sie ja nicht erzählen können. Bergretter finden ihn spätabends, im Hotel wird er begeistert von Frau und Kind begrüßt, es gibt Glühwein, Anekdoten machen die Runde, der Franzose, der sich verirrte und erst im Frühjahr tot geborgen wurde, Schaudern und große Freude.

Niemand fragt, was Adorno zu dieser «Schreibübung des Verlegers» gesagt hätte, ganz zu schweigen von Beckett. Es ist genau die Art «Konsumliteratur», von der sich der sehr junge Peter Handke abheben will, als er sich bei Unseld über die für ihn unverständigen Kritiker aufregt, die die «Romane eines Günter Grass zur literarischen Norm erheben wollen».[59] Es hat etwas Rührendes, wie Unseld mit seinem Schreibversuch als Autor zu seinen Autoren aufschließen will, die mit allen Wassern der Moderne gewaschen sind und mit dieser naiven Erzählung nichts anfangen können.

Unseld versendet sie als Privatdruck an die Freunde, die auch seine Autoren sind und von ihm gern als ehrenamtliche Lektoren eingesetzt werden. Der unbestechliche Uwe Johnson, der gerade mit dem Leben Gesine Cresspahls befasst ist, zeigt ihm in einem knappen Brief, wie turmhoch die Autoren wirklich über den Verlegern stehen. Literatur sei das nicht, schreibt er Unseld, trotz der dritten Person, in der die Geschichte erzählt wird, «schlägt gleichmässig durch, dass du in der beschriebenen Situation bist». Die Geschichte müsste sich in der Konkurrenz bewähren, meint er, in einer Zeitschrift vielleicht, auf dem freien Markt. «Leb wohl», verabschiedet er seinen Freund, «und geh schwimmen hinterher.»[60]

Die Bemerkung Johnsons ist besonders gemein, er weiß ja, dass Unseld jeden Tag schwimmen geht, und er weiß auch, warum. Unseld erzählt die Geschichte gern, wie er sich 1944 als Soldat am Schwarzen Meer nur mehr schwimmend hatte retten können. Bei gutwilliger Betrachtung handelt es sich bei dem Text um eine Retraumatisierung. Der Erzähler beschreibt, wie er neuerlich in Lebensgefahr geraten ist, aus der er sich ein weiteres Mal aus eigener Kraft befreien kann. So bestätigt diese Schneebedrängnis einmal mehr sein Lebensmotto, das er sich auch am Berg vorsagt: «du hast im Unglück das größtmögliche Glück.»[61]

Vorsichtshalber verlegt der Verleger das Kunststück nicht selber, sondern lässt es 1975 beim Kollegen Wolfgang Schaffler in einer Anthologie des Residenz Verlags erscheinen.[62]

Peter Michalzik charakterisiert Unseld in seiner Biographie als «Klassenkämpfer und Verfechter des Schweinesystems in Personalunion».[63] Ob Unseld 1965 wirklich die quasikommunistische DFU gewählt hat, weiß keiner, es gilt das Wahlgeheimnis. Die Tatsache, dass er seinem Freund Kissinger einmal meldet, seiner Frau sei der Porsche gestohlen worden, deutet auf gewisse Verlagsrevenuen und damit auf einen Wohlstand, von dem der Dichter sagt, dass sich nur darin angenehm leben lässt, was aber nicht unbedingt für revolutionäres Feuer sorgt.

Dafür lodert es im Programm zusehends. «Im Suhrkamp Verlag», so kann es der «Münchner Merkur» zu Recht schreiben, «entstand die literarische Munitionsfabrik der aktiven Linken und der außerparlamentarischen Opposition.»[64] Im Vorjahr war mit einer Startauflage von fünfzigtausend Exemplaren eine zwanzigbändige Werkausgabe von Bertolt Brecht erschienen. Wenige Jahre nach dem Boykott ist er der meistgespielte Autor in Westdeutschland geworden. Peter Handkes Sprechstück «Kaspar» wird als brandaktueller Kommentar zu den drohenden «Notstandsgesetzen» verstanden. In der edition suhrkamp erscheinen Aufsätze von Adorno, Marcuse und Habermas; die Wörter Revolution, Anarchie und Sozialismus grüßen von mehreren Umschlägen. Es erscheint allerdings auch ein Band von Dolf Sternberger mit dem Titel «Ich wünschte ein Bürger zu sein», mit dem Unseld den Autor, der der Jury für den Büchner-Preis angehört, zu bestechen versucht, damit sein Freund Walser den Preis erhält. Das gelingt aber nicht, Walser gilt bei der Deutschen Akademie für Sprache und Dichtung als Kommunist.[65]

Das Programm mag die Stichworte zur deutschen Kulturrevolution liefern, doch es verträgt sich überhaupt nicht mit der patriarchalischen Struktur des Hauses, bei dem sich der Chef vorbehält, jeden Vertrag persönlich zu unterschreiben, über Autoren und Bücher vornehmlich mit den Autoren seiner Generation spricht, die wie Enzensberger eine monatliche Pauschale für ihre Mitarbeit erhalten oder wie Johnson als Ehrenlektor arbeiten, während die angestellten Lektoren gehaltlich sehr knapp gehalten werden, weil das Renommee, für Suhrkamp zu arbeiten, als geldwerte Gratifikation betrachtet wird. Als die Verabschiedung der Notstandsgesetze näher rückt, treten die Lektoren in die Gewerkschaft ein, es wird ein Betriebsrat gewählt, der Verleger fühlt sich in seiner All- und Entscheidungsmacht langsam bedroht.[66]

Den Lektoren Walter Boehlich, Anneliese Botond, Karlheinz Braun, Günther Busch, Karl Markus Michel, Klaus Reichert, Hans-Dieter Teichmann, Peter Urban und Urs Widmer missfällt Unselds Verhalten auf der Frankfurter Buchmesse im September. Für ihre Begriffe macht er sich zum Büttel der Polizei, weil er mit der Messeleitung verhandelt, die Franz Josef Strauß gegen den Widerstand der Protestanten den Weg an den Stand des Seewald Verlags ermöglicht, bei dem er sein Buch «Herausforderung und Antwort» vorstellen will. Den Friedenspreis des Deutschen Buchhandels erhält in diesem Jahr Léopold Sédar Senghor, der nicht bloß Dichter ist, sondern auch der Präsident Senegals. 1960 hatte Enzensberger noch zwei Gedichte Senghors in sein «Museum der modernen Poesie» aufgenommen, in denen es nur so glitzert vor Exotismus: «Kongo, mein Weib mit wilden Schenkeln, mit langen Armen aus Seerosen, / köstliches Weib von Uzugu, öliger, unverfaulbarer Leib mit der Haut diamantener Nacht.»[67] Für die Protestierenden ist Senghor jedoch kein Dichter, sondern ein Knecht des französischen Kolonialregimes noch über die Unabhängigkeit seines Landes hinaus. Der Laudator, der Schweizer Literaturkritiker und Essayist François Bondy, bestätigt den Vorwurf, indem er Senghor nachrühmt, er sei kein «Verdammter dieser Erde» im Sinne Frantz Fanons, im Gegenteil: «Sie sind ein königlicher Präsident.»[68] Den rebellierenden Studenten ist er zu wenig afrikanisch, er setze den Kolonialismus nur fort. «Wir werden», verspricht ein Flugblatt, «der philosophierenden Charaktermaske des französischen Imperialismus, der mit Goethe im Kopf und dem Maschinengewehr in der Hand die ausgebeuteten Massen seines Volkes unterdrückt, den Weg in die Paulskirche versperren.»[69] Senghor empfängt den Preis unter Polizeischutz.

An einem Suhrkamp-Abend im Frankfurter Theater am Turm treten Günter Eich, Martin Walser und Erich Wulff auf und müssen sich einem Happening-Künstler geschlagen geben, Hans Imhoff, der Eichs Vortrag tänzelnd begleitet, aber den Unmut grölender SDS-Störer wie der geladenen Buchhändler auf sich zieht. Imhoff schreit: «Der Suhrkamp Verlag ist der beste! Es lohnt sich, ihn kaputtzumachen!»,[70] und wird dann gewaltsam von der Bühne gezogen. Der SDS-Vorsitzende KD Wolff schämte sich, «vielleicht zum ersten Mal, für meine Genossen».[71] Das kalte Büfett wird gestürmt, die Veranstaltung abgebrochen, und auch das wird Unseld angelastet, der nach dem Friedenspreis in den Urlaub nach Capri verschwunden ist.

Als Unseld aus dem Urlaub zurückkommt, legen ihm seine Mitarbeiter eine Lektoratsverfassung vor, die er als «Entmündigung» empfindet. Nicht mehr nur der Verleger, sondern eine Lektoratsversammlung, so der Plan, soll für alle Fragen der Programmgestaltung von der Honorierung der Autoren bis zur äußeren Gestalt der Bücher zuständig sein. Jeder Lektor soll neben dem Verlagsinhaber über eine Stimme verfügen. Der Satz «Bei Stimmengleichheit entscheidet die Stimme des Verlagsinhabers»[72] muss Unseld wie der reine Hohn vorkommen: Es ist doch sein Verlag, und jetzt soll er sich dem Mehrheitsvotum seiner Mitarbeiter unterwerfen.

Suhrkamp ist tatsächlich sein Verlag, er ist nicht bloß der (Mit-)Eigentümer, sondern er hat als programmverantwortlicher Verleger den Umsatz ohne Niveauverlust mehr als verzehnfacht. Karlheinz Braun hat jedoch ein bisschen nachgerechnet: Peter Suhrkamp hatte seinen designierten, aber vermögenslosen Nachfolger 1958 mit einem Darlehen von zehntausend Mark zum Kommanditisten gemacht. Diese Basiseinlage ermöglichte es ihm später, fünfzig Prozent des Verlags zu erwerben. Er erhöhte seine Einlage von zwanzigtausend (1959) auf zweihunderttausend (1963) und fünfhunderttausend (1968).[73] Offensichtlich konnte er, das verübeln ihm seine Mitarbeiter ebenfalls, mit einem sehr geringen Einsatz Millionär werden, und das auch deswegen, weil er seine Mitarbeiter kurzhielt.[74]

Anders als Unseld fürchtet, will ihm die Lektoratsversammlung keineswegs an sein Geld, sondern fordert mehr Mitsprache. Unseld jedoch will keine Diskussion und geht sofort zur Gegenwehr über. Die Feinde sind mitten im Verlag. Panikresistent wie nur je telefoniert er eifrig, spricht nicht mit den Lektoren, sondern wiegelt die Autoren auf, bestellt ein Rechtsgutachten und fährt zu Martin Walser, seinem vertrautesten Autor, und mit ihm zusammen weiter zu Max Frisch. Für den 14. Oktober 1968 lädt er die wichtigsten Autoren ein, bezahlt ihnen, soweit nötig, das Flugticket und konfrontiert die aufsässigen Lektoren mit Max Frisch, Uwe Johnson, Hans Erich Nossack, Günter Eich, Jürgen Becker und Martin Walser. Enzensberger war nicht eingeladen worden, aber trotzdem gekommen, neugierig auf das, was sich da an revolutionärer Zimmerschlacht abspielt. Unseld verübelt ihm das kommende «Kursbuch», er ist anders als Enzensberger und Michel weiter auf Kunst aus und glaubt die Literatur von den eigenen Leuten bedroht. Bei dem Treffen kommt er sich zugleich als «Angeklagter, Verteidiger und Verlagsanwalt» vor.[75]

Von der Versammlung, die rauchgeschwängert bis in die tiefe Nacht dauert, gibt es kein Tonbandprotokoll, nur verschiedene zu verschiedenen Zeiten entstandene Protokolle mit widerstreitenden Interessen. Unseld nimmt sich die einzelnen Punkte im Forderungskatalog seiner Mitarbeiter vor und hakt sie als undurchführbar ab. Die Lektoren seien darauf aus, den Verlag zu sozialisieren oder zu vergesellschaften, so hält er ihnen entgegen. Doch das ist ein Missverständnis, es ist nur Walser, der seine uneindeutige Stellungnahme mit einer Phantasie beendet, die Unseld erschreckt: «Das ist eine Entwicklung, an deren Ende dann natürlich die Sozialisierung des Suhrkamp Verlags stehen müsste.»[76]

Unseld ist entsprechend schockiert und trifft Gegenmaßnahmen. Bereits vor der Messe hatte er Johnson zusätzlich zur monatlichen Vorauszahlung von tausendfünfhundert Mark ein Darlehen von fünftausend Mark zugesichert. Seit je wabert das Gerücht, dass Unseld Walser etwas indezent an die Schulden erinnert habe, die ihm sein Hausbau eingetragen hat. Walser, der gerade in sein neues Anwesen in Nußdorf gezogen war, bestreitet, in dieser Situation Geld von Unseld bekommen zu haben.[77] Klaus Reichert erinnert sich aus jener Nacht besonders an eine Walser-Szene: «Er formulierte stehend einen Satz in unserem [der Lektoren] Sinne, schaute dabei auf Unselds Gesicht, dessen Mundwinkel nach unten verzogen waren, und formulierte so lange weiter, bis die Mundwinkel nach oben wiesen und die Stirn geglättet war».[78]

Jürgen Habermas, der erst kurz zuvor zum Verlag gefunden hatte, spricht das entscheidende Wort. Er hatte sich von Unseld die Bilanzen zeigen lassen und erfährt so beiläufig von der stillen Macht der Schweizer Miteigentümer. Er argumentiert, dass im Rahmen des Bestehenden, also in einer kapitalistischen Wirtschaftsordnung, der Fortbestand des «progressiven» Verlags nicht durch ein sozialistisches Experiment in Frage gestellt werden dürfe.[79] Für Habermas sind basisdemokratische Strukturen, wie sie die Lektoren offenbar anstreben, schon aus gesellschaftsrechtlichen Gründen «pure Illusion». «Wir Lektoren hatten verstanden», fasste Peter Urban später die Nachtsitzung zusammen: «unsere ‹gerechte Sache› war nicht gerecht, unser Versuch, innerhalb des Verlages mehr Demokratie zu wagen, war offensichtlich unvereinbar mit der freiheitlich-demokratischen Grundordnung (zumindest wurde er mehrheitlich so empfunden) und war – gar nicht einmal mit Aplomb – gescheitert; schweigend ging man auseinander. Ich erinnere mich deutlich an meine innere Regung damals: raus hier, nichts wie weg, nach Hause.»[80]

Im Vorder- wie Hintergrund steht das «Problem Boehlich». Der Cheflektor und Prokurist hat das Vertrauen der anderen Lektoren und ist dem Verleger zu mächtig. Boehlich seinerseits trägt seine Verachtung für den Kapitalisten Unseld offen zur Schau, er hält ihn, was die neuere Literatur, erst recht nichtdeutsche Autoren angeht, für inkompetent. In den neuneinhalb Jahren seit Peter Suhrkamps Tod hatte sich der Proust- und

Hofmannsthal-Leser Boehlich, der stets mit einer Fliege am Arbeitsplatz erscheint, in einen Revolutionär verwandelt. Er rechnet sich jetzt zu den «Literaturproduzenten» und erwartet, dass der Verlag auf der Höhe des inzwischen erreichten Reflexionsniveaus seiner Bücher geführt wird, also auch hier: Teilhabe oder Machtausübung. Dazu ist Unseld nicht bereit. Gegen den Willen der anderen Lektoren kann er Boehlich nicht loswerden, doch dieser kündigt selber, weil ihm eine Zusammenarbeit mit Unseld nicht mehr vorstellbar ist. Danach schreibt Boehlich an Ingeborg Bachmann, die ihrerseits gerade den Piper Verlag verlassen hatte und zu Suhrkamp gewechselt war: Es ging «um die unüberbrückbare Kluft zwischen der Ideologie unseres Verlagsprogramms und der Arbeitswirklichkeit des Verlages und [Unselds] Handeln».[81]

Doch es begibt sich tatsächlich so etwas wie ein Umsturz im Verlag, wenn auch nicht im Sinne der Lektoren. Um die Rebellion zu dämpfen, bietet Unseld drei Aufrührern ein zinsloses Darlehen an, insgesamt sechshunderttausend Mark. Mit dem Kapital sollen sie einen eigenen, sozialistisch verfassten Verlag aufmachen. Das Angebot wird zu Recht als Ablenkungsmanöver verstanden, denn ohne Autoren gäbe es für diesen Verlag auch kein Programm, mit dem das Geld für den laufenden Betrieb zu erwirtschaften wäre. Der Aufstand ist damit niedergeschlagen, die meisten Lektoren kündigen, Busch und Michel lassen sich mit dem Versprechen halten, dass ihnen mehr Autonomie für das von ihnen verantwortete Programm zugestanden wird.

Die Lektorin Anneliese Botond schickt Unseld einen Brief, der ihn so empört, dass er beschließt, nicht darauf zu reagieren. Botond schreibt: «Sie haben den Suhrkamp Verlag jung gemacht. Eines Tages wird sich dieses Verhältnis umkehren.» Sein Verhalten in den letzten Tagen sei als Bekenntnis zur Vergangenheit des Verlages «wie eine Absage an die Zukunft», was «im Widerspruch steht zu Ihren besten Taten».[82]

Der Aufstand, auch wenn er gescheitert ist, beschäftigt das literarische Deutschland über Monate. Beim «Spiegel», der über Autoren wie Enzensberger, Walser und Weiss mit Suhrkamp verbunden ist (Johnson hatte sich sogar einmal nach einer möglichen Anstellung in der Bonner Redaktion erkundigt), grummelt es ebenfalls. Auch er wird Opfer seiner eigenen Haltung, denn Rudolf Augstein hatte sich bewusst politische Redakteure ins Haus geholt, die dann überraschenderweise Mitbestimmung fordern. Sie wollten, schreiben sie in einem durchaus literarisch gemeinten Manifest, nicht mehr nur anonyme Schreibknechte in einer «Produktionskaserne» sein und beklagen die «Gewalt am geistigen Produkt journalistischer Arbeit, dessen Stellenwert sich nur nach seinem Unterhaltungsfaktor bemisst». Hohe Gehälter und angeblich optimale Arbeitsbedingungen «verschleiern dem ‹Spiegel›-Redakteur seinen unmündigen Status».[83]

In einem Kommentar spricht Rudolf Augstein selber vom «autoritär geführten und verkrusteten ‹Spiegel›»,[84] doch als eine Gruppe Aufrührer ein Vetorecht bei redaktionellen Personalentscheidungen fordert, wird er als Eigentümer autoritär. Er lässt seinen Chefredakteur Günter Gaus die Aufrührer rauswerfen und beendet den Aufstand, indem er den Mitarbeitern die Hälfte des «Spiegel» schenkt. Durch Augsteins Testament wird der Anteil noch um ein weiteres Prozent erhöht, was der Belegschaft bis heute die Mehrheit sichert.

Aus der Niederlage im Verlag entsteht ein neuer Verlag, der Verlag der Autoren. Der bisher für die lukrativen Theaterstücke der Suhrkamp-Autoren zuständige Lektor Karlheinz Braun kann mit einem zinslosen Darlehen in Höhe von fünfzigtausend Mark, das Walter Boehlich und dessen Bruder zur Verfügung stellen, neu und zum ersten Mal genossenschaftlich anfangen. Die Präambel für das Unternehmen lautet: «Der Verlag der Autoren gehört den Autoren des Verlags».[85] Peter Handke, Jochen

Ziem, Erika Runge, Wolfgang Deichsel und Martin Sperr wechseln sofort zu Braun, Martin Walser übernimmt dafür kommissarisch die Leitung des Theaterverlags bei Suhrkamp.

Um Peter Weiss davon abzuhalten, seine Aufführungsrechte ebenfalls an den Verlag der Autoren zu übertragen, der sich am 9. Februar 1969 konstituiert, fliegt Unseld nach Stockholm und bespricht mit seinem unberechenbaren Sozialisten dessen finanzielle Situation. Dem «Spiegel» gegenüber erklärt sich Unseld schon zum Sieger: «Daß das kein sozialistisches Modell ist, sieht man schon daran, daß Peter Weiss da nicht mitmacht.» Weiss äußert sich allerdings so verhalten («Ich habe mir das Bein gebrochen und konnte nicht zu Braun nach Frankfurt kommen»),[86] dass Unseld eine Presseerklärung von ihm verlangt, die dann wieder die gewohnte Weiss'sche Tonlage hält: «Die grosse Arbeit an der Veränderung der Gesellschaft ist mir wichtiger als die Politik der kleinen Schritte, der Kompromisse und Utopien im Verlagsgeschäft. (...) Da ich dazu nicht bereit bin, sondern meine Angriffe gegen den Kapitalismus und Imperialismus auf breitester Basis durchführen möchte, bleibe ich in dem Verlag, der mir bisher die Möglichkeit dazu gegeben hat.» Solange Unseld bereit sei, seine Bücher zu publizieren, und der Verlag seine «progressive Linie» einhalte, «sehe ich keinen Grund, mich nach anderen Publikationsmöglichkeiten umzusehen».[87]

Karl Heinz Bohrer war gerade Leiter des Literaturblatts der «Frankfurter Allgemeinen Zeitung» geworden, als sich Unseld, der eben den Aufstand der «selbstsichersten und intelligentesten Lektoren» überstanden hatte, bei ihm meldete. «Das würde ihm so leicht keiner nachmachen», schreibt Bohrer in seinen Memoiren voller Bewunderung. «Ihm verwandelte sich alles in Klassik und Gold.» So weit ist Suhrkamp, so weit ist auch Unseld 1968 noch nicht, aber so raumgreifend doch, dass er mit Bohrer sofort einen Pakt «für eine gewisse Hofberichterstattung» eingehen will. «Allein wie er das Wort ‹Autor› aussprach! Mit einer ins Raunen überwechselnden Stimme», erinnerte sich Bohrer, wobei ihm Unseld zunächst wie ein «gutaussehender Skifahrer» vorgekommen war.[88]

Der Suhrkamp Verlag gehört nicht den Autoren des Verlags, auch nicht den Lektoren, sondern Siegfried Unseld. Er mag Trost bei Hermann Hesse suchen und finden, er mag auch davon träumen, selber zu schreiben, er ist aber vor allem Geschäftsmann. In einem vergessenen Brief, den der Verleger Thedel von Wallmoden in einem Antiquariat entdeckte, wendet sich Unseld 1965 gegen die Idealisierung eines legendären, aber wenig erfolgreichen Verlegers, wie es Kurt Wolff gewesen war. Wolff hatte 1912 «Betrachtung» gedruckt, Franz Kafkas erstes Buch. Wolffs wiederholtes Scheitern habe zwar etwas «liebenswertes», man müsse aber auch sehen, «daß er zwar Autoren entdeckt, daß er aber keine [sic] dieser Autoren halten konnte und keinem Autor eine dauerhafte Heimstatt gegeben hat». Der unerhört erfolgreiche, vielfach glücksbegünstigte Unseld, dem es drei Jahre zuvor beinah gelungen wäre, nach Insel auch noch den S. Fischer Verlag zu erwerben, bei dem das Werk Kafkas verlegt wird, wirft Wolff in diesem Brief sogar vor, er habe vor der Literaturgeschichte versagt: «Was wäre aus der Entwicklung der deutschen Literatur geworden, wenn Kurt Wolff Kafka nicht als ersten veröffentlicht, sondern ihn wirklich über Jahrzehnte hin kontinuierlich gepflegt hätte!»[89] Als Jude musste Wolff 1933 emigrieren, 1941 war er in Sanary-sur-Mer, nahe Marseille, interniert, ehe er mit seiner Frau Helen nach New York entkam. Eine kontinuierliche Autorenpflege war da schwierig.

Unseld verehrt seine Autoren, für Weiss, für Johnson, für Walser, für Koeppen ist er bereit, alles zu tun oder doch fast alles. Die Lektoren haben sich in diesen Dienst zu stellen, also in seinen. Als Unseld 1963 Klaus Reichert als Lektor ins Haus holte, soll er ihm vorgehalten haben, dass er ja noch nicht promoviert sei. Als ehemaliger Soldat wollte Unseld es genau wissen: «Was ist mit Ihrem Militärdienst? Haben Sie verweigert?»[90]

Reichert hatte Unselds Zusage, das International Seminar

in Harvard besuchen zu dürfen, doch dann galt er plötzlich als unabkömmlich, weil er die kostspielige Neuübersetzung der Werke von James Joyce zu betreuen hat. Kissinger hatte Reichert bereits als Teilnehmer akzeptiert, da untersagt ihm Unseld die Reise. An Unseld schreibt Kissinger, dass er das zwar bedaure, aber verstehen könne, gegenüber Reichert zeigt er sich verblüfft über die Macht deutscher Verleger: «I did not know publishers had such power in Germany.»[91]

Unseld droht Reichert mit einer Klage für den Fall, dass er die Joyce-Ausgabe nicht weiterbetreut, der Lektor kündigt trotzdem. Am Ende einigen sie sich darauf, dass Reichert gegen ein monatliches Fixum die Ausgabe fortsetzt. «Aber ich war frei, konnte wieder atmen, plante hoffnungsfroh und ohne Geld mit Braun, Boehlich, Urban, Widmer und anderen Freunden den Verlag der Autoren, schrieb die Dissertation zu Ende und fuhr im Sommer '69 – zusammen mit Urs Widmer – zum Kissinger-Seminar nach Harvard.»[92]

Lunch im Weißen Haus

> «Es wird sich schon noch herausstellen, dass man Max Frisch zu manchen Leuten nicht mitnehmen darf. Der zeigt vor, was man ihm zuvor gezeigt hat.»[1]
>
> Uwe Johnson

Alle drei Hauptnachrichtensendungen übertragen die Ansprache, mit der Richard Nixon am 30. April 1970 bekannt macht, dass amerikanische Truppen von Südvietnam aus ins Nachbarland Kambodscha eingedrungen seien, das gleichzeitig aus der Luft bombardiert wird. Auf einer Landkarte zeigt er den Zuschauern, wie sie sich das Kriegsgebiet in Südostasien vorzustellen haben und in welcher Position vis-à-vis vom Feind sich die amerikanischen Soldaten befinden. Mit einem Pathos, das selbst dem Patrioten Kissinger zu viel wird, schwört Nixon die Amerikaner auf den Regierungskurs ein: «Wenn das mächtigste Land der Welt, die Vereinigten Staaten, wie ein jämmerlicher hilfloser Riese handelt, dann werden die Mächte des Totalitarismus und der Anarchie die freien Völker und freien Regierungen auf der ganzen Welt bedrohen.» Dann verbindet Nixon sein eigenes Schicksal mit dem seines Landes: «Ich möchte lieber nur während einer Amtszeit Präsident sein und tun, was ich für richtig halte, als zum zweiten Mal gewählt werden und dafür den Preis bezahlen müssen, daß Amerika zu einer zweitrangigen Macht wird und diese Nation zum ersten Mal in ihrer stolzen 190jährigen Geschichte eine Niederlage hinnehmen muß.»[2]

Im Wahlkampf 1968 hatte Nixon versprochen, den Krieg

in Vietnam zu beenden, jetzt weitet er ihn aus und lässt nach zwei Jahren auch Nordvietnam wieder bombardieren. Den amerikanischen Kongress, ohne dessen Zustimmung er keinen Krieg führen darf, hatte er übergangen, die Zeitungen reagieren empört. Eine Blitzumfrage des Gallup-Instituts, die sowohl Kissinger als auch Nixon später in ihren Memoiren zum Beweis für die Richtigkeit ihres Handelns anführen, bestätigt den Präsidenten und seine Politik, fast zwei Drittel der Befragten billigen den Vorstoß ins neutrale Kambodscha. Der Präsident appelliert an die *silent majority* und liegt damit genau richtig. Selbst als die Nationalgarde am 4. Mai 1970 auf dem Campus der Kent State University in Ohio vier unbewaffnete Studenten erschießt und die Demonstrationen gegen den Krieg und gegen die Regierungspolitik deshalb noch heftiger werden, lässt die Zustimmung nicht nach. Crosby, Stills, Nash & Young nehmen sofort den Song «Ohio» auf («Tin soldiers and Nixon coming / We are finally on our own»), der wegen der Erwähnung des Präsidenten im Radio nicht gespielt werden darf. Wenn sie miteinander telefonieren, das verraten die Jahrzehnte später freigeklagten Protokolle, versichern sich Kissinger und Nixon gegenseitig, dass ihnen die Demonstrationen letztlich sogar nützen würden. Unpopulär ist nicht der Präsident, unpopulär sind die Studenten. Als Nixon am Tag nach seiner Ansprache vor dem Pentagon erscheint, um sich über den Fortschritt der Invasion zu informieren, «umzingelten mich Leute, die mir zuklatschten und versuchten meine Hand zu schütteln». Den Demonstranten hält er vor, dass sie ihren «privilegierten Status in unserer Gesellschaft» dazu missbrauchten, Bombenanschläge zu unternehmen, Häuser in Brand zu stecken und ihre eigenen Universitäten zu tyrannisieren. Für ihn ist das «Lumpenpack». Wieder jubeln die Menschen.[3]

Für Kissinger ist das ein besonderer Generationenkonflikt. In seinen Memoiren wird er sich über die «Selbstgerechtigkeit und Brutalität» bei einem Teil der Vietnamkriegsgegner aufregen. Für ihn sind die Erzieher verantwortlich, genauer gesagt seine ehemaligen Kollegen an den Universitäten. Es sei «unsere Schuld, das Versagen der Väter und Lehrer, die jeder leeren Drohung nachgeben, resignieren, kapitulieren usw., statt zu vertreten, was sie als richtig erkennen, und Leitbilder zu geben», wird er bei ihrer Begegnung zu Siegfried Unseld und Max Frisch sagen.[4] Die Studenten würden «richtungslos in eine Welt hineingestoßen, von der sie Gewißheit ohne Opfer verlangten. Meine Generation hatte sie enttäuscht, sie zur Zügellosigkeit ermuntert und es versäumt, sie zu verwurzeln.»[5] Für Kissinger geht das nicht ohne Opfer, Opfer allerdings, die nicht er bringt, sondern überwiegend Vietnamesen, Kambodschaner, Laoten. Er und Nixon fühlen sich auf der richtigen Seite. Egal, was die Zeitungen schreiben, *we got the people*, «beim Volk haben wir gewonnen»,[6] versichert Nixon seinem Nationalen Sicherheitsberater am Telefon. Dann wünscht er ihm ein erholsames Wochenende. Aber Kissinger erwartet Besuch.

Mitten im Krieg, am 2. Mai 1970, an einem scheinbar windstillen Samstag, empfängt der Nationale Sicherheitsberater seine Gäste aus Europa: Siegfried Unseld und Max Frisch mit dessen Frau Marianne. Kissinger legt seit je großen Wert auf seine Kontakte zur Kultur. So war er beleidigt gewesen, als sich Günter Grass bei seinem Besuch in Washington vier Wochen zuvor nicht bei ihm gemeldet hatte. Sein Büro ließ Grass nachträglich bitten, «Ihren nächsten Besuch bei Kissinger voranzumelden. Man hofft, daß Sie [Willy] Brandt begleiten werden.»[7] Freunde, insbesondere aus der Kulturbranche, sind wichtig, denn alle anderen verliert er gerade. In Erich Wulffs «Vietnamesischen Lehrjahren» war Vietnam noch als Karrieremöglichkeit erschienen, jetzt ist der Krieg Kissingers Hauptberuf.

Kissinger nimmt weiter Anteil an Frischs Fortkommen und hatte sich regelmäßig dessen Bücher schicken lassen. Nach dem Fiasko am Broadway hatte ihm Frisch geschrieben: «Hoffentlich sehe ich Sie einmal wieder.»[8] Jetzt kann Kissinger ihn durch seine neue Arbeitsstätte führen, das Weiße Haus.

Frisch und Unseld kommen aus einer anderen Welt. Brandt ist inzwischen Kanzler, Kissinger misstraut ihm zutiefst. Die Bundesregierung mag sich dabei zurückhalten, doch der Widerstand gegen den Krieg in Vietnam wächst auch in Deutschland. Erst am 18. März 1970 hatte sich in Frankfurt in der Paulskirche eine Initiative «Internationale Vietnam-Solidarität» versammelt: Rolf Hochhuth, Robert Jungk, Oskar Negt, Martin Niemöller sind dabei und von Suhrkamp Ernst Bloch und Martin Walser. Die Aktion ist in Frischs «Tagebuch 1966–1971» überliefert. In Kissingers dreibändigen Memoiren kommt derlei nicht vor, dafür ereignete sich in seinen Amtsjahren einfach zu viel Weltpolitik.

Einem Assistenten und einer ebenfalls anwesenden Schauspielerin stellt Kissinger Unseld als «my friend and left-wing publisher» vor.[9] Das ist seine Art Humor, damit kann er zeigen, dass er selbst mit Leuten souveränen Umgang pflegt, die als seine Gegner gelten müssen. So entspinnt sich eine klassische Szene, in der Geist und Macht aufeinandertreffen und sich bei aller Freundschaft nichts zu sagen haben. Die Beteiligten umschleichen sich höflich. Kissinger ist der Mann hinter Nixon, die Besucher erleben die Aura der Macht und können nicht anders, als davon ergriffen zu sein. «Hier also haust die Macht», schreibt Frisch in seinem «Tagebuch». «Sie gibt sich als ein Wesen, das Ruhe liebt, Sauberkeit, die beim Aschenbecher anfängt; ein Wesen mit Tradition; ein Wesen, das die stillen Parke liebt, die grünen Rasen und Blumen je nach Jahreszeit; wahrscheinlich liebt es keine Straßenschlachten, auch wenn die Opfer selber schuld sind, und Massaker wie in Song-My müssen ihm ein Greuel sein.»[10]

Sie befinden sich im Haus der Macht, aber die Macht zeigt sich nicht. Frisch ist von Beruf Architekt, er registriert das Interieur mit wachsamem Interesse: das Porzellan, die Bilder an der Wand, die Geräuschlosigkeit dieser wattigen Atmosphäre. Während sie plaudern und das Teegeschirr begutachten, werfen die B-52-Bomber der amerikanischen Luftwaffe Megatonnen über Kambodscha ab in der Hoffnung, den Nachschubweg des Vietcong zu unterbrechen und damit den Kriegsverlauf günstig zu beeinflussen. Frisch schreibt, sehr angemessen: «Hier geht Historie auf Spannteppich. Nichts erinnert an Erdöl, nichts an die Computer im Pentagon, nichts an die CIA»,[11] deren psychologischer Kriegsführung, so wäre zu ergänzen, sowohl Kissinger wie Frisch und Unseld einen entscheidenden Karriereschub verdanken.

Frisch versucht es mit Smalltalk, will aber auch nicht unkritisch sein: «Um etwas zu sagen, könnte ich berichten, wie die Amerikaner, die ich getroffen habe, darüber denken; aber Henry A. Kissinger errät es, bevor ich es sage: das sind Studenten, Professoren, Maler, Schriftsteller, Intellektuelle.»[12] Es ist mit anderen Worten das akademische Milieu, dem Kissinger entstammt und in dem er sich zwanzig Jahre, wenn auch mit wachsendem Distanzierungsbedürfnis, bewegt hatte. Für ihn sind das jetzt seine Gegner, oder wie er sagt: alles Zyniker. «Cynicals have never built a cathedral», Zyniker haben nie eine Kathedrale erbaut.[13] Kissinger schwebt mindestens eine Kathedrale vor.

Frisch beschreibt ihn, wie er sich zwar von den «Zynikern» mit quasi moralischer Abscheu abwendet, sich aber gleichzeitig als Intellektuellen inszeniert, der über den Dingen schwebt, für den Politik ein Spiel ist, das er jederzeit wieder von sich werfen kann, sollte er das Interesse daran verlieren (was nie der Fall sein wird). Er scherzt über die Macht, über die er jetzt verfügt, betrachtet sie ironisch. Nur dort, wo es um Verantwortung geht, also seine eigentliche Arbeit, schließt er die Gäste aus, sie wissen ja nichts von seiner Verantwortung.

«Wer Entscheidungen fällt oder zu Entscheidungen rät, die Millionen von Menschen betreffen, kann sich nachträgliche

Zweifel, ob die Entscheidung richtig ist, nicht leisten; die Entscheidung ist gefallen, das weitere abzuwarten.»[14] Es ist diese Selbstsicherheit, die Frisch so erstaunt, das Understatement, das lockere Plaudern. Damit repräsentiert Kissinger die Macht und führt sie in einem Brecht'schen Verfremdungseffekt gleichzeitig als etwas Uneigentliches, auf Zeit Geborgtes vor. Sie ist ihm zugefallen, aber es hat den Richtigen getroffen, er weiß, wie man Politik macht, verantwortliche Politik, so wie sie ihm entspricht. «Ich verstehe immer mehr, dass Henry A. Kissinger, so oft es nur geht, seine Hände in die Hosentaschen steckt; seine Verantwortung steht in keinem Verhältnis mehr zur Person, die einen Anzug trägt wie wir. Und gleich weiter: Je mörderischer der Irrtum sein kann, umso weniger kann einer dafür. Ohne daß ich ein Wort durchlasse, sagt Henry A. Kissinger, er ertrage Verantwortung lieber als Ohnmacht.»[15]

Das ist – Unseld, der sich später viel mit Goethe beschäftigen wird, mag es erkannt haben – eine Parallelbildung zu dem berüchtigten Satz, den der Schlachtenbummler Goethe in seinem Bericht «Belagerung von Maynz» als Nachtrag zum revolutionären Aufruhr loswerden muss: «Es liegt nun einmal in meiner Natur, ich will lieber eine Ungerechtigkeit begehen als Unordnung ertragen.»[16] Das Unheil, das diese Mainzer Revolutionäre angestiftet haben, möge, auch das ist Goethe, «unruhigem Volck zur Lehre dienen».[17]

Das unruhige Volk umsteht das Weiße Haus, unbelehrbar. Frisch hält fest, wie die Herrschenden über dieses Volk denken: «Der Protest im Land kann die Verantwortlichen nicht verwirren; sie allein kennen die Fakten, die geheim sind. Henry A. Kissinger ist ein Intellektueller, der Verantwortung übernommen hat.»[18]

Die Überlegenheit, die Kissinger ausstrahlt, erklärt sich erst im Rückblick. Er denkt wie Bismarck in großen Linien, flexibel und amoralisch, mit kaltem Blick auf die Kräfteverhältnisse. Er habe, wie Frisch sachlich bemerkt, «seit Jahrzehnten theoretisch auf dem Gebiet gearbeitet, das der Laie schlechthin als Krieg bezeichnet», gegen ihn sind alle anderen blutige Amateure.[19]

Geheimnisträger, der er ist, kann er den beiden Europäern nicht verraten, dass er sich zweieinhalb Monate zuvor in Paris heimlich mit dem nordvietnamesischen Unterhändler Lê Đức Thọ getroffen hatte. Mit ihm wird Kissinger über mehrere Jahre einen Vertrag aushandeln, der Amerikas Scheitern in Vietnam besiegeln, dem Land aber wenigstens auf diplomatischer Ebene den ehrenhaften Frieden einbringen wird, den Kissinger und Nixon versprochen hatten.

Zwischendurch holt ihn «ein Hemdärmliger» weg, «the president is calling».[20] Das wirkt wie ein Zitat aus Stanley Kubricks Film «Dr. Seltsam»: «My president needs me», sagt dort der General Buck Turgidson, als er aus dem Bett seiner Geliebten geholt wird. Kissinger ist schon nicht mehr von seinem Image zu unterscheiden. Sarkastisch erinnert sich Frisch an dessen erste Karriere als Raketenspezialist, «ein Fachmann, der alle Möglichkeiten von Vernichtungswaffen durchdacht hat und das beste will, nämlich die allergeringste Vernichtung der Welt».[21]

Wie Geschichte tatsächlich gemacht wird, weiß zu diesem Zeitpunkt Unseld so wenig wie Frisch. Kissinger schildert in seinen Memoiren ausführlich, wie es zur Entscheidung kam, in Kambodscha einzufallen. Dass er selber daran beteiligt war, den zaudernden Nixon sogar dazu gedrängt hat, mit voller militärischer Wucht vorzugehen, betont er nicht nur, es entspricht seinem Verständnis von einem «leitenden Staatsmann»,[22] den er mit geistesgeschichtlicher Gravitas ausstattet: «Wenn er seine militärischen Möglichkeiten nur halbherzig einsetzt, so bleibt ihm doch die moralische Verantwortung, sie überhaupt eingesetzt zu haben. Es bringt auch nichts ein, wenn man seine Zweifel deutlich zeigt; der Staatsmann wird nicht dafür belohnt, daß er nur ungern gescheitert ist.»[23] Um ihre Vorwürfe abzuwehren, hatte er für die Journalisten andere Sprüche parat: «Es mag sein, daß es mir an Phantasie mangelt, doch sehe ich einfach nicht, daß es sich dabei um eine moralische Frage handelt.»[24]

Auch Unseld hat die Begegnung im Weißen Haus beschrieben. In seinem Reisebericht für den Verlag genießt Kissinger sehr viel mehr Wohlwollen, auch wenn Unseld seiner Politik kritisch gegenübersteht. Er zitiert James Reston aus der «New York Times», der gemeint hatte, die wichtigste Frage an diesem Wochenende sei nicht, was in Indochina, sondern was im Weißen Haus geschehe. «Für Besucher», so Unseld, «geschah jedoch an diesem Wochenende im White House nicht viel. Man hatte eher den Eindruck von Ruhe und Abwarten und schlechtem Gewissen». Er meint es sogar bei Kissinger zu spüren, der aber «meinen Ausdruck ‹Kambodscha-Abenteuer› heftig zurückwies und den Überfall als das ‹kleinere Übel› bezeichnete».[25] Was Frisch in seiner Skizze um die rhetorische Frage ergänzte: «Kleiner für wen?»[26]

Die Besucher, die bei Kissinger zum Lunch eingeladen waren, werden nicht gewusst haben, dass der Sicherheitsberater im Jahr zuvor bereits eine Abfolge von Bombenangriffen in Auftrag gegeben hatte, die als Operation «Menu» in die Militärgeschichte eingegangen ist. Sie begann mit dem «Frühstück», «Lunch» war ein Schlupfwinkel in Laos an der Grenze zu Vietnam, und es ging weiter bis zum «Abendessen». Bob Haldeman, der Stabschef im Weißen Haus, den Nixon später wegen der Watergate-Affäre opferte, berichtet in seinem Tagebuch, dass es Sonntag war, man deshalb erst zur Kirche ging und anschließend das Flächenbombardement beschlossen wurde. Der Eintrag am 17. März 1969 lautet: «Historischer Tag. Kissingers ‹Operation Frühstück› ging endlich um 14 Uhr unserer Zeit los. Kissinger echt aufgeregt, Präsident auch.»[27]

In seinen Memoiren beruft sich Kissinger auf eine schlichte Maxime: «Wenn es sich lohnt, etwas zu tun, dann lohnt es sich auch, es zu übertreiben.»[28] Übertreiben bedeutete, nicht bloß ins neutrale Kambodscha einmarschieren, sondern gleichzeitig

Nordvietnam zu bombardieren, beim Gegner für möglichst viele Opfer zu sorgen, um damit in Paris bei den Friedensverhandlungen eine bessere Ausgangsposition zu erzwingen. Ein paar grobe Hiebe können nicht schaden, wenn es um höhere Ziele geht.

So gründlich Frisch die Macht zu analysieren glaubt, er war zusammen mit Unseld einer Inszenierung aufgesessen. Überlegungen im Geiste Bismarcks werden Nixon nicht geplagt haben, als er amerikanische Flugzeuge zum Bombardieren nach Kambodscha schickte. Seine Rückversicherung war nicht der große Machttheoretiker Niccolò Machiavelli, sondern ein Film.

Eine Woche vor dem Besuch der Suhrkamp-Delegation hatte Nixon seinen Justizminister John Mitchell, seinen Freund und Förderer Bebe Rebozo und Kissinger eingeladen, auf seiner Yacht den Potomac hinunterzufahren. Auf der Fahrt wurde ausgiebig getrunken und gealbert. Als sie an Mount Vernon, dem Landsitz des ersten Präsidenten und Revolutionsgenerals George Washington, vorbeitrieben, wurde mehr oder weniger aufrecht salutiert. Anschließend gab es eine Privatvorführung des Kriegsfilms «Patton», der vier Wochen zuvor ins Kino gekommen war. Nixon verfügte über eine eigene Kopie und sah sich den dreistündigen Film im ersten Monat mindestens fünf Mal an. Kissinger fand den Film «anregend»[29], verließ die zweite Vorführung aber nach einiger Zeit, weil er ein Treffen mit dem Nationalen Sicherheitsrat vorzubereiten hatte.

Nixon brauchte den Film zur moralischen Aufrüstung. George Patton hatte im Zweiten Weltkrieg gegen die Nazis gekämpft und war mit seiner Armee quer durch Frankreich nach Deutschland und sogar bis Pilsen vorgestoßen. Wie der schneidige Panzergeneral 1945 gegen die Nazis zog, so wollte Nixon in einen gerechten Krieg. George C. Scott in der Rolle des General Patton steht zu Beginn des Films in mit Orden besetzter Uniform vor einer riesigen amerikanischen Fahne und verkündet, alle echten Amerikaner würden nach Kampf lechzen.[30] Mit dem Film pumpte sich Nixon zum Kriegsherrn auf,[31] Pattons Versprechen «Amerika hat noch nie einen Krieg verloren und wird auch keinen verlieren» wird auch seins. In seiner Fernsehansprache am 30. April hält sich Nixon an diese patriotische Tonlage. Er fürchte nicht um seine politische Karriere, sondern darum, dass Amerika wegen eines möglicherweise nachlassenden Kriegseinsatzes ein Ansehens- und Machtverlust drohte. Kissinger, ohne den er bald nicht mehr der Präsident sein konnte, der er sein wollte, nannte er in dessen Abwesenheit gern «jewboy».[32]

«Cynicals have never built a cathedral»[33] – der beherrschte Staatsmann Henry Kissinger, der diesen königlich-coolen Satz formuliert, ist der größte Zyniker von allen, größer noch als sein Chef, der 1974 entehrt aus dem Amt scheiden wird. Elf Jahre nach dem Treffen im Weißen Haus erzählt Frisch einem Reporter der «New York Times», dass Kissinger über die Harvard-Studenten gelacht habe, die ihn als Kriegsverbrecher bezeichneten. «Bei ihm musste es immer eine Show sein.» Bei seinem Besuch «legte er seine Füße auf den Tisch, um uns vorzuführen, wie amerikanisch er war und wie sehr er im Weißen Haus daheim war».[34]

Frisch und Unseld konnten nicht wissen, dass der Sitz des Präsidenten während der Invasion in Kambodscha tatsächlich Kissingers Zuhause war. Denn so cool er vor den Besuchern auftrat, er musste die Demonstranten draußen doch fürchten. Er hatte sich in seiner Wohnung nicht mehr sicher gefühlt und war in den Keller des Weißen Hauses gezogen. Die Insassen fühlten sich belagert, sie hatten Angst vor dem Volk oder jedenfalls dem Teil davon, der nicht jubelte, wenn vom «Lumpenpack» die Rede war. Es herrschte Bürgerkriegsstimmung. «Die Exekutive litt an einer Bombenneurose», schrieb Kissinger mit der Distanziertheit des Historikers, aber er war davon genauso erfasst und hatte Angst vor den gewalttätigen Demonstrationen.[35] Tausende kamen nach Washington und umschritten in einer sakralen Demonstration mit Kerzen in der Hand das Weiße Haus. Kissingers Assistent William Watts erkannte in der Menge seine Frau und seine Töchter und trat dann wie drei weitere Mitarbeiter von seinem Amt zurück. Kissinger lachte ihn aus, verspottete ihn als «bleeding heart», Zimperliese.[36]

Seinen Gästen aus dem kriegsfernen Europa berichtet Kissinger von Morddrohungen, er scheint aber stolz darauf zu sein. «Vielleicht schmeichelt es ihm sogar; es erinnert etwas an Caesar», meint Frisch.[37] Der *publisher* Unseld, *left-wing* oder nicht, der auf ein Buch von Kissinger zur «Theorie der Demokratie» hoffte, bekam von Frisch die Praxis der Demokratie geliefert, wenn sich auch nicht gleich alle Geheimnisse der Macht offenbarten. «Was sie jetzt am Telefon wohl sprechen?», fragt sich Frisch, als Kissinger während des einstündigen Mittagessens wieder abberufen wird.[38] Es ist der dritte Tag der Invasion, was den Besuchern sehr bewusst ist, wenn sie auch nicht ahnen, dass in ihrer Gegenwart vom Nebenzimmer aus Krieg geführt wird.

Nach Jahrzehnten sind die Abschriften jener Telefonate nachzulesen. Der misstrauische Kissinger hat alle seine Gespräche aufnehmen lassen. Lange, sehr lange hat er die Freigabe verhindern können, inzwischen befinden sich die Protokolle in seinem Nachlass in Yale. Worüber also haben Nixon und Kissinger gesprochen, während Unseld und das Ehepaar Frisch über das vergleichsweise kleinbürgerliche Interieur staunten, in dem kein Werk der Moderne, kein Rothko, Calder oder Lichtenstein den klassizistischen Eindruck stören sollte? Über den Fortschritt der Invasion in Kambodscha, über Geländegewinne, über die Reaktion der Sowjetunion und Chinas, auch die Nordvietnams, dem demonstriert werden sollte, dass Amerika aus einer starken Position verhandeln will. Nixon sagt beim Anruf um 12.55 Uhr wörtlich: «Bomb whatever is necessary.» Kissinger zeigt eine gleichgestimmte Entschlossenheit: «Wir gehen da erhobenen Hauptes rein, sollen sich die anderen winden.»[39]

Der Lunch im Weißen Haus sollte Unseld und den inneren Suhrkamp-Kreis noch mehrere Jahre beschäftigen. Die Szene wird den wichtigsten Abschnitt in Frischs «Tagebuch 1966–1971» bilden. Ursprünglich sollte das Buch als Haupttitel im Herbstprogramm 1971 erscheinen. Uwe Johnson bietet sich als Lektor an. Er und Unseld sind angetan von der Art und Weise, wie Frisch das Treffen bei Kissinger beschreibt. In einem Brief vom 31. Dezember 1970 lobt Unseld «Lunch im Weißen Haus» als «besonders gelungen»,[40] dann melden sich aber doch Zweifel bei ihm. Anders als in Wulffs «Vietnamesischen Lehrjahren» kommt Kissinger hier auch bei liebevollster Betrachtung nicht mehr gut weg, und das in einem Buch des wichtigsten Suhrkamp-Autors.

Max Frisch war seit dem ersten Programm des 1950 neu gegründeten Suhrkamp Verlags dabei und inzwischen der erfolgreichste lebende Autor des Hauses. Mit den Honoraren, die er im Haus stehen lässt, fungiert er manchmal als Bank für die anderen Autoren, was Frisch gelegentlich aufbringt: «Ich möchte keine Anfrage mehr, ob der Verlag, um Enzensbergers zweites Haus in Berlin finanzieren zu können, Abrechnungen bei mir in Ratenzahlungen leisten kann.»[41]

Frischs Tagebuch reicht bis Anfang 1971, erfasst also nicht mehr, dass die «New York Times» am 13. Juni 1971, einem Sonntag, mit dem Abdruck der «Pentagon Papers» begann, in denen die Vietnam-Politik der USA mit all ihren Fehleinschätzungen und Täuschungsversuchen analysiert wird. Kissinger ruft aus Kalifornien den Präsidenten an, der die Sache auf sich beruhen lassen will, und sagt zu Nixon, wenn er nichts unternehme, «stehen Sie als Schwächling da, Mr. President». Das Material würde «uns die Handlungsfreiheit in der Außenpolitik nehmen».[42] Für den Globalpolitiker Kissinger geht es um Größeres als Vietnam.

Noch bevor Frischs Tagebuch im Februar 1972 erscheint, hatte sich nämlich die Weltlage dramatisch verändert. Inzwischen ist allgemein bekannt geworden, dass Kissinger in Paris Friedensverhandlungen führt. Noch viel wichtiger aber ist die Tatsache, dass er über Pakistan heimlich nach China geflogen war und sich mit Ministerpräsident Tschou En-lai getroffen hatte, um die erste Reise eines amerikanischen Präsidenten nach China vorzubereiten. Eine Zeit lang kommt für eine solch effektvolle Geheimreise die Redewendung «einen Kissinger machen» in Schwang. Nixon trifft am 21. Februar 1972 in Peking ein, praktisch gleichzeitig mit der Veröffentlichung von Frischs «Tagebuch». Die illegale Invasion in Kambodscha liegt weit zurück, auch wenn der Krieg weitergeht. Kissinger war mit einem Mal Weltdiplomat geworden, fast ein Pop-Star, weshalb er auch am 18. März 1972 bei der Premiere von Francis Ford Coppolas Film «The Godfather» auftaucht. Nach der Vorführung lässt er sich voller Bewunderung vernehmen: «Da spielt Brando einen Gangster, der Hunderte umgebracht hat, und wenn er stirbt, weinen die Zuschauer – das hat schon Größe.»[43]

In seinem Verlag steht Unseld mit seiner Freundschaft zu Kissinger ziemlich allein da. Frisch hatte mit den «Frankfurter Heften» einen Vorabdruck aus dem «Tagebuch» verabredet, es soll das Kapitel zum «Lunch» sein. Unseld legt seinem Autor nahe, auf die «Fußnote» zum Begriff «Kriegsverbrecher» zu verzichten.[44] Diese Anmerkung referiert die Definition von «Kriegsverbrechen und individuelle Verantwortung» und zitiert auf Englisch Robert Jackson, den amerikanischen Ankläger beim Nürnberger Kriegsverbrecherprozess. Nach dem Massaker von My Lai in Vietnam, bei dem fünfhundert Zivilisten getötet worden waren, betonte Jackson, dass «ganz unabhängig davon, welches Land sich schuldig gemacht hat, Kriegsverbrechen Kriegsverbrechen sind».[45] Als «Verbrechen gegen den Frieden» führt der Nürnberger Gerichtshof im Artikel VI seines Statuts auf: «Planung, Vorbereitung, Einleitung oder Durchführung eines Angriffskriegs oder eines Krieges unter Verletzung internationaler Verträge, Abkommen oder Zusicherungen.»[46] Der Passus in Frischs «Tagebuch» mit dem Verweis auf das Nürnberger Gericht missfällt Unseld so sehr, dass es zum Streit zwischen Autor und Verleger kommt.

Allerdings hat Kissinger, worauf Frisch Unseld hinweisen muss, das Wort «Kriegsverbrecher» bei ihrer Begegnung «prophylaktisch» selber gebraucht, als er darüber klagt, dass er von einem studentischen Publikum so beschimpft worden sei.[47] Frisch meint später, Kissinger habe sich über die Bezeichnung sogar amüsiert. Auch der amerikanische Schriftsteller Gore Vidal erzählte bei Gelegenheit, Kissinger würde auf Partys, kopfschüttelnd gewissermaßen, aber dann auch wieder nicht frei von Stolz auf diesen dubiosen Ruhm, mit seiner sonoren Stimme raunen: «People call me a war criminal.»[48] Bei ihm ist das auch Imagepflege.

Der Bearbeiter Uwe Johnson spricht 1971 von Kissinger ohne jede Einschränkung als «diesem Kriegsverbrecher».[49] Auch Enzensberger fällt kein entlastender Begriff ein. In seinem letzten Buch «Fallobst» von 2019 berichtet er, wie sich Kissinger bei einer Gesellschaft einmal zu ihm aufs Sofa gesetzt und ihn leutselig darauf angesprochen hatte, dass er, Enzensberger, ihn ja wohl für einen Kriegsverbrecher halte. «Darüber sollten wir in aller Ruhe sprechen!», meinte er und gab ihm seine Geheimnummer.[50] Der wölfische Charme des Weltpolitikers, der nichts mehr fürchtet als die ausbleibende Aufmerksamkeit.

Auch wenn es gelegentlich Reibereien gab, hielt Max Frisch im Zweifel zu Unseld und hatte ihn auch beim Lektorenaufstand nicht im Stich gelassen. Johnson ist nicht weniger loyal. Beim Redigieren des «Tagebuchs» empfiehlt er dem Autor, eine keineswegs kritische Notiz über die «Auseinandersetzung im Verlag» lieber zu streichen. Frisch lässt sie weg. So erfährt der Leser auch nichts von dem originellen Bild, das Frisch bei der angeblichen «Sozialisierung» von Suhrkamp eingefallen war:

«Sitzungen, Gespräche und Briefe, die noch vermitteln wollen, gleichen dem Versuch, zwei Billard-Kugeln aufeinander zu türmen.»[51]

Doch bei aller Liebe ist Frisch nicht bereit, die Passage über den Kriegsverbrecher wegzulassen. Am 20. März 1971 schreibt er aus New York an Unseld, auf die Fußnote «kann ich allerdings nicht verzichten». Es handle sich «um eindeutiges und permanentes Kriegsverbrechen, das Henry Kissinger nicht begeht, nur ist er unterrichtet (wie Millionen von US-Bürgern) und bleibt in seinem Dienst als Kriegsberater. Es ist durchaus furchtbar; daran ändert ein netter Lunch nichts.»[52] Wie beim Vorabdruck werde er auch beim Buch «auf dieser endnote bestehen oder mich bei allen Nazis entschuldigen müssen, dass ich sie für schuldig hielt, nur weil ich keinen Lunch mit ihnen hatte». Frisch hat einen Ruf zu verlieren und tritt deshalb massiv auf: «Ich übertreibe nicht, Siegfried, es geht hier um meine politisch-moralische Qualifikation und um sehr viel mehr.»[53]

Im «Tagebuch» ist auch vermerkt, dass sich Kissinger und Unseld duzen. Unseld will sich aber keine «privaten Rücksichten» vorwerfen lassen. «Lieber Max», schreibt er Frisch am 30. März 1971. «An der bewußten Frage ändert ‹ein netter Lunch› wirklich nichts. Doch was Kissinger macht und in was er verwickelt ist, wußtest Du ja, bevor Du zu ihm gingst.»[54]

Unseld kann es im März 1971 noch nicht wissen, dass er im Juli das Manuskript für den zweiten Band der «Jahrestage» mit einer Passage erhalten wird, in der sich Johnson über einen dritten Suhrkamp-Autor lustig macht. Die herrschende Klasse der USA sei die gefährlichste Gruppe Menschen auf der ganzen Welt, hatte Enzensberger Anfang 1968 in seinem offenen Brief getönt. Johnson argumentiert dagegen wie Unseld gegen Frisch: «Weil Herrn Enzensberger dies vor drei Monaten noch nicht bekannt war, will er das Land nach drei Monaten öffentlich verlassen.»[55] Mit der gleichen Logik kann Unseld dem Moralisten

Frisch eins auswischen: «Ich würde nicht zu einem Menschen gehen und mich von einem Menschen einladen lassen, den ich mit Fug für einen Kriegsverbrecher halte. Indem ich hingegangen bin, halte ich Henry Kissinger nicht für einen Kriegsverbrecher.»[56]

Frisch gibt trotzdem nicht auf, schließlich ist er der Autor. «Lieber Siegfried», schreibt er am 3. April, immer noch aus New York, «die endnote muss (mit der bereits gemachten Kürzung) bleiben; sie ist nicht unfair.»[57] Das Buch erscheint mit der Anmerkung. Unseld bleibt als kleine Rache nur eine Bemerkung im verlagsinternen Reisebericht. Bei der Feier von Frischs sechzigstem Geburtstag in dessen New Yorker Wohnung trägt ein schwarzer Butler auf. Dazu Unseld: «Ich erinnerte mich jener Passagen im kommenden ‹Tagebuch› von Frisch, wo sich Frisch so entschieden auf die Seite jener Schwarzen und Entrechteten und Unterdrückten stellt.»[58]

Suhrkamp bleibt auch nach der Trennung von den Lektoren Urban, Boehlich und Michel dem Thema Vietnam treu, was aber vornehmlich mit Peter Weiss zu tun hat. Für Weiss sind die USA endgültig zum faschistischen Staat geworden: «Der Haß, wie wir ihn von den untergehenden Repräsentanten des ‹Tausendjährigen Reichs› kennen, lebt im Vokabular der amerikanischen Regierungssprecher wieder auf», schreibt er im Dezember 1970 nach den neuen Luftangriffen der USA auf Nordvietnam in der Zeitschrift «konkret», und Suhrkamp bringt den Beitrag in einem Sammelband Anfang 1971 noch mal heraus. «Sie unterscheiden sich in ihrer immer böser werdenden Verkniffenheit, ihrer irrsinnigen Phraseologie nicht von ihren Vorgängern, von denen einer bis zuletzt noch schrie: Wollt ihr den totalen Krieg? – und genügend viele sind in den Reihen der Führer des apokalyptischen Indochina-Heerzuges zu finden, die für den Abwurf von Atombomben plädieren gegen dieses starrsinnige asiatische Volk, das sich nicht in die Knie zwingen lassen will.»[59]

Offenbar hatten auch Frisch und Unseld nach der Begegnung mit Kissinger im Weißen Haus weiter über den Krieg diskutiert, und Frisch hat sich und seinen Verleger gefragt, wie teuer der immer mehr ausgeweitete Krieg die Wirtschaft zu stehen komme, denn in einem Brief vom 6. Juli 1971 informiert ihn Unseld, dass er wegen der Kosten für einen «Vietnam-Kriegstag» weiter recherchiere.[60]

Der Verleger, der nicht mehr ganz so *left-wing* ist, wie es die vergangenen Jahre schon aus kommerziellen Gründen erfordert hatten, wird mit Textkritik von ganz anderer Seite überrascht. Der Vietnamkriegsgegner Martin Walser erreicht gerade die maximale Annäherung an die DDR-finanzierte Deutsche Kommunistische Partei (DKP) und die größte Entfremdung von Unseld. Zum Eintritt in die Partei kann sich Walser nicht entschließen, verdankt ihr aber eine Einladung zum V. Schriftstellerkongress in Moskau, wohin er im Juli 1971 zusammen mit Ernst und Karola Bloch, dem Übersetzer Friedrich Hitzer und dem Maler Carlo Schellemann reist. Bei den offiziellen Reden langweilt er sich furchtbar, regt sich aber über die «durchreisenden Intellektuellen bzw. Schlaumeier» auf, «die auf Schritt und Tritt Noten verteilen, sobald sie den Boden der SU betreten».[61]

Das steht in seinem Roman «Die Gallistl'sche Krankheit», der zusammen mit Frischs «Tagebuch» im Frühjahr 1972 erscheint. In seinem eigenen Tagebuch, das er erst fünfunddreißig Jahre später veröffentlicht, greift Walser Frisch, der vor der Reise zu Kissinger ebenfalls die Sowjetunion besucht hatte, direkt an, weil der, wie schon Willy Brandt, dem Thema Vietnam ausgewichen sei: «Max Frisch fragte nicht einmal Kissinger danach, seinem Gastgeber gegenüber will er nicht peinlich werden.»[62] Im Roman gibt es gleich noch mehr Spott: «Wenns ins Weiße Haus kommen, sinds gleich viel aufgeräumter [als in der Sowjetunion], gleich zwinkern sie geistreich, murmeln ironisch, entfernen sich, ironisch rückwärtsgehend, auf ironischen Zehenspitzen, sprechen mehrzüngig ironisch zur Welt und zur

Weltmacht: Dixi et salvavi animam meam, besonders dadurch, daß einer andeutet, daß er persönlich ein besserer Mensch sei als die USA, aber die USA sei ja auch eine Weltmacht und eine Weltmacht sei eben eine Weltmacht, er dagegen sei nur ein Mensch, allerdings ein besserer, das sagt er nicht, das läßt er uns spüren.»[63]

Vermutlich hatte Walser den Vorabdruck in den «Frankfurter Heften» gelesen, der im Monat vor seiner Reise nach Moskau erschienen war, und ebenso vermutlich hat die Kritik an Frisch mit verlagsinterner Autorenkonkurrenz zu tun. In seiner verlegerischen Großherzigkeit druckt Unseld nahezu alles, was ihm seine Autoren anliefern, auch wenn sie einander befehden. Dennoch klagt Walser in seinem Tagebuch über mangelnde Loyalität, als ihm Unseld ein Stimmungsbild der literaturinteressierten Öffentlichkeit überbringt: «Bisher haben sie immer noch alles verstanden, aber das nicht mehr. Nein, das nicht mehr. Hoffentlich bleibt er in Moskau sagen sie.»[64] Walser muss seinen Freund daran erinnern, dass er drei Jahre zuvor als «Streikbrecher» zu ihm gehalten hatte, als die Lektoren dem Verleger eine Verfassung zumuten wollten, «die ihn praktisch ohnmächtig gemacht hätte».[65]

Bei Weiss hatte Unseld die Begeisterung für den Sozialismus hingenommen, aber Walsers Treiben wird ihm jetzt doch unheimlich. Johnson, seinerseits nicht ohne Konkurrenzbewusstsein, staunt ebenfalls über die Richtung, in die sich Walser begeben hatte. Jeden Tag erwarte er in der «Süddeutschen» «einen Bericht von oder über Martin [Walser] in der Sowjetunion».[66] Als Walser 1972 seine wenig zahmen Xenien mit dem Titel «Grund zur Freude. 99 Sprüche zur Erbauung des Bewußtseins» nach Frankfurt schickt, verweigert Unseld, unterstützt durch ein vernichtendes Gutachten von Johnson, seinem Freund zum ersten Mal den Druck.[67] Das Buch erscheint erst 1978 und nicht bei Suhrkamp, sondern bei der Eremitenpresse. Die «1. Freude» lautet:

«... in einer sich wandelnden Welt»:
Seltener lade ich jemanden ein,
mit mir einen Berg zu besteigen.
Jetzt sag ich: treffen wir uns in der Schalterhalle der Deutschen Bank.

Der *left-wing publisher* Unseld verkehrt zu Hause in Frankfurt selbstverständlich mit Hermann J. Abs, dem Vorstandsprecher der Deutschen Bank, der ihm mit einem einfachen Telefonanruf den Kredit für das neue Verlagsgebäude in der Lindenstraße um drei Jahre prolongieren kann. Auf der anderen Seite kann sich Walser auf seinen Freund Rudolf Augstein und den «Spiegel» verlassen und nutzt eine offiziöse Festschrift als Vorlage zur Fundamentalkritik an der Deutschen Bank. Gestützt auf den DDR-Historiker Eduard Czichon wettert er im besten DKP-Jargon: «Sie finanzieren Rüstung oder auswärtige Regierungen oder Entwicklungen in halbfeudalen Systemen, kooperieren mit jedem, der Zins und Tilgung zahlen kann, und wenn dann dort oder hier der Krieg ausbricht, den sie finanziert haben, stellen sie sich dumm oder stehen auf jeden Fall so da und weisen darauf hin, daß die Konten ordentlich geführt worden seien; die Katastrophe, der Zusammenbruch, die Millionen von Toten sind jeweils einer Tätigkeit zu verdanken, die in der Bankbilanz nicht auftaucht.»[68]

Die Deutsche Bank ist natürlich empört. Sie erkennt in dem Artikel «Leninismus reinsten Wassers»[69] und wehrt sich mit einem Gegenartikel. Doch als wollte sie Walsers Vorwürfe bestätigen, holt sie gut kapitalistisch heimlich Auskunft über Walsers Vermögensverhältnisse ein (er ist noch immer hoch verschuldet).[70]

Noch mehr Sorgen als Walser macht Unseld die Schweiz. Max Frisch ist neben Friedrich Dürrenmatt der einzige weltbekannte Schweizer Autor, und er gereicht seiner Heimat nicht immer zur Freude. Unseld muss seinen kritischen Autor regelmäßig gegen die Interessen von Waffen- und Schokoladenfabrikanten verteidigen, und jetzt greift er auch noch Kissinger an, eine diplomatische Großmacht, an der sich ein neutrales Land mit internationalen Verflechtungen nicht versündigen kann. Der «Tages-Anzeiger» möchte den «Lunch» als Vorabdruck bringen, schön und nicht so gut, wenn das Stück noch weiter in Umlauf kommt, die «Neue Zürcher Zeitung» hatte doch gerade über «Wilhelm Tell für die Schule» gemault, eine 1971 erschienene Arbeit zur linken Hand, in der Frisch unverschämterweise den Schweizer Nationalmythos entzaubert. «Was wird Winterthur dazu sagen?», fragt sich Unseld sorgenvoll im Reisebericht.[71]

Winterthur, das sind nach wie vor die Brüder Reinhart, ohne deren Einlagen Suhrkamp nicht in der inzwischen erreichten Größe fortexistieren könnte, und den Brüdern Reinhart in Winterthur missfällt der ganze Kurs. Sie hatten sich schon an Frischs Stück «Biedermann und die Brandstifter» gestört, inzwischen fürchten sie eine Machtübernahme. Zu ihm, zu Unseld, hätten sie ja Vertrauen, sagen die stillen Teilhaber doch recht vernehmbar, «aber was geschähe, wenn ich nicht da sei? Dann würde doch der Verlag in den Händen von Walser, Enzensberger, Weiss ‹rein kommunistisch›.»[72]

Mit Frischs «Tagebuch» samt völkerrechtlicher Definition von Kriegsverbrechen und Walsers «Gallistl'scher Krankheit» ist der Lunch im Weißen Haus aber noch nicht beendet. Vier Jahre später flackert der Streit um Kissinger noch einmal auf, und diesmal streitet der bekannt dickköpfige Johnson mit.

Im Dreieck zwischen Unseld, Frisch und Johnson entstehen die «Stich-Worte», eine Auswahl der besten Stellen aus Frischs Werk, die in Johnsons Händen liegt. Sie sollen Herbst 1975 zum fünfundzwanzigjährigen Verlagsjubiläum mit festem Einband in einmaliger Auflage von hundertachtzigtausend Exemplaren zum Preis von nur fünf Mark erscheinen – eine Werbebegleitung für «Montauk»,[73] das neueste Buch von Frisch, und zugleich ein vorzeitiges Geschenk zu seinem fünfundsechzigsten Geburtstag, weil Frisch sich 1971, zu seinem sechzigsten, nicht ausreichend gewürdigt fand. Die Werbeaktion erfordert gewisse Vorkehrungen: Papier muss in großer Menge bestellt, die Druckerei reserviert, der Umfang genau verabredet werden. «Das Ganze ist», wie der Verleger mit kriegerischem Elan formuliert, «eine Generalstabsarbeit.»[74]

Vereinbart ist ein «Feierabendwerk des Uwe Johnson», der für die Auswahl «völlig freie Hand»[75] haben soll, wie ihm Frisch und Unseld zusichern. Dabei handelt es sich auch um eine Versorgungsmaßnahme von Seiten Unselds, denn Johnson wird mit den «Jahrestagen» nicht fertig und ist deshalb finanziell auf Aufträge aus dem Verlag angewiesen. Zusätzlich hilft ihm der wohlhabende Frisch immer wieder mit Geld.

So frei die Hand auch sein mag, Unseld hat eine recht genaue Vorstellung davon, welches Frisch-Bild er *nicht* haben will: «Unser aller Siegfried», lästert Johnson in einem Brief an Frisch, will ausdrücklich keinen Frisch, «der Unzufriedenheit mit dem Zustand der Gesellschaft illustriert und streikende Arbeiter und schiessende Polizei».[76] Es soll ein richtiger Festtags-Frisch werden, mundgerecht auch für Winterthur.

Am 2. Juli 1975 bedankt sich Unseld für die von Johnson getroffene Auswahl: «Du hast wirklich etwas Unerwartetes und Faszinierendes geschaffen.» Wie sich aber herausstellt, sind die «Stich-Worte» zu viele und zu lang und zu sehr Frisch. Um den geplanten Umfang nicht zu überschreiten, müssen fünfzig Seiten gestrichen werden. Unseld macht dafür verschiedene Vorschläge. So will er auch den «Lunch» herausgenommen haben mit der Begründung: «Ist Henry Kissinger nicht eine Figur für Frisch ganz am Rande?»[77]

Eine Figur am Rande ist Kissinger ganz bestimmt nicht für Unseld, der sich deshalb ein weiteres Mal für seinen Förderer in die Schanze wirft. Freie Hand oder nicht, Unseld will nicht, dass sein Freund Kissinger, der inzwischen zum Außenminister aufgestiegen war, noch mal und in denkbar großer Auflage auf diese Weise geschildert wird. Dazu kann einem schon der Begriff «Zensur» einfallen.[78]

Johnson folgt den Kürzungsvorschlägen Unselds weitgehend, muss seinen Verleger aber hinsichtlich Kissingers korrigieren: «Was Herrn Kissinger angeht, so habe ich bei meiner letzten Reise in die U. S. A. erlebt, dass fast jeder Reporter und studentische Frager mich in eine Beziehung zu diesem Aussenminister zu setzen versuchte; auch dir wird es doch wohl so gehen, dass jener Teil deines Lebenslaufes, der zu beschreiben wäre als Zugehörigkeit zu den Kissinger boys, unter der und auf der Hand im Stellenwert verändert wurde. Und anders als wir ist doch Max Frisch dieser leider welthistorischen Figur mit Worten sehr nahe gekommen.»[79]

Johnson und Unseld waren ihm ebenfalls nahe gekommen, aber so genau beschreiben konnte es nur Frisch. Johnson muss es im Herzen weh getan haben, dass Kissinger im Berichtszeitraum der «Jahrestage» nicht vorkommen konnte. Er hatte seinen Förderer zuletzt im Mai 1965 vor dessen erster Reise nach Vietnam gesehen und für die «Jahrestage» als Abschluss den 20. August 1968 festgelegt, zweieinhalb Monate vor den amerikanischen Präsidentschaftswahlen, in deren Folge Kissinger plötzlich an der Seite von Nixon auftauchen sollte.

«Es wird sich schon noch herausstellen, dass man Max Frisch zu manchen Leuten nicht mitnehmen darf», kommentiert Johnson anerkennend Frischs Begegnung mit Kissinger. «Der zeigt vor, was man ihm zuvor gezeigt hat.»[80] Die Szene mit der «leider welthistorischen Figur» in einer Firma, «die Milliarden umsetzt in Krieg» (als die Frisch das Weiße Haus wahrgenommen hatte),[81] hätte Johnson sicherlich gern selber erlebt und vorgezeigt. Deshalb musste er aus Gründen historischer Gerechtigkeit darauf beharren, dass die Begegnung, die Unseld und Frisch mit ihm erlebt hatten, nicht kleiner gemacht oder gar unterdrückt wird.

Es kam dann aber so: Frisch flog nach Frankfurt, sah sich im Verlag gegen die Absprache an, was Johnson an Stich-Worten ausgesucht hatte, und folgte den Streichungsvorschlägen Unselds. Johnson war machtlos. Er lebte inzwischen weit weg im englischen Sheerness, an der Mündung der Themse, hatte Ende Mai einen leichten Herzinfarkt erlitten und musste sich die Bearbeitung seiner Bearbeitung gefallen lassen. Unseld hatte sich wie Unseld verhalten, aber der sonst um seinen politischen Nimbus besorgte Frisch muss sich von Johnson vorhalten lassen, dass auch er jetzt Zitate gestrichen habe, «deren nochmalige Vorzeigung Sie bei den Anhängern von ‹Recht & Ordnung› eher diskreditiert hätte als empfohlen».[82] Das über Henry Kissinger gehört dazu. Johnson weiß genau, wie es zur Streichung gekommen war: «Dann sind Sie im Verlag», schreibt er Frisch voller Zorn, «lesen und äussern Wünsche, die mir bekannt vorkommen»,[83] weil es nämlich die Wünsche Unselds sind.

Der Autor Frisch hatte sich dem Verleger gebeugt, und der Autor Johnson musste sich fügen.

Langsame Heimkehr

«Political satire became obsolete when Henry Kissinger was awarded the Nobel peace prize.»[1]

Tom Lehrer

In einer kurzen Porträtskizze in seinen Memoiren präsentiert Kissinger den SPD-Bundeskanzler Helmut Schmidt als jemanden, dem die Geschichte «übel mitgespielt» habe. «Mit seinem Interesse für Architektur, Musik und politische Ökonomie war Schmidt unter den deutschen Politikern der Nachkriegszeit derjenige mit der höchsten Bildung. Dazu hatte er die besondere Gabe großer Persönlichkeiten, mit den Anforderungen zu wachsen. Aber um Größe zu erlangen, muß ein Staatsmann nicht nur über Wissen und Charakter verfügen, er muß vom Schicksal auch die Gelegenheit für heroische Taten erhalten. Schmidt verfügte über alles Nötige, aber die Geschichte gab ihm nicht die Chance, Großtaten zu vollbringen.»[2]

Schmidt hatte mit anderen Worten das Pech, nicht das Glück Kissingers zu haben. Die heroischen Taten, nach denen es Kissinger schon immer verlangt hatte, ermöglichte ihm Richard Nixon. Die beiden hatten sich nicht gesucht, aber gefunden. Bei Fragen der nationalen Sicherheit und der Außenpolitik habe ihn Nixon nie als Untergebenen behandelt, schrieb Kissinger noch im hohen Alter, «sondern eher wie eine Art akademischen Kollegen».[3] Beide verband eine Leidenschaft für strategisches Denken, für eine Globalpolitik, die tatsächlich mehr mit dem Ordnungsbedürfnis Metternichs oder Bismarcks zu tun hatte als mit der sonst auf das eigene Land gerichteten

Politik der Vorgängerregierungen. Nixon hatte seine Karriere als antikommunistischer Ankläger begonnen und war als Vizepräsident unter Dwight D. Eisenhower zu einer Art Sonderbotschafter geworden, zuständig für Außenpolitik. So führte er 1959 in Moskau auf einer Ausstellung, die die Überlegenheit des American Way of Life präsentieren sollte, eine berühmt gewordene «Küchendebatte» mit dem sowjetischen Partei- und Regierungschef Nikita Chruschtschow. 1960 verlor er die Präsidentschaftswahl gegen den charismatischen John F. Kennedy, wovon er ein lebenslanges Ressentiment gegen die Eliten an der amerikanischen Ostküste bewahrte, gegen die er sich als Aufsteiger ebenso zu behaupten hatte wie auf seine Art auch der Immigrant Kissinger. Dass Nixon außerhalb der Hörweite seines Sicherheitsberaters mit antisemitischen Sprüchen nicht sparte, die sich auch auf den überlieferten Tonbändern finden, scheint Kissinger nicht gestört zu haben.

Als Jude war er ständig Anfeindungen ausgesetzt, als Realpolitiker wollte er sich so wenig wie Bismarck durch die Frage der Menschenrechte behindern lassen. Als Anfang der siebziger Jahre in einer zunehmend antisemitischen Atmosphäre Juden in der Sowjetunion das Land verlassen wollten, störte dieser Auswanderungsdruck die amerikanische Politik der großen Linien. Die Unterdrückung in totalitären Systemen dürfe nicht die amerikanische Außenpolitik bestimmen, konnte Kissinger seinem Chef bestätigen. In einer Tonbandaufzeichnung von 1973, die erst 2010 bekannt wurde, ging Kissinger noch weiter und versicherte dem Präsidenten: «Wenn sie in der Sowjetunion Juden in die Gaskammer schicken, ist das vielleicht eine humanitäre Angelegenheit, aber keine amerikanische.»[4]

Die großen Linien galten dem Gleichgewicht der Mächte. China war der Hebel für eine entscheidende Politikwende, Vietnam ein lästiges Hindernis, das aus dem Weg geräumt werden musste. Zwar unterstützten die Sowjetunion und teilweise auch China die nationale Befreiungsbewegung des Vietcong, doch überforderte der Krieg in Südostasien die Schutzmächte. China litt unter den Folgen der Kulturrevolution, in der Sowjetunion machte sich eine Versorgungskrise bemerkbar, die nukleare Hochrüstung band zu viele Ressourcen, die versprochenen Konsumgüter wurden nicht produziert. Sowohl Nixon wie Kissinger waren an einem Abrüstungsabkommen mit der ideologisch verfeindeten Sowjetunion interessiert, die Konfrontationspolitik war, wie sich in der Kubakrise erwiesen hatte, auf Dauer zu riskant. Um die Oberhand in den Verhandlungen zu behalten, durfte die Regierung in Moskau jedoch nicht erfahren, dass sie durch die heimliche Kontaktaufnahme zu China überspielt werden sollte.

Bei einer ersten Fühlungnahme mit dem Kriegsgegner Nordvietnam konnte sich Kissinger 1969 der Hilfe einer ehemaligen Studentin versichern, der französischen Historikerin Claude Badalo-Dulong, «ebenso schön wie intelligent», wie er sie in seinen Memoiren charakterisiert.[5] Sie hatte 1953 am International Seminar teilgenommen und war inzwischen mit Jean Sainteny verheiratet, der seinerseits bereits 1946 Verhandlungen zwischen der französischen Kolonialmacht und dem vietnamesischen Guerillaführer Ho Chi Minh geführt hatte.

Wenige Wochen vor dem Besuch von Max Frisch und Siegfried Unseld im Weißen Haus hatte sich Kissinger in Paris zum ersten Mal heimlich mit Lê Đức Thọ treffen können, um mit diesem Vertreter der nordvietnamesischen Regierung über die Einstellung der Kriegshandlungen zu verhandeln. Das Ziel war, die Amerikaner aus der Verstrickung in den Krieg herauszuholen und zu einem für die USA «ehrenhaften» Frieden zu gelangen.[6] Von diesen ersten tastenden Versuchen ahnten Frisch und Unseld ebenso wenig wie von der nordamerikanischen Einflussnahme im chilenischen Wahlkampf.

Im sogenannten Hinterhof der Vereinigten Staaten galten weiter die Urstände der Systemkonkurrenz. Wie in den fünfziger Jahren wurde darauf geachtet, dass kein Staat vom rechten Weg abwich. Die US-Regierung konnte nicht hinnehmen, dass sich in Südamerika ein demokratischer Sozialismus breitmachte, bei dem die Großindustrien verstaatlicht wurden, die nordamerikanischen Investitionen verloren gingen und der revolutionäre Funke womöglich noch auf weitere lateinamerikanische Staaten übersprang. 1967 hatte die CIA mitgeholfen, das aussichtslose Guerillaunternehmen Che Guevaras im bolivianischen Dschungel zu beenden, ein neuer Konfliktherd musste mit allen Mitteln verhindert werden.

Anders als in Vietnam ließ sich mit Chile kurzer Prozess machen. «Rückblickend muß ich zugeben, daß ich hätte wachsamer sein sollen»,[7] schreibt Kissinger in seinen Memoiren über Chile, aber die Ausweitung des Krieges nach Kambodscha im Frühjahr hatte seine ganze Aufmerksamkeit beansprucht. Wieder sollte sich die CIA der Sache annehmen, die Wahl des Sozialisten Salvador Allende zum chilenischen Präsidenten musste verhindert werden. Seine Gegner im Wahlkampf, namentlich der konservative Kandidat Jorge Allessandri, erhielten Geld aus den USA, Allende wurde als angebliche Moskauer Marionette attackiert. Bei der Wahl am 4. September 1970 errang Allende trotzdem mit einem kleinen Vorsprung die relative Mehrheit, bedurfte aber anschließend einer Bestätigung durch das Parlament. Diese Abstimmung war für den 22. Oktober vorgesehen. In Washington war man vom Ausgang der Wahl überrascht, denn jetzt drohte sich nach Kuba ein zweiter kommunistischer Staat in Lateinamerika zu etablieren.

Noch aber war nicht alles verloren. Am 14. September 1970 traf sich der konservative chilenische Zeitungsverleger Jorge Edwards in Washington mit dem CIA-Chef Richard Helms und wurde sogar von Richard Nixon empfangen. Es wurden die Aussichten für einen Putsch besprochen und die Frage, wer ihn anführen könnte. Als Sicherheitsberater wurde Kissinger in die Pläne eingeweiht, dabei war Chile für ihn nur ein Problem unter vielen. Am selben Tag schickte er aus dem Weißen Haus einen Brief an Unseld, in dem er ihm dafür dankte, dass er, Unseld, den befreundeten britischen Journalisten Henry Brandon in Frankfurt empfangen hatte. Handschriftlich fügte er einen zusätzlichen Dank für den Besuch «während der hektischen Kambodscha-Wochen» hinzu.[8] Im Benehmen mit seinem Präsidenten traf er gleichzeitig Vorkehrungen, um Allende gewaltsam von dem Amt fernzuhalten, in das er nach einer demokratischen Wahl zu gelangen drohte.

In den Protokollen ist von «Handlungen» die Rede, bei denen sich im günstigsten Fall «Situationen herbeiführen ließen, in denen sein Scheitern oder ein Putsch eher denkbar» wäre.[9] Die Frage sei nur, «wie offen unsere aggressiven Aktionen sein sollen».[10] Es war, da hatte Peter Weiss schon recht, wie in Vietnam einer der Versuche der Vereinigten Staaten von Amerika, die Grundlagen der Revolution zu vernichten.

Offen nicht, sondern verdeckt unterstützte die CIA am 22. Oktober den Versuch, Chiles obersten militärischen Befehlshaber René Schneider zu entführen und die Tat den Linken in die Schuhe zu schieben. Schneider wehrte sich, wurde angeschossen und starb drei Tage später. Der Entführungsversuch schlug zum Gegenteil aus: Statt Allendes Wahl zu verhindern, wurde der Präsident im Parlament auch von den Christdemokraten mitgewählt.

Erst 2023, zum fünfzigsten Jahrestag des Militärputsches, in dem Allende starb, gab das Weiße Haus das Protokoll eines Telefongesprächs frei, das Nixon mit Kissinger am 23. Oktober 1970 geführt hatte. Die Sache mit Schneider sei schiefgegangen, muss der Sicherheitsberater seinem Chef mitteilen, ehe man sich wieder der Entspannungspolitik mit der Sowjetunion zuwendet. «Der nächste Schritt wäre die Regierungsübernahme gewesen, aber dazu ist es nicht gekommen», leider seien die Beteiligten «ziemlich unfähig».[11] Als drei Jahre später der Putsch tatsächlich gelingt, Salvador Allende im Präsidentenpalast von seiner eigenen Luftwaffe bombardiert wird und schließlich

Selbstmord begeht, versichern sich Nixon und Kissinger gegenseitig ihrer Leistung: «In der Eisenhower-Ära wären wir jetzt Helden.»[12] Der Putsch von General Augusto Pinochet kostete mindestens dreitausend Menschen das Leben.

Der Realpolitiker hält es nicht mit den Menschenrechten, sondern mit Pinochet. Bei einer Konferenz der Organisation Amerikanischer Staaten 1976 in Santiago de Chile informierte er den General vorab, wie vorsichtig er die Frage der Menschenrechte bei seiner bevorstehenden Rede in der Vollversammlung ansprechen werde. «Meiner Meinung nach», so beruhigte er Pinochet, «sind Sie ein Opfer dieser linksgerichteten Gruppen in der ganzen Welt. Ihre größte Sünde besteht darin, dass Sie eine Regierung gestürzt haben, die sich auf dem besten Weg in den Kommunismus befand.»[13]

Für Unseld schlug das chilenische Desaster zum Vorteil aus. 1973, beim Sturz Allendes, hing dessen entfernter Verwandter Gastón Salvatore wie viele seiner Generation noch einer revolutionären Romantik nach, die der Kuba-Reisende Enzensberger bereits aufgegeben hatte: «Eine Alternative zu [Allendes] Weg gab es 1970 nicht», behauptete Salvatore in seinem Nachruf starksinnig. «Daß die Alternative – gewaltsamer Kampf – möglich ist, zeigt sich erst jetzt, nach drei Jahren seiner Regierung, an dem revolutionären Bewußtsein der mobilisierten Massen.»[14]

Allein, die Massen wollten sich nicht mobilisieren lassen, sie zeigten sich jedoch bald an ganz anderer Stelle: Salvador Allende wurde durch Isabel Allende gerächt, einer anderen entfernten Verwandten. Dabei war ihr Roman «Das Geisterhaus» aus dem Jahr 1982 genau die Art «Konsumliteratur», die der junge Handke so verabscheute und jedenfalls nicht ganz zu einem Verlagsprofil mit Proust, Beckett und Adorno zu passen schien. Aber das Buch brachte es auf eine Auflage von mehr als einer Million Exemplaren und hatte den angenehmen Nebeneffekt, dass man mit der Lektüre politisch auf der Seite des Marxisten Allende stand, der mit Unterstützung Kissingers aus dem Amt gedrängt worden war. Der Literaturkritiker Jörg Drews spottete über die Kollegen, die das Buch als Beispiel für den südamerikanischen Magischen Realismus gepriesen hatten, und hielt ihnen vor, sie seien «auf den Kitsch reingefallen, weil sie sich durch Moral, durch Gesinnung erpressen ließen». Drews wandte sich unmittelbar gegen Suhrkamp, wo man doch das Manuskript, wenn es von einem Deutschen gekommen wäre, «hohnlachend an den Autor zurückgeschickt hätte: was glauben Sie eigentlich, wer wir sind!». Aber Drews wusste, dass sich 1982 die Marktlage selbst für einen *left-wing publisher* verändert hatte: «Man kann ja auch bei Suhrkamp nicht ewig von dem Geld leben, das man mit Taschenbuchausgaben von Brecht-Stücken für den Schulgebrauch macht.»[15]

Pinochet gegenüber verwendete Kissinger das klassische Argument «Die Kommunisten betreiben eine weltweite Propagandakampagne»,[16] doch besaß der antikommunistische Konsens, in dem Kissinger und Nixon ihre Laufbahn begonnen hatten, längst nicht mehr die bewährte Bindekraft. Schließlich hatten sie sich auf der Weltbühne durch die Entspannungspolitik selber davon verabschiedet. «Vietnam ist nicht mehr unser zentrales außenpolitisches Problem»,[17] konnte Kissinger den Journalisten versichern, die bei den Friedensverhandlungen in Paris jeden Tag auf Ergebnisse warteten und Woche für Woche vertröstet wurden.

Das zentrale Problem war mittlerweile die im Politbüro uneinige Sowjetunion, und die Öffnung Chinas brachte die Lösung. Zwischen der 1949 (wie es schien) über Nacht kommunistisch gewordenen Volksrepublik und den Vereinigten Staaten hatte es über Jahrzehnte so gut wie keinen Kontakt gegeben. Für die Amerikaner war Nationalchina, das dem Festland vorgelagerte Taiwan, die legitime Vertretung des chinesischen Volkes, während die Regierung in Peking Taiwan als abtrünnige Provinz betrachtete. Wieder war der französische Diplomat Jean Sainteny bei der Anbahnung behilflich, als Kissinger den Kontakt zum Ministerpräsidenten Tschou En-lai suchte. In den Memoiren wachsen ihm poetische Flügel, wenn er schildert, wie er, unbemerkt von der Welt, im Juli 1971 von Islamabad aus in Richtung China fliegt, für ihn ein «köstliches Abenteuer», Anlass sogar, «nach der Bedeutung des Lebens» zu fragen. «So ging es mir, als das Flugzeug die schneebedeckten Gipfel des Himalaja überflog und auf einen von der aufgehenden Sonne glutrot erleuchteten Himmel zusteuerte.»[18]

Nixon, so erlebt es der inzwischen fernsehberühmte Kissinger nach diesem diplomatischen Triumph, «erwartete sehnsüchtig die Anerkennung seiner Mitmenschen». Sie blieb auch nicht aus: Die Öffnung Chinas gilt bis heute als größte außenpolitische Leistung des ansonsten diskreditierten Präsidenten, aber sie hielt nicht an. Die Proteste gegen den Krieg gingen weiter. Im Rückblick auf Vietnam meinte Kissinger, die Amerikaner hätten sich in diesem Krieg durch die innere Zerrissenheit im Lande selber besiegt.[19] Sein eigenes Soziotop, das akademische Establishment an den Universitäten, wandte sich gegen den Regierungskurs, die Professoren behielten einen Teil ihrer Steuern ein und unterstützten Studenten, die sich der Einberufung in den Krieg entziehen wollten. Die aus der amerikanischen Studentenbewegung hervorgegangene Terrorgruppe der Weathermen unternahm Anschläge auf Regierungseinrichtungen. In Harvard kam es zu einem Brandanschlag in der Abteilung, in der Kissinger in seiner Zeit als Professor gearbeitet hat. Als die Army im Mai 1972 ankündigte, den nordvietnamesischen Hafen Haiphong zu verminen, und die Luftangriffe ausweitete, begann die Rote Armee Fraktion (RAF) unter Anleitung von Gudrun Ensslin mit Anschlägen auf amerikanische Militäreinrichtungen in Deutschland. Beim Prozess gegen die Hauptangeklagten im Prozess in Stuttgart-Stammheim bestätigte der ehemalige CIA-Agent K. Barton Osborne, dass sich im US-Hauptquartier in Heidelberg der Computer befand, mit dem die Flüge beim Flächenbombardement in Vietnam koordiniert wurden.[20]

Am 27. Januar 1973 unterzeichneten Vertreter von Nord- und Südvietnam in Paris endlich ein Friedensabkommen, das den Waffenstillstand vorsah, den Krieg aber keineswegs beendete. Gelungen war nur die «Vietnamisierung» des Krieges, denn die amerikanischen Truppen zogen sich zurück. Zwei Tage später schickt Siegfried Unseld seinem Freund Kissinger ein begeistertes Telegramm ins Weiße Haus: «Lieber Henry: meinen herzlichen Glückwunsch zu Deiner großen Friedensleistung – Stop – Gib nicht auf – Stop – Die Geschichte wird von Dir mit Shakespeare sagen: This was a man. Herzlich Siegfried Unseld.»[21]

Peter Handke, der in den Suhrkamp Verlag eingetreten war, als Martin Walser das Vietnambüro eröffnete, bemerkte dazu weit weniger gewaltig in einer Glosse: «So ist der Waffenstillstand in Vietnam nicht aus der doch immer nur beschworenen, kaum von vornherein vorhandenen menschlichen Friedensliebe entstanden, auch nicht aus der *Material*erschöpfung, sondern aus der *Bewußtseins*erschöpfung der kriegsführenden Amerikaner und ihrer Fernsehzuschauer.»[22]

Die Zuschauerinnen und Zuschauer hatten sich am Krieg sattgesehen, doch blieb die Kränkung wegen der Niederlage, die man sich nicht eingestehen wollte. Dem großen Mann im Shakespeare-Format konnte es gleichgültig sein, was seine ehemaligen Kollegen von ihm dachten, er dachte sich ja den Präsidenten als akademischen Kollegen, mit dem er die Lage nicht im Seminar erörterte, sondern im Keller des Weißen Hauses, manchmal vielleicht auch vor den Ziermöbeln, über die sich Max Frisch belustigt hatte.

Hannah Arendt musste dem Politikwissenschaftler Christian Bay aus Toronto beipflichten, der meinte, der politikwissenschaftliche Kollege Kissinger müsse vor den Ethikausschuss der American Political Science Association geladen werden, weil er nicht von seinem Amt als Sicherheitsberater zurücktrete.[23] Noch in der Endphase der Verhandlungen über Vietnam, als Kissinger betonte, der Frieden sei zum Greifen nahe,[24] hatte Nixon im Dezember 1972 neue Bombenangriffe auf die wichtigsten Städte in Nordvietnam angeordnet. Diese groben Hiebe sollten den Gegner zur Unterzeichnung des Friedensvertrags zwingen. Der ehemalige Harvard-Professor sei kein Kollege mehr, schreibt Bay an Arendt, sondern «erkennbar ein Komplize bei Kriegsverbrechen».[25]

Doch der Kriegsverbrecher erhält sogar den Friedensnobelpreis. Im Oktober 1973 wird Kissinger zusammen mit seinem nordvietnamesischen Verhandlungspartner Lê Đức Thọ ausgezeichnet. Sein Vorgänger als Preisträger, Willy Brandt, hatte sich Anfang 1973 einer Operation unterziehen müssen, bei der ihm eine Geschwulst entfernt wurde; die Operation war erfolgreich. Nixon und Kissinger unterhielten sich danach über Brandts Gesundheitszustand: «Sie meinen, dass er unglücklicherweise bei swehr guter Gesundheit ist», meinte Nixon, und darauf Kissinger in seinem berüchtigten Humor: «Leider wird er uns erhalten bleiben.»[26]

Lê Đức Thọ lehnt die Annahme des Preises ab, Kissinger schickt den amerikanischen Botschafter in Norwegen zur Verleihung. Nach dem Fall von Saigon am 30. April 1975 will Kissinger die Auszeichnung zurückgeben, weil «der Friede, den wir durch Verhandlungen zu erreichen hofften, gewaltsam beendet worden ist».[27] Anderthalb Jahre nach der Verleihung verlässt der amerikanische Botschafter in Südvietnam Saigon, der Vietcong hat endgültig gesiegt. Zwei Wochen zuvor hatten die Roten Khmer die kambodschanische Hauptstadt Phnom Penh eingenommen, es ist der Beginn des größten Massenmords der neueren Zeit: In den *killing fields* werden mehr als eine Million Menschen sterben, weil sie Ärzte oder Lehrer sind, Französisch können oder einfach eine Brille tragen. 1970 hatte Max Frisch bei seinem Besuch im Weißen Haus ein Statement von Kissinger festgehalten: «Was in Kambodscha geschieht, wenn wir Vietnam verlassen, das ist nicht unser Problem!»[28]

Mit der Pendeldiplomatie zwischen Israel und Ägypten wird Kissinger endgültig zu einer historischen Figur und geht mit der kaum zu widerlegenden Beobachtung, dass er sich beim Abflug bestimmt selber sehe, wie er in einer anderen Maschine lande, in die Folklore ein. Über die historische Bedeutung hinaus hat er damit zweifellos auch ganz persönlich Geschichte gemacht, eben in der Art, wie sie Helmut Schmidt nicht vergönnt war: der Friedensvertrag mit Nordvietnam, die Öffnung Chinas, die Gespräche mit der Sowjetunion zur Begrenzung strategischer Rüstung, die Konferenz für Sicherheit und Zusammenarbeit in Europa, Ägyptens Friedensschluss mit Israel. Daneben gibt es aber auch die Kehrseite seiner angeblich durchdachten, strategisch angelegten Politik: der Einmarsch in Kambodscha, der Militärputsch gegen Allende, der Völkermord in Bangladesch und Ost-Timor.

Im Fernsehen war Kissinger ein Star, der sich in den Städten der Welt, auf Gangways, in Konferenzhotels zeigte, vorzugsweise mit einer schönen, möglichst großgewachsenen Schauspielerin an seiner Seite, den seit Napoleon bewährten Spruch auf den Lippen, dass Macht das stärkste Aphrodisiakum sei. Seine Biographen müssen jedoch fast zerknirscht einräumen, dass der große Womanizer gar keiner war, dass sich so manche Begleiterin beklagte, sie habe nur als Dekoration gedient, weil Kissinger sich dann schnell zurückzog, um ein wichtiges Treffen mit einem noch wichtigeren Politiker vorzubereiten. Am nächsten Tag musste er doch Mao, dem Schah, dem deutschen Bundeskanzler oder dem jordanischen König die Hand schütteln und seinem Gegenüber noch ein Zugeständnis abhandeln. So wurde er tatsächlich der Mann, der sich kraft seiner diplomatischen Fertigkeiten an die Karten der Welt machen konnte.

In einer burlesken Reprise dieser ubiquitären Einsatzfreude tauchte er 1983 neben Nixons Nachfolger Gerald Ford und dessen Frau in einer Folge der Serie «Dynasty» (in Deutschland «Der Denver-Clan») auf. Ford und er waren da schon lange aus dem Amt geschieden, aber hier konnten sie ihre Rolle noch einmal spielen. Alexis Colby (Joan Collins), die in der Serie Wert darauf legt, mit allen Männern ins Bett zu gehen, beflirtet den ehemaligen Außenminister wie einen alten Bekannten: «Henry, hello. Ich habe Sie ja seit Portofino nicht mehr gesehen. Es war toll.» Kissinger, sonst um keinen Witz verlegen, kann nur sagen: «Stimmt.» Trotzdem, mehr Ruhm geht wahrscheinlich nicht.

Die andere Szene hatte weniger Zuschauer, aber auch sie ist legendär geworden. Richard Nixon droht wegen der Watergate-Affäre das Impeachment, er muss damit rechnen, dass ihn der Kongress seines Amtes entheben wird; zwei Drittel der Abgeordneten sind bereit, gegen ihn und für das Anklageverfahren zu stimmen. Er kommt der Amtshebung durch seinen Rücktritt zuvor. Nixon galt da schon länger als amtsunfähig, er trank zu viel und fürchtete mehr denn je das Washingtoner Establishment. Nach dem Einbruch ins Wahlkampfhauptquartier der gegnerischen Demokraten kamen immer neue Details über seine paranoide Überwachungssucht heraus, und der Kampf gegen die justizielle Aufarbeitung seiner Amtsführung absorbierte seine ganze Kraft. Kissinger dominierte in dieser Phase mehr denn je die Außenpolitik. Der ehemalige Kriegstheoretiker, der in den Fünfzigern den begrenzten Einsatz von Atomwaffen propagiert hatte, musste jetzt dafür sorgen, dass der streckenweise nicht mehr zurechnungsfähige Präsident nicht zu nah an den roten Knopf gelangte.

Es war das Oberste Gericht, das mit seinem Urteil, auch der Präsident stehe nicht über dem Gesetz, den Ausschlag gab und Nixons Rücktritt unausweichlich machte. In der vorletzten

Nacht vor seinem Rücktritt, am 7. August 1974, bestellte Nixon Kissinger zu sich, weil er sich um seinen Platz in der Geschichte sorgte. Nur die beiden waren zugegen, als der Präsident sein Scheitern eingestehen musste. «Es kommt darauf an, wer die Geschichte schreibt»,[29] zitiert Kissinger den verzweifelten Präsidenten. Nixon mag selber Geschichte geschrieben haben, er ist trotzdem auf Interpreten seiner Taten angewiesen. So bekam der Geschichtserzähler Kissinger recht – er hat die Ereignisse jener Nacht überliefert. Zwei Männer, im gemeinsamen Schicksal vereint. Als in Kubricks «Dr. Seltsam» der Weltuntergang unmittelbar bevorsteht, versammelt sich das Kriegskabinett im War Room zum gemeinsamen Gebet. Bei der Szene elf Jahre später im Weißen Haus explodieren keine Atombomben, das Schauspiel ist aber ähnlich verrückt: Hier folgt der nichtgläubige Jude Kissinger der Aufforderung des Quäkersohns Nixon, mit ihm zusammen niederzuknien und um ein gutes Ende zu beten. Kissinger willfahrte seinem Meister, kniete brav neben Nixon und betete mit ihm. Als ihn sein ehemaliger Seminarteilnehmer Günter Gaus im Jahr 2002 fragte, wie er sich dazu verstehen konnte, wich Kissinger aus und erinnerte sich vor allem an sein «tiefes menschliches Bedauern» für den Gestürzten.[30] Es fiel ihm leicht, er hatte gewonnen.

Hannah Arendt täuschte sich, als sie nach Nixons Rücktritt glaubte, die Journalisten würden nun auch Kissinger die Gunst entziehen, weil er «mehr als sonst irgendjemand die weitere Entwicklung fürchten muss».[31] Doch sie hatte recht in der Annahme, dass ihn Gerald Ford konsultiert hatte, ehe dieser seinen Vorgänger vorsorglich begnadigte und Nixon damit vor jeder Strafverfolgung bewahren konnte.[32] Nixon musste wegen der Watergate-Affäre zurücktreten, doch die guten Verbindungen zu einzelnen Journalisten, die er bereitwillig mit Klatsch und gelegentlich auch mit Informationen versorgte, garantierten Kissinger auch weiterhin eine erstaunlich gewogene Presse. Die wusste 1976 nur andeutungsweise, dass das professionelle Abhören in der Nixon-Regierung auf niemand anderen als auf den grundmisstrauischen Kissinger zurückging. Er war es, der das FBI beauftragt hatte, seine Mitarbeiter und mehrere Journalisten zu überwachen, die er verdächtigte, für die Preisgabe hochgeheimer Informationen verantwortlich zu sein.

Kissinger überlebte den Sturz, er blieb auch bei Gerald Ford Außenminister, doch bot ihm der Wechsel im Präsidentenamt Gelegenheit, sich melancholische Gedanken zur Lage in der westlichen Welt zu machen. «Die Geschichte», so erläuterte er dem «New York Times»- Reporter James Reston in einem mehrseitigen Interview, «ist eine einzige Geschichte von fehlgeschlagenen Versuchen, unerfüllten Hoffnungen, von Wünschen, die in Erfüllung gehen, sich aber dann als ganz anders als erwartet herausstellen.» Das Interview war zugleich ein Versuch, sich als jemand zu präsentieren, der im Amt das intellektuelle Grübeln nicht verlernt und deshalb den Anschluss an Harvard, Yale und Columbia nicht verloren hatte. Als Historiker müsse man mit dem Gefühl leben, dass die Tragödie unausweichlich sei, meinte er in der geschichtspessimistischen Tonlage seiner ersten Arbeit in Harvard, während man als Staatsmann zu handeln habe, und zwar unter der Prämisse, dass Probleme gelöst werden müssen.[33]

Beim Kanzlerfest 1975 gelang es Kissinger ein weiteres Mal, den so viel weniger vom Schicksal begünstigten Helmut Schmidt die Schau zu stehlen, wie die «New York Times» berichten konnte. Für den Außenminister war der Auftritt in der westdeutschen Hauptstadt Bonn ein Pflichttermin, auf den er die mitreisenden Journalisten mit dem Befehl vorbereitet hatte, sich zu amüsieren. «Wenn 2000 Deutsche entschlossen sind, Spaß zu haben, dann passiert etwas. Es muß nicht unbedingt lustig sein, aber auf jeden Fall passiert etwas.»[34]

Kissinger war selber auch entschlossen, sich zu amüsieren, denn es passierte doch einiges: Aus den Lautsprechern kam ein Lied, das in seiner ganzen Schlichtheit zeigte, wie populär dieser deutsche Jude war, der es in Amerika bis ins Weiße Haus geschafft hatte. Der Reporter der «New York Times» gab sich redliche Mühe, den Inhalt dieses «belanglosen Popsongs», das einen Abend zwischen «Kostümball und Happening» akzentuierte, für die amerikanischen Leserinnen und Leser zu übersetzen.[35] Das Lied des Schlagersängers Wolfgang war aber nur ein launiges Herrscherlob, in dem «Henry» zum Retter «auserseh'n» ist, «all uns're Not zu enden». «Henry» wird, so die Botschaft, von den Deutschen bei allen Malaisen und Verdrießlichkeiten des Lebens als neuer Superman angerufen: «Er macht alle wieder fröhlich, / uns're ganzen Helden selig / reichen an ihn nicht ran.»[36]

Der Held dieses Schlagers war in einem gepanzerten Cadillac vor dem Theater der Stadt Bonn erschienen und arbeitete sich, umgeben von stämmigen Leibwächtern, redend, lachend, grüßend durch die eintausendfünfhundert mehr oder weniger prominenten Gäste, darunter auch einige Auserwählte aus der Mitte des Volkes. Vom Sauerbraten bis Heinz Rühmann war alles aufgeboten, was gut und deutsch war. Die Besucher interessierten sich aber nicht für Curd Jürgens oder Willy Brandt, sie umlagerten den amerikanischen Außenminister und erbettelten sich sein Autogramm auf der Plattenhülle von «Henry».

Unseld war mit Frau und Sohn ebenfalls beim Kanzlerfest eingeladen. Lange konnte er seinen Freund, den die Leibwächter perfekt abschirmten, nicht erreichen, bis sich die Mauer um ihn herum öffnete. Kissinger «schaute aus der Lücke dieser Mauer heraus, sah mich, stand auf und rief mich zu sich; ich ging auf ihn zu und wir umarmten uns geradezu herzlich». Kissinger saß an einem Tisch mit Helmut Schmidt und dessen Frau und präsentierte Unseld als einen seiner Schüler. «Schmidts waren sichtlich überrascht, denn auf Solches waren sie nicht gefaßt gewesen, auch nicht auf die Herzlichkeit.»[37] In dem Unseld gewidmeten Bildband des Suhrkamp Verlags wird der Verleger erstaunlicherweise aber nicht mit Kissinger, sondern beim Tanz mit der Kanzlergattin Loki Schmidt gezeigt. Vorher konnte er noch ihrem Mann einen Brief zustecken, in dem er ihm den Rat gab, auf den in der Deutschlandpolitik so heiklen Begriff «Wiedervereinigung» zu verzichten und stattdessen von der «kommenden Vereinigung der beiden deutschen Staaten» zu sprechen. Schmidt zeigte daran offenbar kein großes Interesse, für Unseld aber war es «in besonderer Weise ein Kissinger-Abend. Fast auf den Tag genau 20 Jahre nach unserem ersten Treffen in Harvard.»[38]

Trotz der Sicherheitsvorkehrungen gelang es einigen Neugierigen, sich ins Bonner Stadttheater einzuschmuggeln. Im Jahr darauf, 1976, beim nächsten Kanzlerfest, war auch der Schauspieler Christof Wackernagel dabei, versehen mit einer offiziellen Einladung von Helmut und Loki Schmidt. Wackernagel schleppte eine damals noch sensationell neue Videoausrüstung mit sich, weil er Material für eine Dokumentation zum Vietnamkrieg sammelte. Er filmte neben den Bergen mit «hausgemachten Nudeln, asiatischen Gemüsevariationen, auf Wunsch englisch oder medium gegrillten Filets» auch den Kanzler, wie er sich gerade eine Prise aus der Schnupftabakdose genehmigte.[39] Mit der gleichen Kamera wurden fünfzehn Monate später die Botschaften des von der RAF entführten Hanns Martin Schleyer an die Bundesregierung gefilmt.

Seit er weltberühmt geworden war, versuchten die Fürther, ihm den Goldenen Schlüssel der Stadt in die Hand zu drücken, was aber bisher, wie der Reporter der «New York Times» nicht unerwähnt lassen konnte, nicht gelingen wollte. «Trotzdem lieben ihn die Westdeutschen wahrscheinlich mehr als jedes andere Volk.»[40]

Im Dezember 1975 gelang es endlich, dem ehemaligen Fürther wenigstens die Goldene Bürgermedaille zu überreichen, die ihm bereits zwei Jahre zuvor verliehen worden war. Der

Vielflieger hatte nie Zeit gefunden, sie persönlich in Empfang zu nehmen, war aber auch nicht besonders wild darauf und nahm die Auszeichnung schließlich vor allem seinen Eltern zuliebe an. Die Ehrenmitgliedschaft bei der Spielvereinigung Fürth war ihm viel wichtiger. Der Verein hatte seine große Zeit in den frühen dreißiger Jahren gehabt, als mehrere Fürther in der deutschen Nationalmannschaft spielten und der junge Kissinger sich als Straßenfußballer versuchte. Als den Fürthern 2012 nach Jahrzehnten der Dritt- und Viertklassigkeit überraschenderweise der Aufstieg in die Bundesliga glückte, hielt Kissinger, was er für diesen unwahrscheinlichen Fall versprochen hatte: Er feuerte mit weißgrünem Fanschal um den Hals seine Mannschaft beim Spiel im heimischen Stadion an. In den Siebzigern muss das Verhältnis zu seiner Vaterstadt noch ambivalenter gewesen sein. Bei einer Europareise mit den üblichen Terminen in Brüssel, London und Paris fiel Ende 1975 wegen der dortigen Kabinettsumbildung eine geplante Reise nach Madrid aus, und diese Lücke erlaubte einen siebeneinhalbstündigen Aufenthalt in Fürth. Im Ablaufplan hieß es präzise: «8:35 Wheel up for Fuerth / Arrived Fuerth / Awarded Gold Medal / Luncheon / Walk through Fuerth / 5:20 Wheels up Fuerth.»[41] Besonders nostalgisch war Kissinger nicht zumute. Das Haus in der Mathildenstraße 23, in dem er zweiundfünfzig Jahre zuvor geboren worden war, wollte er wegen der Reporter gar nicht besuchen, und auf den Jüdischen Friedhof ging er auch erst, als er sicher sein konnte, dass ihm niemand von der Presse folgte.

Es wurde trotzdem ein Fest. Kissinger war mit Nancy Maginnes erschienen, die er im Jahr davor geheiratet hatte, und auch seine Eltern und sein Bruder waren dabei. Bundesinnenminister Hans-Dietrich Genscher begrüßte Kissinger, der Oberbürgermeister Kurt Scherzer rühmte ihn, Fürth feierte den verlorenen Sohn. Der Chor des Helene-Lange-Gymnasiums, dem früheren Lyzeum, an dem Louis Kissinger unterrichtet hatte, sang im Stadttheater, an dessen Fassade Medaillons und Büsten von Mozart, Beethoven, Wagner, Goethe, Schiller und Lessing prangen.

Die eigentliche Laudatio auf den Geehrten hielt sein Vater. Louis Kissinger, inzwischen achtundachtzig, ganz der Studienrat a. D., beschwor vor der Feiergesellschaft Euripides und Aristophanes herauf, um die historische und geistige Herkunft des berühmtesten Sohns der Stadt noch viel weiter als ins Zeitalter von Metternich und Bismarck zurückzuverlagern. In Aristophanes' Komödie «Der Frieden» reitet der Winzer Trygaios auf einem Mistkäfer hinauf zum Olymp, um Zeus mit der Frage aufzustören, warum die Götter nicht endlich für Frieden bei den Griechen sorgen könnten. Er befreit die von Polemos, dem Kriegsgott, eingesperrte Eirene und bringt die Friedensgöttin auf die Erde. Der Mistkäfer war natürlich das Flugzeug, in dem Kissinger ständig unterwegs war, Zeus wahlweise Mao, Breschnew oder auch Nixon, den Kissinger inzwischen dem Watergate-Strudel überlassen hatte. Hinterher meinte er, die beiden griechischen Dramatiker habe sein Vater nur benutzt, um ihn, den Sohn, der sich so weit vom klassischen Bildungskanon entfernt hatte, ein bisschen zu beschämen.[42]

Kissinger selber sprach nacheinander deutsch und englisch und wies den Versuch, ihn nachträglich wieder nach Fürth einzugemeinden, mit der Betonung seiner neuen Identität zurück. Er sei stolz darauf, vor die Fürther als Außenminister der Vereinigten Staaten treten zu können, «des wahrscheinlich einzigen Landes in der Welt, in dem ein adoptierter Sohn die Chance zur verantwortlichen Mitarbeit erhält, wie sie mir vergönnt war».[43]

Dann wurde er noch ein wenig grundsätzlich: «Unsere Generation war Zeuge der dunklen Mächte, der Brutalität und hemmungslosen Macht in der modernen Welt. Während ich hier stehe, zählt das Leiden in vielen Teilen der Erde noch immer zum Alltag. Unter allen Lebewesen auf diesem Planeten fügt allein der Mensch sich den größten Teil seiner Qualen selbst zu. Wir müssen so lange zielbewußt weiterarbeiten, bis das Ungewohnte zur Regel wird. (…) Bis die Vision vom Frieden Realität und zum Erbe für unsere Kinder wird.»[44] Louis Kissinger hatte sich in seiner Ansprache versöhnlicher gezeigt und sich bei der Stadt und dem Bürgermeister für die Beihilfe zu seinem Zahnersatz bedankt.[45] Er konnte nicht wissen, dass derselbe Bürgermeister noch bis kurz zuvor mit regelmäßigen Zuwendungen auch den NSDAP-Kreisstellenleiter und späteren Bürgermeister Franz Jakob und nach Jakobs Tod dessen Witwe unterstützt hatte.[46]

Die dunklen Mächte hatten in Fürth noch viel dunkler gewirkt. Am 9. März 1933, nach den letzten halbwegs freien Wahlen, hatte der Stadtrat Karl Holz vom Balkon des Rathauses der mehrtausendköpfigen Versammlung von SS- und SA-Mitbürgern das neue Programm verkündet: «Auch hier aus Fürth, der Stadt, die einst rot und total verjudet war, wird wieder eine saubere, ehrliche deutsche Stadt gemacht.» Alles Fremdrassige müsse beseitigt werden.[47] Bürgermeister wurde Franz Jakob, der bereits 1925 in die Partei eingetreten war, als «alter Kämpfer» verehrt wurde und fast unantastbar war. In der Reichspogromnacht 1938 überwachte er das Niederbrennen der Fürther Synagoge. 1940 wurde Bürgermeister Jakob nach Thorn im besetzten Polen verschickt, aber nicht wegen seiner Beteiligung an der Zerstörung der Synagoge, sondern wegen diverser Sittlichkeitsvergehen, die den Ruf der Partei zu schädigen drohten.

Nach 1945 wurde sein Vermögen konfisziert, und er kam vor Gericht, doch wurde die Strafe des NS-Täters immer weiter reduziert, sodass er zuletzt nur mehr wegen einfachen Landfriedensbruchs und schwerer Brandstiftung verurteilt wurde.[48] In der Überzeugung, alle Schuld sei damit abgegolten, wandte sich Franz Jakob 1959 an den amtierenden Oberbürgermeister Hans Bornkessel mit dem frommen Wunsch, «dass man doch einmal, die böse Vergangenheit vergessend, wieder zusammenkommen könnte». Der Stadtrat sprach sich zwar gegen eine finanzielle Unterstützung Jakobs aus, den noch viele in schlimmer

Erinnerung hatten, doch der Sozialdemokrat Bornkessel, der seinerseits 1934 als Fürther Verwaltungsreferent suspendiert worden und mehrere Monate im KZ Sachsenhausen interniert gewesen war, gewährte ihm fortan dreimal jährlich eine Bargeldzuwendung. Sein Nachfolger Scherzer erhielt diese schöne Tradition aufrecht. Zuspruch bekam Bornkessel vom Fürther Ehrenbürger Gustav Schickedanz. Dem Sozialdemokraten sei es gelungen, über seinen «Schatten zu springen»,[49] lobte der Gründer des Versandhauses Quelle und reichste Mann der Stadt, der als NSDAP-Mitglied unter dem Nationalsozialismus nicht unbedingt zu leiden hatte.

Kissingers Mutter war sicherlich stolz auf ihren Sohn. Der Ehrentag habe aber trotz allem eine Kränkung bedeutet, meinte sie später. «Tief im Innern wusste ich, dass sie uns wie die anderen vergast hätten, wenn wir geblieben wären.»[50]

Zu seinem fünfundsiebzigsten Geburtstag im Jahr 1998 empfing Henry Kissinger auch die Fürther Ehrenbürgerwürde.

Kissinger schreibt einen Bestseller

«Ganz unabhängig davon, welchen Einfluss der Sicherheitsberater womöglich haben mag, liegt die Verantwortung für alle getroffenen Entscheidungen letztlich beim Präsidenten.»

Henry Kissinger, Staatskunst (2022)

«Make war, said Nixon, and he made war. Pray to God, said Nixon, and he prayed to God. Seems to me his God was Nixon.»

Joseph Heller, Good as Gold (1979)

Es sollte ein Coup werden, wie es ihn in der deutschen Verlagsgeschichte noch nicht gegeben hatte, Henry Kissinger, diese leider welthistorische Figur, sollte Siegfried Unseld zu seinem ersten richtigen Bestseller verhelfen. Gut zwei Jahrzehnte nach den halkyonischen Tagen auf den heiligen Rasen Harvards wäre die Verbindung von Kissinger und Unseld mit einem Buch besiegelt, auf das die Welt voller Spannung wartete.

Brecht, Frisch, der «Steppenwolf» und «Siddhartha» millionenfach verbreitet in den USA, alles schön und gut, aber Unseld wollte nicht nur der Verleger eines überlieferten literarischen Programms sein, sondern wie die großen Häuser S. Fischer und Rowohlt mit einem eigenen Bestseller auftrumpfen können. Das beschäftigte ihn mehr, als sich mit dem Nimbus des Suhrkamp Verlags vertrug. Selbst wenn er mit dem literarisch so anspruchsvollen Uwe Johnson über die «Jahrestage» korrespondierte, machte er sich und ihm Hoffnung, «daß sich hier ein ‹bestseller› vorbereitet».[1]

Über die Jahre hatte Unseld an seiner Absicht festgehalten, ein Buch mit Kissinger zu machen. Anders als 1960, als ihn Kissinger um Hilfe bei der Suche nach einem geeigneten Verlag für seine geostrategischen Aufsätze gebeten hatte, ist beim jetzigen Buch dank des illustren Namens mit breitestem Interesse zu rechnen. Als die Verhandlungen mit Nordvietnam wieder einmal kurz vor einem Abschluss ins Stocken geraten, wünscht Unseld dem Freund nicht nur die Kraft zum Durchhalten, er soll auch das gemeinsame Vorhaben nicht vergessen. Die spektakuläre und bald als historisch angesehene Reise Nixons nach China ist ein weiterer Anlass, ihn an das alte Projekt zu erinnern. Wenn er an «vorläufige Memoiren» denke, schreibt Unseld in einem Telegramm vom 13. März 1972 an «Mr. Henry Kissinger / White House / Washington / D. C. / USA», dann sollten diese «in Deutschland nur bei Suhrkamp» erscheinen, «cordially yours, siegfried unseld».[2]

Aus dem Vorhaben wird Ernst, als Kissinger sein Amt verliert. Am 5. November 1976 wird der Demokrat Jimmy Carter zum Präsidenten der Vereinigten Staaten gewählt. Zbigniew Brzeziński, Kissingers alter Konkurrent aus Harvard, wird Sicherheitsberater, Außenminister wird Cyrus Vance, Kissinger muss mit dreiundfünfzig in den vorläufigen Ruhestand. Was soll aus ihm werden? Schon 1970, beim Besuch Frischs und Unselds im Weißen Haus, hatte er bezweifelt, dass er wieder auf seinen Lehrstuhl nach Harvard zurückkehren werde. Unmittelbar nach dem Wahlsieg Carters schickt Rudolf Augstein seinem Freund Kissinger im «Spiegel» einen schnellen Abschiedsgruß: «Die wohl wehmütige Erinnerung bleibt an einen Menschen, der Macht wie Intellekt, Geist wie Stil zu vereinen wußte. Goodbye, Henry.»[3]

Unseld hatte den Herbst 1976 als Gastprofessor an der University of Texas in Austin verbracht, wo er Vorlesungen über sein Lieblingsthema hielt, das Verhältnis des Verlegers zu seinen Autoren. Auf Briefpapier der Universität kündigt er am

22. November seinen Besuch in Washington an. Die Sache ist eilig, die Sache ist wichtig, darum schreibt er wieder auf Englisch, es geht dem Verleger um den ganz besonderen Autor.[4]

Kissinger weiß sehr gut, dass sein Marktwert höher ist als sein Gebrauchswert. Notfalls, so hatte ihm Unseld nach dem Besuch im Weißen Haus geschrieben, würde er sich um ihn kümmern und garantierte ihm für alle Fälle eine Stelle in seinem Verlag, «der für Dich ja, wie vereinbart, einen Posten offenhält».[5] Wenn Kissinger tatsächlich gesagt haben sollte, dass irgendwann «niemand mir mehr ein Stück Brot gibt»,[6] ändert sich das radikal mit seinem Ausscheiden aus dem Amt. Es geht jetzt nicht mehr um eine «Theorie der Demokratie». Kissinger hatte die Praxis kennengelernt, seine persönlichen Begegnungen mit Mao, Leonid Breschnew, Golda Meir, Anwar el-Sadat wären viel interessanter, nicht zuletzt die Jahre an der Seite Nixons. Die Verhandlungen mit Lê Đức Thọ, mit Brandt, Pompidou? Wusste er vom Einbruch bei Daniel Ellsberg, seinem Feind, der die «Pentagon Papers» veröffentlicht hatte? Überhaupt die ganze Geschichte mit Watergate – wie kam es dazu? Wer steckte dahinter?

Was ein mögliches Buch für Unseld wie für Kissinger so lukrativ macht: Kissinger ist nirgendwo so beliebt wie in Deutschland, wo er alle wieder fröhlich und unsere Helden selig macht. «Spiegel» und «Zeit» behandeln ihn wie einen ehrenamtlichen Redaktionsberater, sein Erscheinen schmückt jedes Podium, und wenn er selber eine Tagung veranstalten will, stellt ihm der Bundeskanzler gern auch mal ein ganzes Schloss zur Verfügung. Nixon ist ganz bestimmt ein schlimmer Schurke, aber Kissinger scheint völlig unbefleckt aus dem Watergate-Skandal hervorgegangen zu sein. Obwohl Politiker, gilt er als Intellektueller (selbst bei den wenig titelsüchtigen Amerikanern wird er respektvoll als «Dr. Kissinger» angekündigt), der als Kundschafter ins Herz der Finsternis vorgedrungen war. Er hätte die nötige Distanz und verfügte auch noch sprachlich über die Mittel, um aufregend davon zu erzählen. Und nicht zu vergessen:

Kissinger wäre Teil der von George Steiner 1973 im «Times Literary Supplement» ausgerufenen *Suhrkamp Culture,*[7] sein Buch stünde neben dem Werk von Adorno, Benjamin und Marcuse als weiterer Beweis dafür, dass die Juden Deutschland nichts nachtragen.

Noch literarischer wäre ein Identitätswechsel, bei dem er wie Stiller in dem von ihm so hochgeschätzten Roman von Frisch mit einem Mal behaupten würde, ich bin nicht Kissinger, oder jedenfalls nicht der Kissinger, den ich euch acht Jahre lang vorgespielt habe. Der Kissinger, der jederzeit zitable Sprüche zu bieten hatte wie: «Das Ungesetzliche erledigen wir sofort; das Verfassungswidrige dauert etwas länger.»[8]

Anfang 1976 hatte Unselds amerikanischer Verlegerkollege Roger Straus noch gemeint, in wenigen Monaten sei Kissinger «out of the picture», er spiele gar keine Rolle mehr. So kann man sich täuschen. Später ergänzte Unseld diese Einschätzung von Kissingers Marktwert in seinem Reisebericht mit der Anmerkung: «Immerhin bietet Roger Straus Kissinger 1 Million Dollar für die Memoiren.»[9] Unseld würde da gern mithalten, und das nicht nur, weil er seit über zwanzig Jahren mit Kissinger befreundet ist, sondern weil der verabschiedete Politiker ein Geschäft zu werden verspricht.

Und so fliegt er im Dezember 1976 von Austin nach New York und dann weiter nach Washington und führt ein erstes Gespräch mit seinem prospektiven Autor. In der Reisechronik beschreibt er die Umstände, in denen sich Kissinger jetzt zurechtfinden muss, so einfühlsam, als hätte er selber demnächst Ähnliches zu gewärtigen, schließlich sind sie fast gleich alt: «Es war schon ein merkwürdiges Erlebnis: der mächtigste Mann der Welt tritt ab in den privaten Stand, ohne weitere Privilegien, ohne einen Cent Pension, ohne die gewohnte Umgebung.»[10]

Es wird eine Unterhaltung ausdrücklich unter vier Augen, Unselds Sohn Joachim kommt erst am Nachmittag dazu. Für

Unseld ist es ein professionelles Arbeitsgespräch, so wie er über die Jahre mit Kissinger immer mal wieder über ein Buch geredet hatte. Inzwischen darf es gern auch um die Weltpolitik gehen, die sich, so viel wird deutlich, bei der gegenwärtigen Lage und den voraussehbaren Krisen, ohne den großen Diplomaten schwertun wird: die Herrschaft der Greise in Moskau, in China ist wenige Monate zuvor Mao gestorben, Diadochenkämpfe sind im Gang, in Deutschland ist die CDU wieder stärker geworden, aber Helmut Schmidt kann Kanzler bleiben. Was alle Welt erwartet, verspricht Kissinger, werde er nicht liefern, keine Memoiren mit Anekdoten und Hintertreppengeschichten. Vielmehr habe er eine wissenschaftliche Arbeit vor, einen Rechenschaftsbericht über seine Jahre im Weißen Haus. «Dann ein Buch über seine Gespräche mit Mao.»[11]

Aus den Sechzigern hat sich auch in Deutschland eine gewisse Maophilie erhalten. Was bei der Linken bewundernder Neid auf den Furor der Roten Garden gewesen war, hatte sich in allgemeine Bewunderung für den großen Mann verwandelt, der seine Leute auf den «Langen Marsch» geführt und dann die Volksrepublik China gegründet hat. Demokratisch gewählte Staatsmänner wie Franz Josef Strauß und Helmut Schmidt kommen nach Peking, um ihm nach Kissinger und Nixon ebenfalls huldigen zu dürfen. Bestürzt fragt Unseld nach, ob denn zutreffe, was er gerade vom Chinaexperten Edgar Snow im «New Yorker» gelesen habe, dass nämlich Mao auch ihm gegenüber geäußert habe, wie wenig er vom Sinn politischer Theorie halte. Selbst die großen Theorien von Marx, Engels und Lenin seien inzwischen nur noch ein Witz. «Die Theorien seien wichtig gewesen für das 19. Jahrhundert und das beginnende 20., aber im 21. könnte man die Welt nicht mehr mit Theorien regieren, sondern müsse von den Forderungen der Leute ausgehen.»[12]

Eine Reaktion Kissingers darauf findet sich im Reiseprotokoll Unselds nicht. Er interessiert sich im Moment nicht für Mao, auch nicht dafür, dass Unseld von ihm ein Buch mit Mao-Gesprächen haben möchte. Es geht ihm darum, seine Memoiren bestmöglich zu verkaufen. Unseld gibt sofort nach, dafür ist er der Fachmann, und lässt sich an Ort und Stelle als ehrenamtlicher Berater für die Vermarktung von Kissingers Erinnerungen engagieren. Bei der Weiterreise werde er sich in New York darum kümmern und wolle gern einen ganzen Tag daranwenden, einen Literaturagenten für ihn zu finden.

In New York hat zwischen den Verlagen bereits ein Bieterwettbewerb eingesetzt, Kissinger darf sich umworben fühlen, und Unseld möchte selbstverständlich dabei sein. Bereits am 11. Februar 1977 berichtet die «New York Times» auf ihrer Titelseite, dass Kissinger beim Verlag Little, Brown, der zum «Time-Life»-Konzern gehört, unterschrieben habe und zwei Millionen Dollar für die nordamerikanischen Rechte erwarten könne.[13] Das ist nicht ganz schlecht als Stück Brot, das angeblich keiner mehr für ihn übrig hat.

Ohne dass sein Name genannt würde, taucht in dem Artikel auch Unseld als deutscher Verleger auf, der sich in den vergangenen Wochen mit dem Autor getroffen und mit ihm über die deutschen Rechte verhandelt habe. Der Autor des Artikels weiß sogar, dass dabei auch die Rede von einem Buch mit dem Titel «Gespräche mit Mao» gewesen war. Am Ende allerdings sei dieser deutsche Verleger ausgebootet worden.[14] Das stimmt und stimmt auch wieder nicht.

Kissinger jedenfalls erlebt in diesem Spätwinter 1977, vier Jahre nach dem Friedensschluss in Vietnam, eine erfreuliche Konjunktur. Ralph Graves, der Verleger von Little, Brown, war zuvor Chefredakteur von «Life» gewesen, wo er 1969 eine aufsehenerregende Reportage gebracht hatte, «The Faces of the American Dead in Vietnam: One Week's Toll», eine Geschichte über jene amerikanischen Soldaten, die zwischen dem 28. Mai und 3. Juni 1969 gefallen waren. 242 junge Männer starben «im Zusammenhang mit dem Konflikt in Vietnam», der noch immer nicht Krieg genannt werden durfte. 1969 hatte die sogenannte «Vietnamisierung» des Krieges bereits begonnen, die Amerikaner wollten ihn von den Vietnamesen auskämpfen lassen.[15] Aber im ganzen Jahr 1969 starben trotzdem 11780 Amerikaner, am Ende des Krieges, den Nixon zusammen mit seinem Berater verschärft und dann beendet hatte, waren es insgesamt 58 220 amerikanische Soldaten. Die genaue Zahl der getöteten Vietnamesen – Militär und Zivilisten – wird sich nicht mehr feststellen lassen, es dürften an die zwei Millionen sein.

Die Demonstrationen gegen den Krieg haben mittlerweile aufgehört, die rebellischen Studenten haben die Universitäten verlassen und sind in den Beruf gewechselt, die Intellektuellen an der Ostküste wollen ihren Frieden mit Kissinger machen. Unseld hatte ohnehin immer zu ihm gehalten, für ihn war Kissinger nie ein Kriegsverbrecher gewesen. Jetzt geht es um den Autor Kissinger, und es geht um die deutschen Rechte. Simultankapazität ist hier nicht erforderlich, aber die Concorde hilft doch, um so schnell wie möglich wieder nach New York und Washington zu eilen.

Am 1. März 1977 fliegt Unseld ein weiteres Mal nach Washington, diesmal von Frankfurt aus. Die Verhandlungen werden durch den Komfort, den die Concorde bietet, wesentlich erleichtert. Mit einer Mischung aus Stolz und Staunen über die avancierte Technik der Überschallgeschwindigkeit notiert Unseld, dass er morgens noch wie gewohnt zum Schwimmen ging, mittags um elf in London war und dank Zeitverschiebung um halb vier bereits in Kissingers Büro in Washington sitzen konnte. Unterwegs beobachtet er Merkwürdiges: Wegen der geringeren Dichte der Erdatmosphäre wirke der Himmel dunkler. Wundersam auch diese Zeitverschiebung: «Man verjüngt sich also bei diesem Flug.»[16]

Unseld fragt sich, wie das Leben des Ruheständlers Kissinger wohl aussieht. Aber der gibt wie erwartet keine Ruhe, in seinem Büro herrscht reges Treiben. Der arbeitslose Kissinger verfügt bereits über einen neuen Apparat: zwei Sekretärinnen arbeiten für ihn, für das Aktenstudium beschäftigt er wissenschaftliche Mitarbeiter, dazu die Sicherheitsleute, ohne die es nun einmal nicht geht. Billig kann das alles nicht sein, wie der Kaufmann Unseld unwillkürlich registriert, und Kissinger muss diese Bewachung selber bezahlen.

Braungebrannt ist er aus dem Urlaub in Mexiko zurückgekehrt. Im Amt hatte er zugenommen, und als doch etwas schwererer, erdgebundener Mann sieht Unseld sofort, dass Kissinger Diät macht. Kein Alkohol mehr, vierzehn Pfund sind bereits runter, wie er stolz verkündet, und er möchte noch mal so viel loswerden. Das Gewicht, das Übergewicht ist ein Männerthema der mittleren Jahre, auch die Frage, wie ihm abzuhelfen wäre. Unseld fährt zweimal im Jahr in die Buchinger-Klinik am Bodensee, um schlanker zu werden. Allerdings ist das Fasten nicht ohne Tücken, wie beide wissen: Der kambodschanische Prinz Sihanouk war im Frühjahr 1970 gestürzt worden, weil er nicht zu Hause war, sondern in Paris fasten musste.

Trotz Diät ist Kissinger ganz der Alte, wie Unseld erfreut bemerkt, «schlagfertig, witzig, und immer noch Staatsmann, Staatsmann ohne Amt», und in der Art, wie er immer noch mit der Weltpolitik jongliert, «ein wirklicher Präsident seiner Außenpolitik». Davon soll er jetzt Zeugnis ablegen.[17]

Zunächst werde er in Washington bleiben, so entwickelt ihm Kissinger seinen Arbeitsplan, Quellenstudium, dann zum Schreiben nach New York umziehen, die Recherchen übernehmen Assistenten. Siebenhundert Seiten peilt er an, «wahrscheinlich mehr». Das Schreiben selber gehe ganz schnell, insgesamt brauche er vielleicht fünfzehn Monate.

Vier Stunden dauert das Gespräch. Lawrence Eagleburger nimmt daran teil, Kissingers Stellvertreter im Weißen Haus, und Marvin Josephson, «sein», wie Unseld doch anmerken muss, «von mir vorgeschlagener Agent». Von Geld ist nur indirekt die Rede. Da sie unter sich sind, kann Unseld verraten, was ihm Max Frisch mit auf den Weg gegeben hatte: «Wenn Kissinger schon zu ‹uns› käme, also Suhrkamp-Autor würde, sollte ich nicht zuviel dafür bezahlen.» Kissinger lacht darüber, leidet aber, wie sein Gegenüber bemerkt, immer noch an der «‹Tagebuch›-Wunde», an der Art und Weise, wie Frisch 1970 mit dem «Lunch im Weißen Haus» ihre Begegnung festgehalten hatte.[18]

Geplanter Erscheinungstermin für das Buch ist Herbst 1978. Bange Frage, typische Verlegersorge: «Leuchtet dann der Stern Kissinger noch?» Gemeinsam planen sie den Auftritt auf dem deutschen Markt. Unseld hält einen Vorabdruck im «Spiegel» für besser als im «Stern», Kissinger stimmt ihm im Prinzip zu. «Ihm, so beteuerte er mehrfach, wäre nichts lieber, als Suhrkamp und ‹Spiegel›.» Wenn allerdings wesentlich höhere Angebote vorliegen würden, dann würde selbst er, Unseld, ihm raten, sie anzunehmen.[19] Doch Unseld will diesen globalen Blockbuster, das ganz große Ding. Erfreulicherweise kann er Kissinger beiläufig – wer weiß, wozu es gut ist – die Anfrage des Hessischen Kreises übermitteln, der bereit ist, für einen Vortrag Kissingers zehntausend Mark zu bezahlen, zuzüglich fünftausend Mark für Spesen.

Der Suhrkamp-Verleger hat bereits mit dem «Spiegel»-Herausgeber über die Platzierung Kissingers in Deutschland gesprochen. Augstein und er kennen sich aus der Gruppe 47 und natürlich von Sylt. Unter dem Titel «Meinungen zu Deutschland» hat Unseld in der edition suhrkamp einige Aufsätze des sich kokett gegen den Wiederabdruck sträubenden Augstein herausgebracht.

Das Verkaufsgenie Unseld hatte mit Augstein den unerhörten Plan ausgeheckt, dass der «Spiegel» eine Million Dollar für den Vorabdruck der Kissinger-Erinnerungen zahlt und Suhrkamp weitere dreihunderttausend für die Buchrechte. Diese Kombination bekommt einen zusätzlichen Reiz dadurch, dass Augstein bereit ist, die Memoiren höchstpersönlich zu übersetzen. Kissinger auf Deutsch vom bekanntesten deutschen Journalisten, mit dem er seit 1959 immer wieder zusammengetroffen ist, um mit ihm die Weltlage zu diskutieren, «das wäre dem Werk in der deutschen Situation dienlich gewesen», wie Unseld später nicht ohne buchhalterische Wehmut festhält.[20] Ob Augstein dazu in der Lage gewesen wäre und die Arbeit nicht doch irgendwelchen ungenannten Hilfskräften hätte überlassen müssen, ist eine andere Frage. Kissinger gegenüber bezeichnete er sich einmal als «schrecklicher Provinzler, der nicht wirklich englisch sprechen kann».[21]

Unseld hatte sich bei seinem großen Plan nicht nur mit Frisch, sondern auch mit Jürgen Habermas beraten. Kissinger erspäht in Unselds Aktenköfferchen einen Aufsatz von Sheldon Wolin aus der «New York Review of Books».[22] Habermas hatte ihm den Artikel zugeschickt und dazu geschrieben: «Lieber Siegfried, solltest Du nicht diesen vorzüglichen Artikel lieber als Vorwort zu K's Memoiren verwenden?»[23] Habermas kann sich heute an Wolins Artikel nicht mehr erinnern. Kissinger ist er nie begegnet, «Zufall, keine Absicht», wie er sagt.[24] Kissinger kennt den Artikel offenbar nicht, weiß also auch nicht, dass Habermas das nur ironisch gemeint haben konnte. Der Politikwissenschaftler Wolin geht nämlich wenig sanft mit dem Pragmatismus des Kollegen um, es habe Kissinger bei dem, was er in der Regierung Nixon unternommen hat, an einem größeren Konzept gefehlt. «Die Leute werden staunen», verspricht Kissinger und meint seine Memoiren.[25] Noch ist nicht alles verloren.

Am nächsten Tag bestellt Kissinger Unseld noch einmal zu sich. Bei seinen Memoiren wolle er sich an Winston Churchill und Charles de Gaulle orientieren, die beide Krieg gegen Hitler geführt und gewonnen hatten. Unseld kommt noch einmal auf sein Lieblingsprojekt zurück, die Gespräche mit Mao. Ja, weicht Kissinger aus, aber auch die Gespräche mit Tschou En-lai seien interessant gewesen, ebenso die mit Golda Meir und Anwar el-Sadat. Er könnte eine Geschichte der modernen Diplomatie schreiben, aber das wiederum – und jetzt beginnt er Unseld zu vertrösten – sei erst möglich, wenn die Erwähnten tot oder wenigstens politisch tot seien.[26]

Das Geschäft mit den Kissinger-Memoiren, auf das Unseld mit seiner Autorenpflege jahrelang hingearbeitet hatte, kommt nicht zustande. Dem Weltpolitiker Kissinger ist der Weltkonzern Bertelsmann dann doch näher als der vergleichsweise kleine literarische Verlag Suhrkamp. Kissinger, vertreten durch den Agenten, den ihm Unseld besorgt hatte, entscheidet sich für die große Lösung mit dem Haus in Gütersloh. Die Variante Übersetzung durch Augstein, eigentlich doch ein Trumpf, wird stillschweigend beerdigt. Der «Spiegel» meldet am 18. Juli 1977 den Abschluss mit einem Foto von Kissinger und Augstein, die als «Vertragspartner» aus Paris grüßen: «In seinem Buch soll es nicht um Anekdoten gehen, sondern um Politik», heißt es in der Hausmitteilung auf Seite drei, und es klingt wie ein höhnisches Echo der Gespräche, die Kissinger mit Unseld geführt hatte. Seine literarischen Vorbilder seien Bismarcks «Gedanken und Erinnerungen» und der Historiker Churchill.[27]

Unseld hat verloren, doch möchte er «unsere so angenehmen Beziehungen» dadurch nicht belastet sehen. Er wünscht Kissinger beim Schreiben viel Erfolg und macht sich schon jetzt erbötig, ihm beim Vermarkten der Memoiren in Deutschland behilflich zu sein: «Ich habe dafür Möglichkeiten.» Ansonsten hofft er, dass die Memoiren nicht sein letztes Buch sein werden und sie über die «Unterhaltungen mit Mao Tse-tung» oder die «Gespräche mit anderen Führern» reden werden.[28]

Obwohl er mit diesem Autor, der ihm in vorletzter Sekunde durch die Lappen gegangen war, eine seiner größten Niederlagen erlitten hat, scheint Unseld seinem berühmten Freund nichts nachzutragen. Am Ende wird Unseld vielleicht sogar froh gewesen sein, dass er sich an den Kissinger-Memoiren nicht verheben musste. Bei Suhrkamp steht der vierte Band der «Jahrestage» noch aus, von den nie erfüllten Versprechungen

Wolfgang Koeppens auf einen großen Roman ganz abgesehen. Außerdem plant Unseld in der Hoffnung, dass Goethe sich für ihn wirklich in Gold verwandele, bereits den Deutschen Klassiker Verlag. In mustergültigen Editionen, so das Vorhaben, soll die deutsche Literatur seit dem Mittelalter präsentiert werden, allen voran Goethe mit zweiundvierzig Bänden und Schiller mit zwölf. Mit dem Kommentarteil werden die führenden Germanisten betraut. Die alterungsbeständige Bibliothek aus geplanten achthundert blauen Bänden wird schon vorab zum «Jahrhundertunternehmen» ausgerufen,[29] erntet aber auch Spott, weil sich nicht sogleich erschließen will, warum der «Faust» auf einmal in anilingefärbtes Leder der indischen Radja-Ziege gekleidet sein sollte.

Die Kissinger-Memoiren werden schließlich drei dicke Bände mit insgesamt 4124 Seiten umfassen. Der erste Band, so hat ein Rezensent einmal befunden, sei «etliche hundert Seiten länger als der erste Band von Karl Marx' ‹Kapital›», seine Prosa «wie ein Film von Andy Warhol, gleichzeitig verführerisch und furchtbar langweilig».[30] Das Buch über Diplomatie wird Kissinger tatsächlich schreiben, es erscheint aber erst 2022, in Kissingers neunundneunzigstem Lebensjahr, zwanzig Jahre nach Unselds Tod, und es wird natürlich nicht bei Suhrkamp veröffentlicht, sondern wieder im Verlag C. Bertelsmann. «Staatskunst» versammelt Porträts von Konrad Adenauer, Charles de Gaulle, Margaret Thatcher, Anwar el-Sadat und Lee Kuan Yew. Auch Richard Nixon rückt er in diese Reihe von Vorbildern.[31]

Noch sind sie nicht geschrieben, da steht Kissinger mit seinen Memoiren bereits unter Konkurrenzdruck. Sein ehemaliger Chef, der in allen Unehren gestürzte Nixon, hat ebenfalls Memoiren angekündigt, für die er zweieinhalb Millionen Dollar Vorschuss erhalten hat. Sie sollen schon 1978 erscheinen, womit sich Nixon, auch wenn er der Verlierer der Geschichte ist, die Deutungshoheit über ihre gemeinsame Geschichte im Weißen

Haus sichern könnte. Es ist zu erwarten, dass er versuchen wird, von Watergate abzulenken und sich auf seine großen außenpolitischen Erfolge zu konzentrieren, das heißt Kissinger sein Terrain streitig zu machen. Nixon hatte da bereits eigenmächtig die Entscheidung des Supreme Court über seine Verantwortlichkeit als Präsident umgeworfen, als er 1977 in einem aufsehenerregenden langen Fernsehgespräch mit David Frost erklärte: «Well, when the president does it ... that means that it is not illegal» (Wenn der Präsident etwas tut, bedeutet das, dass es legal ist).[32] Kissinger sah das nicht anders, und er beanspruchte das gleiche Recht für sich. Gegen den populären Kissinger ist Nixon aber chancenlos. Während er wegen seiner Gesetzesverstöße nicht einmal mehr als Anwalt tätig werden darf, kann Kissinger um die Welt fliegen, seine Kontakte pflegen, an Tagungen teilnehmen und Vorträge halten. Auch ohne Pensionsanspruch aus seinen Jahren im Weißen Haus verfügt er bald über ein ausreichendes Einkommen, vor allem durch seine Beratertätigkeit in aller Welt, die er bald zu einem Millionenunternehmen ausbaut.

Wie umworben er ist, zeigt ein Geplänkel im Frühjahr 1978 zwischen dem «Spiegel» und dem «Hamburger Abendblatt». Kissinger ist zu den Wirtschaftstagen der SPD-nahen Friedrich-Ebert-Stiftung eingeladen, wo er über den «Einfluss politischer Veränderungen auf die Weltwirtschaft» sprechen soll. Beim Empfang im Kaisersaal des Hamburger Rathauses habe er nur ein Forellenfilet gegessen, meldet das «Abendblatt», «wegen der schlanken Linie». Das sei nur zur Hälfte richtig, korrigiert der «Spiegel» in seiner nächsten Ausgabe, Kissinger habe den Empfang bereits nach fünfundzwanzig Minuten verlassen und sei dann beim «Spiegel» zu Gast gewesen, wo er, offenbar noch hungrig, mit ausgewählten Redakteuren zu Abend aß und *off the record* sprach, «vertraulich also», wie der Ausdruck für die Leserschaft vorsorglich übersetzt wird. Die Strecke zwischen Rathaus und der damaligen «Spiegel»-Redaktion an der Brandstwiete beträgt nicht mehr als sechshundert Meter, aber bei dem Status, den der emeritierte Politiker mittlerweile erreicht hat, kann niemand erwarten, dass er den Weg zu Fuß zurücklegt: «Er kam in seiner eigenen Panzer-Limousine und blieb drei Stunden.» Wenn er nicht isst oder abnimmt, das erfahren die «Spiegel»-Leser auch noch, arbeite er jeden Tag sechs Stunden an seinen Memoiren, die natürlich «demnächst im ‹Spiegel› erscheinen».[33]

Auch Unseld hat viel zu tun und muss viel reisen. Nicht nur die Brecht-Rechte wollen betreut sein, Suhrkamp ist auch der deutsche Verlag für lateinamerikanische Literatur. Regelmäßig besucht er seine in der ganzen Welt verstreuten Autoren. Im Herbst 1978 kündigt er sich bei Peter Handke an, der in New York an seinem Epos «Langsame Heimkehr» schreibt, dem Buch, mit dem er viele Leser und die hohen Auflagen der ersten Jahre verlieren wird. Handke weiß, dass der Termin bei ihm für Unseld nur ein Besuch unter vielen ist, und er registriert, wie Unseld mit der «Witterung wie die eines alten Soldaten» Unheil ahnt und spürt, wie sein Autor «am Verlorengehen» ist. Unseld macht sich auch sofort wieder davon. «Flucht – Flucht, Fersengeld des Verlegers, wortlos, vor mir, dem vom Kippen Bedrohten.»[34] Handke ist trotzdem überzeugt, dass ihm diese Abwehrreaktion des Verlegers beim Weiterschreiben die nötige Sicherheit gegeben hat.

Wenn er in die USA reist, meldet sich Unseld weiter vorher bei Kissinger an und fragt, ob er Zeit für ihn habe. Der ist oft genug beschäftigt, weshalb er auf die Anfrage, ob er am Wochenende des 28. April 1978 zu sprechen sei, antworten muss, dass er sich leider außer Landes befinde. Wo er ist, sagt Kissinger in dem knappen Telegramm nicht, aber dass er versuchen werde, Unseld anzurufen.[35] Kissinger ist, wie sich erweist, in Hamburg, isst die bereits erwähnte Forelle und dann noch mehr, nachdem er wieder einmal im Kreis seiner Bewunderer die Weltlage besprochen hat.

Auf der Rückreise nach New York begegnet er auf dem Pariser Flughafen unverhofft Unseld, der wie angekündigt in die USA unterwegs ist. So fliegen die beiden Alphatiere zusammen. Es ist natürlich wieder die Concorde, aber trotzdem reisen sie in unterschiedlichen Klassen. Unseld hat zu Hause in Frankfurt gerade die Korrekturen für sein Buch über Goethe und Rilke abgeschlossen[36] und ist davon rechtschaffen erschöpft, Kissinger hat sich sofort nach dem Start nach vorn zurückgezogen, um an dem Buch zu arbeiten, das Unseld nicht haben durfte. Scheinbar ungerührt registriert dieser, dass Kissinger «an seinem Opus» sitzt, und zwar ausgerechnet mit ihm im gleichen Flugzeug. Demütig hält er fest, dass ihn sein Freund nach der Hälfte der Flugzeit zu sich ruft, aber als Verleger kann Unseld das verstehen: «Er ist Autor, und das interessiert ihn am meisten.» Nur leider nicht Suhrkamp-Autor. Die beiden unterhalten sich darüber, in welchen Ländern an welchen Verlagsorten in den verschiedenen Sprachen das Buch gleichzeitig erscheinen kann, wie hoch der Preis für ein Exemplar sein könnte. Alles Überlegungen zwischen Autor und Verleger. Auch das gehört dazu: Seit Vertragsabschluss kümmert sich der Agent nicht mehr um seinen Klienten. Bei Unseld, so viel ist sicher, wäre das anders gewesen.[37]

Nicht nur die Verlagswelt, auch die politische wartet auf Kissingers Memoiren, deren Erscheinen für den Herbst 1979 angekündigt ist. Das Gesumm um sie wird immer lauter. Im Mai 1979 beginnt Uwe Johnson in Frankfurt seine Poetikvorlesungen. Mit dem Hochmut des Autors, der nicht nur turmhoch über dem Verleger, sondern auch über dem Weltpolitiker steht, erzählt er dem Publikum, dass Kissinger stolz darauf sein könne, den Schriftsteller Uwe Johnson zum Abendessen eingeladen zu haben: «Es war am 19. Mai 1965 in Boston: dies für Ihre Memoiren, Herr Professor.»[38]

Im Juni 1979 erscheint das plaudrige Buch «Reisen mit Henry» von Richard Valeriani, dem einzigen Journalisten, wie er von sich sagt, der Kissinger auf allen seinen diplomatischen Reisen begleitet hat. Weil Kissinger auch bei der «Zeit» praktisch zur Familie gehört, hat dieses Stück bester Kissinger-Folklore der Redakteur Dieter Buhl ins Deutsche übersetzt. Die Legendenbildung hat da bereits begonnen, denn Valeriani kolportiert neben vielen Anekdoten und amüsanten Geschichten auch einen Satz Konrad Adenauers, den Adenauer unter Garantie niemals gesagt hat, nämlich dass Kissinger, «obwohl er Jude sei, eines Tages Kanzler seines Heimatlandes werden» könne.[39]

Bevor die Memoiren erscheinen können, ist noch einmal der Politiker Kissinger gefragt. Im Januar 1979 setzt Präsident Jimmy Carter auf der Konferenz von Guadeloupe den anderen anwesenden Staatschefs auseinander, dass die USA den Schah Reza Pahlavi, der in der iranischen Revolution gestürzt wird, nicht mehr unterstützen würden. Wenige Tage später, am 16. Januar, verlässt der Schah Teheran und beginnt seinen Irrflug durch die Welt. Kissinger hält aus alter Verbundenheit zu ihm, verschafft ihm Asyl in Mexiko und appelliert zusammen mit Nelson Rockefeller immer wieder an den ungeliebten Carter, den Schah zu einer medizinischen Behandlung ins Land zu lassen. Bei einem Auftritt in Harvard mahnt er öffentlich, man dürfe den Schah doch nicht «wie den Fliegenden Holländer behandeln, der keinen Hafen mehr findet».[40]

Carter weiß, dass Rockefeller nicht ganz selbstlos handelt, seine Familie verfolgt bedeutende wirtschaftliche Interessen im Iran. Am Ende muss der Präsident nachgeben und wird dafür mit der Geiselnahme in der Teheraner US-Botschaft bestraft, die ihn 1980 die Wiederwahl kosten wird. Iranische Studenten halten aus Protest gegen die Unterstützung der USA für den Schah über ein Jahr lang 52 Diplomaten fest.

Und noch etwas kommt Kissingers großem Auftritt als Autor zuvor, ein anderer Autor. Die Literatur stört wieder einmal, wieder setzt sich ein Schriftsteller mit Kissinger auseinander, und angenehm wird es nicht für ihn. Im Sommer 1979, nur Wochen vor dem weltweiten Erscheinen von Kissingers Memoiren, bringt Joseph Heller seinen Roman «Good as Gold» («Gut wie Gold») heraus. Heller ist fast auf den Tag genauso alt wie Kissinger, Jude wie Kissinger, er hatte wie Kissinger mit der G.I. Bill studieren können (allerdings nicht in Harvard, sondern an den New Yorker Columbia University), aber anders als Kissinger ist er nur Schriftsteller und damit machtlos. Machtlos muss auch Hellers Protagonist, der College-Professor Dr. Bruce Gold, mit ansehen, wie Kissinger nach Washington berufen wird, zum Sicherheitsberater und Außenminister aufsteigt und Herr über Krieg und Frieden wird.

«Gut wie Gold» ist zwar ordentlich überdreht, aber die beste Satire über das Washington der Nixon-Ära. Da tritt der aus Presse und Fernsehen bestens bekannte Außenminister Henry Kissinger auf, der im Weißen Haus, wie inzwischen bekannt geworden war, zeitweise anstelle des paranoiden, häufig betrunkenen Präsidenten die Regierungsgeschäfte führen musste. Im Roman ist Kissinger das Hassobjekt des erfolglosen Helden Bruce Gold. Die deutsche Übersetzung erscheint nicht bei Suhrkamp, sondern bei S. Fischer, wo man den damals noch nicht ganz so berühmten Kissinger 1960 nicht haben wollte.

Gold phantasiert sich zusammen, dass er statt Kissinger Außenminister werden und folglich er und nicht etwa Kissinger der erste jüdische Außenminister der Vereinigten Staaten sein könnte. Kissinger kann es doch nicht sein, weil Gold ihm in einer Studie mit dem Titel «Der kleine Preuße» nachweisen wird, dass er gar kein Jude, sondern ein Deutscher und obendrein ein Nazi sein muss, anders nämlich ließe sich sein feldherrisches Agieren und die Schamlosigkeit, mit der er über Leichen geht, doch gar nicht erklären. Tatsächlich wurde der reale Kissinger damals in der rechten Propaganda als KGB-Spion dargestellt, ausgerechnet dieser patriotischste aller Amerikaner sollte insgeheim für die Sowjetunion arbeiten, die er durch Nixons Chinareise zum ersten nuklearen Abrüstungsvertrag hatte nötigen können. Der Verleger Roger Straus weiß von dem Geschwätz und berichtet Unseld davon: «Sein jüdischer Intellekt und seine deutsche Abstammung» seien schuld daran, dass Kissinger «die Sache Amerikas nicht hart genug» vertrete.[41]

Joseph Heller war mit dem Roman «Catch-22» berühmt geworden, den Enzensberger 1964 beim Erscheinen der deutschen Übersetzung im «Spiegel» als das «aufrichtigste, also subversivste Buch über den Zweiten Weltkrieg» feierte.[42] Subversiv würde auch auf «Good as Gold» passen, doch was vermag ein Buch gegen den umschwärmten Partygast, der ungefragt Bonmots wie das bewährte über die Macht, die das stärkste Aphrodisiakum sei, verteilt und als «Super K» zum Popstar aufgestiegen ist? Bruce Gold, der kleine Autor, ist begreiflicherweise eifersüchtig auf den großen Kissinger, auf seinen Ruhm, sein Geld, die Frauen, die ihm bestimmt in den Schoß fallen. Die Welt ist einfach schlecht eingerichtet, Kriegsverbrecher werden für ihre Untaten auch noch belohnt: «Gold fand es schäbig und entmutigend, daß dieser niedrige Mensch, dem Untaten angelastet wurden, zu grauenhaft, um ermessen, und zu zahlreich, um verzeichnet zu werden, mit Wagen und Chauffeur munter durchs Land reist, statt neben Rudolf Heß im Hof von Spandau zu spazieren, während Gold sich einen Wagen mieten mußte.»[43] In seinem Rachebedürfnis ist Gold außer Rand und Band, doch wird er damit den Superstar Kissinger nicht vom Markt fegen können. Heller spart nicht mit Beleidigungen für den verhassten Kissinger, nennt ihn «schmierig», «ordinär», «widerlich», «verächtlich» oder schimpft ihn gleich einen «kleinen jüdischen Scheißdreck mit Aufstiegsehrgeiz».[44]

In der recht umfangreichen Kissinger-Hassliteratur nimmt der Roman einen besonderen Platz ein, weil der Autor seinen Gegenstand nicht bloß in Grund und Boden verachtet, sondern ihn über seinen Protagonisten Gold als aufmerksamkeitsökonomische Konkurrenz ernst nimmt. Gold hofft, noch vor Erscheinen von Kissingers mit großem Trara angekündigten Memoiren die Satzfahnen in die Hände zu bekommen und damit dem Autor in die Parade fahren zu können. Er würde dann «Behauptungen und Standpunkte widerlegen können, bevor diese noch im Druck erschienen waren, und mit einem wahren Feuerhagel von entlarvenden Artikeln den Handelswert von Kissingers Buch mindern und zugleich den des eigenen erheblich steigern».[45]

Es ist die Konkurrenz zwischen zwei Autoren, zwischen dem Pamphletisten Bruce Gold und dem Memoirenschreiber Kissinger, aber der Kissinger-Kritiker wird im Vergleich mit dem Politiker in jedem Fall schlechter wegkommen, auch wenn er, hoffentlich, moralisch besser dastehen wird. «Gold, der alles von und über Kissinger gesammelt hatte, was je gedruckt worden war, konnte gewiß ein besseres Buch über Kissinger schreiben als Kissinger», heißt es in Hellers Roman, schließlich verfügte er über eine «objektive Abneigung gegen seinen Helden, die Kissinger vermutlich fehlte».[46]

Als Verleger wäre Unseld hier natürlich völlig anderer Meinung gewesen. Aus langjähriger Erfahrung wusste er, dass nur Kissinger das beste Buch über Kissinger schreiben konnte. Nur leider schrieb er es nicht, jedenfalls nicht für Suhrkamp. Aus der hoffnungslos unterlegenen Position tiradiert Gold oder vielmehr Heller munter weiter gegen diesen «feisten, kleinen Armleuchter»,[47] diese «lächerliche und widerwärtige Gestalt»,[48] diesen Kriegsverbrecher. «Kissinger bestand darauf, Kambodscha mit B-52-Bombern anzugreifen, er unterstützte die Diktaturen in Chile, Griechenland und auf den Philippinen, war vorbehaltlos für die Fortsetzung der rassistischen Minderheitsregierung in Afrika und spendete Geld für Nixons Wahlfonds. Er ließ sich von einem Araber, der die Juden haßte, auf die Wange küssen und nahm eine Blume vom deutschen Bundeskanzler an.»[49]

Immer wieder muss sich Gold als Jude vorhalten lassen, dass der Jude Kissinger zusammen mit dem antisemitischen

Nixon vor dessen Rücktritt niedergekniet sei und zusammen mit ihm gebetet habe. «Wer mit dem *Schmendrik* Nixon auf dem Teppich knien und zu Jahweh beten konnte, war ebensowenig ein schöner Jid, wie jemand *a hejmischer Mentsch* sein konnte, der gegenüber dem freien Volk der Chilenen eine so brutale Haltung einnahm.» Und er zitiert die berüchtigte Begründung, mit der der echte Kissinger das Eingreifen der USA in Chile und den Militärputsch gegen Salvador Allende gerechtfertigt hatte: «Ich sehe nicht ein, warum wir untätig zusehen sollten, wenn in einem Land die Kommunisten an die Macht kommen, bloß weil die Bevölkerung unverantwortlich handelt.»[50] Am Ende dürfte auch Hellers Satire nur noch die Kissinger-Folklore vermehrt haben.

Der «Spiegel» bringt schließlich wie angekündigt im Herbst 1979 in mehreren Folgen einen Vorabdruck aus den Memoiren, aber Augstein, der das Werk – erschienen ist bisher nur der ersten Band – ursprünglich übertragen sollte, findet bei der Lektüre doch einiges auszusetzen: «Wenn die Dinge schieflaufen, taucht bei Kissinger (zu) bald das Wort ‹Tragödie› auf», stellt er fest, denn auch bei Vietnam redet sich Kissinger auf diese Tragödie hinaus: «Wir versuchten, Amerika ehrenvoll aus dieser Tragödie herauszubekommen, und das haben wir erreicht», zitiert ihn Augstein und verweist auf die wahre Tragödie: «Pol Pot mit seinen Khmer Rouge war winzig, als die Amerikaner ihren unerklärten Krieg anfingen. Er wurde groß durch diesen Krieg. Das schrecklichste Regime seit Bestehen geschriebener Geschichte verbindet sich mit dem Namen Pol Pot. Wenn Henry Kissinger heute voller Emphase erklärt, ohne das Eingreifen der Amerikaner wäre Kambodscha schon 1970 kommunistisch geworden, von den Nordvietnamesen besetzt, so ist die Antwort klar: Ohne das achtlose Eingreifen der Amerikaner in Kambodscha wären Kinder, Frauen und Männer Kambodschas teils noch lebendig, teils besser dran.»[51]

Damit Kissingers Stern ordentlich leuchte, debattieren zur Buchpremiere in einer Fernsehrunde, die live im Hessischen Rundfunk und gleichzeitig im ORF zu sehen ist, Rudolf Augstein, Marion Gräfin Dönhoff, Manès Sperber und Günther Nenning über die Bedeutung Kissingers. Für Unseld bleibt nicht einmal ein Platz am Katzentisch, doch darf er in diesem historischen Moment, als Kissinger den Ertrag seiner Jahre im Weißen Haus ganz klassisch in einem Buch präsentiert, über das anschließend in erlauchtester Runde diskutiert wird, zumindest ein bisschen dabei sein. Er trifft sich mit Kissinger nach Ende der Sendung nach Mitternacht im Frankfurter Hof. «Es war mir ein Vergnügen, Dich zu treffen», schreibt er ihm hinterher voller Dankbarkeit. «Ich bin sicher, daß Dein Buch ein großer Erfolg werden wird.» Eine Bitte hat Unseld aber noch, ob ihm Kissinger für die englische Übersetzung seines Buches, «Der Autor und sein Verleger», das die in Mainz und Austin gehaltenen Vorlesungen enthält und jetzt in der University of Chicago Press erscheint, ein paar werbende Zeilen spendieren würde. Sie sind doch jetzt quasi beide Autoren, oder wie Unseld es formuliert: «Es gibt ja nicht allzu viel Verleger, die Bücher machen und gleichzeitig die Philosophie ihres Machens darlegen.»[52] Die deutsche Ausgabe legt er bei. Vom amerikanischen Verlag war keine Auskunft darüber zu erlangen, ob Kissinger den gewünschten Werbespruch je geliefert hat.

Ausklang

1990 heiratet Siegfried Unseld ein zweites Mal. Ulla Berkéwicz ist seit 1982 Suhrkamp-Autorin. Im Frühjahr 1992 erscheint ihr Roman «Engel sind schwarz und weiß», der sich in Teilen als die Jugendgeschichte ihres Mannes lesen lässt. Wie um den Freundschaftsbund zu erweitern, schickt Unseld das Buch zusammen mit seinem eigenen über «Goethe und seine Verleger» sowie einem Heft der Zeitschrift «Du» über Uwe Johnson an Kissinger, der sich für den «tollen Lesestoff» bedankt.[1] Anfang Mai 2000 bedankt sich Kissinger bei seinem Freund für eine weitere Büchersendung. Der ehemalige Außenminister hatte erst in den letzten Jahren davor angefangen, ihn in seinen Briefen nicht mehr mit «Dear Unseld», sondern mit «Dear Siegfried» anzureden. Bei diesem überraschenden Buchgeschenk wird er sentimental: «Herzlichen Dank für ‹Uwe Johnson – Siegfried Unseld: Der Briefwechsel›, das ich mit großer Freude auch dann lesen würde, wenn mein Name nicht immer mal wieder auftauchen würde!»[2] Bei der sich über Jahrzehnte erstreckenden Korrespondenz komme bei ihm Trauer auf wegen der untergegangenen Kunst des Briefeschreibens. Nach Erich Wulffs «Vietnamesischen Lehrjahren» und Max Frischs «Tagebuch 1966–1971» ist Kissinger ein weiteres Mal in die *Suhrkamp Culture* eingegangen.

Wie eng der Suhrkamp Verlag und er zusammengehören, zeigte sich noch einmal bei dem Essen, das Bundespräsident Frank-Walter Steinmeier am 27. Mai 2018 anlässlich von Kissingers fünfundneunzigstem Geburtstag ausrichtete. Kissinger hatte zu diesem Zeitpunkt fast alle überlebt, seine Feinde wie seine Freunde. Unseld war 2002 gestorben, 2015 auch Helmut

Schmidt. Aus dem Kanzlerfestalter ist der ehemalige Weltpolitiker längst heraus, statt um den Supermann Henry, den das Volk um Beistand anfleht («Henry, wie halt ich mein Gewicht? / Henry, mir fehlt die Übersicht»), geht es an diesem Abend im Schloss Bellevue ganz bundespräsidentiell um Verantwortung. Bei dieser Gelegenheit wird ausnahmsweise nicht der gute alte Max Weber angerufen, sondern Max Frisch.

Ohne zu ahnen, welche Kränkung der Schriftsteller seinem begeisterten Leser mehr als vierzig Jahre zuvor mit genau diesem Text zugefügt hatte, beruft sich Steinmeier zu Ehren des Jubilars ausgerechnet auf Frischs «gleichzeitig faszinierten und kritischen Bericht» über seinen und Unselds Besuch beim Sicherheitsberater Kissinger im Weißen Haus. Steinmeier erinnert an die Stelle in Frischs Aufzeichnungen, wo die Macht die Hände in den Hosentaschen hat, und zaubert daraus die Kissinger'sche Maxime, er trage Verantwortung lieber als Ohnmacht. «Was für ein Satz», fährt Steinmeier fort. «Und so selten bei denen zu hören, denen jede Form von Macht suspekt ist und die ein Sich-Heraushalten zu oft für eine besondere moralische Qualität halten.»[3]

Das ist eine ziemlich hochgemute Feststellung, die allzu perfekt an Kissingers ordnungspolitisches Denken anschließt, das er selber dem Staatsminister Goethe abgeschaut hatte, der auch lieber eine Ungerechtigkeit begehen als Unordnung ertragen wollte. Dabei entbehrt es nicht einer gewissen Kühnheit, ausgerechnet Henry Kissinger als leuchtendes Beispiel für verantwortungsethisches Handeln vorzustellen. Der spanische Richter Baltasar Garzón hatte schließlich versucht, Kissinger wegen dessen politischer Verbindung mit den Militärdiktaturen in Chile und Argentinien verhaften zu lassen, was die Reisefreiheit des *elder statesman* eine Zeit lang eingeschränkt hatte.

Kissinger haben Fragen der Moral immer beschäftigt, jedoch nur so lange, wie sie im theoretischen Ungefähr blieben. Als der Moralist Uwe Johnson Verständnis für die Entscheidung der

DDR-Führung äußerte, Berlin durch eine Mauer zu teilen, hatte er dem Autor vorgehalten, so ließen sich auch die Gaskammern als besonders effizient rechtfertigen. Doch für den Politiker Kissinger war die völkerrechtswidrige Invasion in Kambodscha «weder moralisch noch praktisch» falsch.[4]

Der festliche Rahmen ließ auch kaum etwas anderes zu, als den Jubilar gehörig zu feiern, dennoch war es etwas gewagt, jemanden als verantwortungsbewusst zu preisen, der die Verantwortung für seine Taten immer gern auf andere abgewälzt hat. «Ich hatte nicht die letzte Entscheidung zu treffen, das war Präsident Nixon, aber ich habe sie natürlich unterstützt», hatte er noch 2008 erklärt, als er von dem Schweizer Dokumentarfilmer Matthias von Gunten auf die Bombardierung Kambodschas angesprochen wird, die im Hintergrund von Frischs Besuch im Weißen Haus stattfand. Frisch war für Kissinger keine Figur ganz am Rande, er fühlte sich, wie er in dem Interview vor der Kamera melancholisch sagt, Frisch sogar «menschlich verbunden» und rühmte noch einmal dessen Roman «Stiller», der ihn «tief bewegt» habe, als er ihn in den Fünfzigern las. Ihm sei bewusst gewesen, dass für Frisch das Weiße Haus «Feindesland» gewesen sein musste, aber er hatte doch auf eine Verständigung zwischen ihnen gehofft. Diese war aber mit Frisch so wenig wie mit den anderen Suhrkamp-Autoren möglich, die, gerade weil sie politisch, kulturell und nicht zuletzt finanziell dem Land viel zu verdanken hatten, Amerika nur mehr als unbelehrbare Kriegsmacht erlebten, in deren Dienst sich ausgerechnet ihr Freund und Förderer Henry Kissinger gestellt hatte, und zwar ohne moralische Bedenken.

Als Einziger aus der Boygroup, die Siegfried Unseld um sich geschart hatte, fand ausgerechnet Martin Walser, der wütendste Vietnamkriegsgegner, heim nach Amerika. 1966, als sich die Gruppe 47 einladen ließ, hatte er sich verweigert und kritisierte die Kollegen, wenn sie hinfuhren. Das Lernziel des Kissinger-Seminars wurde bei ihm zwar erst viele Jahre später erreicht, aber dann absolvierte der «verhinderte Einwanderer»[5] Walser umso erfolgreicher. In seinem fast whitmanesken Prosagedicht «Versuch, ein Gefühl zu verstehen» aus dem Jahr 1974 preist er das «konkrete Amerika, das ich erfuhr», lobt die «lückenlose Freundlichkeit der Leute», tadelt die «New York Times» für ihre «eingenommene Gelassenheit», rühmt den Himmel über Texas, die Tankstelle «als wäre sie von Michelangelo», die Stadtautobahn um Houston, den Rio Grande. «Wenig seh ich in Filmen von Amerika wieder. Und das Amerika, das Kissinger vertritt, ist die Sowjetunion, die Gromyko vertritt, die Molotow vertritt, Dulles vertritt, vertrat, vertreten.»[6] Das Gedicht entstand im Watergate-Jahr 1974, als Walser sich ein halbes Jahr in den USA aufhielt. «Diese sechs Monate könnten die schönsten Monate meines Lebens sein»,[7] meinte er später.

Die anderen Unseld-Boys – Johnson, Weiss, Enzensberger, Frisch sowieso – verharrten in der Ablehnung des Landes, das unbedingt den Krieg gegen Vietnam führen musste und als Kriegsminister den aus Deutschland vertriebenen Henry Kissinger fand. Unseld aber ließ sich nie von seiner Bewunderung für ihn abbringen. Für ihn war er der Kathedralenerbauer, für ihn musste es schon Shakespeare sein, mit dem er Kissinger zum Abschluss der Friedensverhandlungen über Vietnam gratuliert hatte: «Dies war ein Mann!» Das gilt auch für ihn selber – der Geschichte wird gar nichts anderes übrig bleiben, als zu sagen: Henry Kissinger und Siegfried Unseld, das waren vielleicht Männer!

Anhang

Anmerkungen

Einleitung

1 Karte an Siegfried Unseld, 16. Mai 1961, Deutsches Literaturarchiv Marbach (DLA)/Siegfried Unseld Archiv (SUA).
2 Hans Magnus Enzensberger, Mit Engelsgeduld. In: «Ins Gelingen verliebt sein und in die Mittel des Gelingens.» Siegfried Unseld zum Gedenken. Frankfurt am Main 2003, S. 171.

Wie es anfängt

1 Zitiert nach: Artur Fürst, Die Hundertjährige Eisenbahn. Wie Meisterhände sie schufen. München 1925, S. 104.
2 Hans Magnus Enzensberger, Rede vom Heizer Hieronymus. Aus Anlaß eines Preises. In: Ders., Im Gegenteil. Gedichte. Szenen. Essays. Gütersloh u. a. 1981, S. 34.
3 Ebd., S. 30.
4 Hermann Schreiber, Man fühlt sich so ertappt, Der Spiegel 49/1966, 8. November 1966.
5 Barnard Law Collier, The Road to Peking, or, How Does This Kissinger Do It?, The New York Times, 14. November 1971.
6 Hans Magnus Enzensberger, Früher. Zitiert nach: Ders., Die Gedichte. Frankfurt am Main 1985, S. 390. Zuerst erschienen in: Ders., Die Furie des Verschwindens. Frankfurt am Main 1980.
7 Collier, The Road to Peking.
8 Zitiert nach: Hermann Schreiber, «Unser Sohn, der auch Ihr Sohn ist», Der Spiegel 52/1975, 22. Dezember 1975.
9 Zitiert nach: Walter Isaacson, Kissinger. A Biography. New York 1992, S. 29. Übersetzung von W. W.
10 Zitiert nach: Beatrice Heiber/Helmut Heiber (Hg.), Die Rückseite des Hakenkreuzes. Absonderliches aus den Akten des Dritten Reiches. München 1993, S. 140.
11 Ebd., S. 127.
12 Henry Kissinger, Memoiren. 1968–1973. Übersetzt von Hans-Jürgen Baron von Koskull. München 1979, S. 249.
13 Zitiert nach: Martin Broszat u. a. (Hg.), Bayern in der NS-Zeit. Soziale Lage

und politisches Verhalten der Bevölkerung im Spiegel vertraulicher Berichte. München/Wien 1977, S. 469.

14 Isaacson, Kissinger, S. 29. Übersetzung von W. W.

15 Kissinger, Memoiren. 1968–1973, S. 250.

16 Zitiert nach: Niall Ferguson, Kissinger. Der Idealist. 1923–1968. Übersetzt von Michael Bayer und Werner Roller. Berlin 2016, S. 142.

17 Traueransprache für Fritz Kraemer, 8. Oktober 2003, www.henryakissinger.com/remembrances/fritz-kraemer

18 Zitiert nach: Ferguson, Kissinger. Der Idealist, S. 159.

19 Brief an die Eltern, 25. November 1944. Zitiert nach: Ferguson, Kissinger. Der Idealist, S. 166.

20 Zitiert nach: Ebd., S. 196.

21 Henry Kissinger, Der ewige Jude. Zitiert nach: Ferguson, Kissinger. Der Idealist, S. 199.

22 Zitiert nach: Siegfried Unseld. Sein Leben in Bildern und Texten. Herausgegeben von Raimund Fellinger und Matthias Reiner. Berlin 2014, S. 9.

23 Ulla Berkéwicz, Engel sind schwarz und weiß. Roman. Frankfurt am Main 1992, S. 46.

24 Ulrich Enzensberger, Die Jahre der Kommune I. Berlin 1967–1969. München 2006 [2004], S. 11.

25 Urteil des Landgerichts Ravensburg, 31. März 1948, Landesarchiv Baden-Württemberg.

26 Berkéwicz, Engel, S. 46.

27 Zitiert nach: Siegfried Unseld. Sein Leben in Bildern und Texten, S. 12.

28 1913, zitiert nach: Die Meißnerformel und ihre Erklärungen im Wandel der Zeit (2013), https://meissner-2013.de/sites/default/files/Medien/Aushang_1_Meißnerformel-im-Wandel-der-Zeit.pdf

29 Berkéwicz, Engel, S. 71.

30 Zitiert nach: Siegfried Unseld. Sein Leben in Bildern und Texten, S. 16.

31 Zitiert nach: Ebd., S. 26.

32 Vgl. ebd., S. 13.

33 Friedrich Hölderlin, Der Tod fürs Vaterland. In: Ders., Sämtliche Gedichte. Hg. von Jochen Schmidt. Frankfurt am Main 2005, S. 216–217. Die Ode erschien auch in der von Friedrich Beißner besorgten «Feldauswahl» von Gedichten Hölderlins (Stuttgart 1943).

34 So bei Peter Michalzik, Unseld. Eine Biographie. Genehmigte und überarbeitete Taschenbuchausgabe. München 2003, S. 37.

35 Vgl. Siegfried Unseld. Sein Leben in Bildern und Texten, S. 21.

36 Rundfunkansprache, 1. Mai 1945. Zitiert nach: Joseph Goebbels, Tagebücher 1945. Die letzten Aufzeichnungen. Bergisch Gladbach 1980 [1977], S. 541.

37 Günter Gaus, Widersprüche, Erinnerungen eines linken Konservativen. Berlin 2004, S. 107.

38 Zitiert nach: Siegfried Unseld. Sein Leben in Bildern und Texten, S. 29.

39 Hermann Hesse, Briefe. Berlin/Frankfurt am Main 1951.
40 Zitiert nach: Michalzik, Unseld. Eine Biographie, S. 52.
41 Zitiert nach dem Faksimile in: Siegfried Unseld. Sein Leben in Bildern und Texten, S. 34.
42 Interview mit Peter Roos, ohne Jahr. Zitiert nach: Uwe Johnson – Siegfried Unseld. Der Briefwechsel. Hg. von Eberhard Fahlke und Raimund Fellinger. Frankfurt am Main 1999, S. 1159.
43 Siegfried Unseld. Sein Leben in Bildern und Texten, S. 59.
44 Brief an Hermann Hesse, 23. Januar 1949. Zitiert nach: Siegfried Unseld. Sein Leben in Bildern und Texten, S. 47.
45 Zitiert nach: Michalzik, Unseld. Eine Biographie, S. 62.
46 Urteil des Landgerichts Ravensburg, 31. März 1948, Landesarchiv Baden-Württemberg.
47 Ebd.
48 Ebd.
49 Brief an Ernst Bauer, 4. April 1947. Zitiert nach: Siegfried Unseld. Sein Leben in Bildern und Texten, S. 31.
50 Karte an Eugen Zeller, 31. August 1951. Zitiert nach: Siegfried Unseld. Sein Leben in Bildern und Texten, S. 51.
51 Brief an Peter Suhrkamp, 3. Oktober 1951. Zitiert nach: Siegfried Unseld. Sein Leben in Bildern und Texten, S. 52.
52 Michalzik, Unseld. Eine Biographie, S. 77.

Mit anderen Mitteln

1 Theo Sommer, Zeit meines Lebens. Erinnerungen eines Journalisten. Mit einem Vorwort von Haug von Kuenheim. Berlin 2022, S. 304.
2 Zitiert nach: Niall Ferguson: Kissinger. Der Idealist. 1923–1968. Übersetzt von Michael Bayer und Werner Roller. Berlin 2016, S. 273.
3 Ebd., S. 276.
4 Henry A. Kissinger, Kernwaffen und auswärtige Politik. Übersetzt von Georg Ahrens. 2. Auflage. München 1974, S. 367. Im Original klingt es noch markiger: «The very greatness of the statesman's conception tends to make it inaccessible to those whose primary concern is with safety and minimum risk.» (Nuclear Weapons and Foreign Policy, New York 1957, S. 247).
5 Brief vom 4. Juni 1952. Zitiert nach: Ferguson, Kissinger. Der Idealist, S. 309.
6 Ebd., S. 306.
7 Ebd.
8 Kissinger's Analysis of Germany, 11. Juli 1952, Truman Library, Psychological Strategy Board. Zitiert nach: Ebd., S. 307.
9 Andreas Tobler, Max Frisch und die CIA, Tages-Anzeiger, 4. Februar 2018.
10 Kissinger's Analysis of Germany, 11. Juli 1952, Truman Library, Psycho-

logical Strategy Board. Zitiert nach: Ferguson, Kissinger. Der Idealist, S. 308.

11 Ronald D. Landa, CIA Covert Aid to Italy Averaged $5 Million Annually from Late 1940s to Early 1960s, Study Finds, 7. Februar 2017, National Security Archive.

12 Brief an Milton Katz, 31. Januar 1955, Yale University Library.

13 Henry Kissinger, Staatskunst. Sechs Lektionen für das 21. Jahrhundert. Übersetzt von Henning Dedekind u. a. München 2022, S. 52.

14 Hans Egon Holthusen, Freiwillig bei der SS. In: Merkur, 20/223 (1966), S. 938.

15 Sebastian Moll, Wo deutsche Juden eine neue Heimat fanden, Frankfurter Rundschau, 27. April 2019.

16 Jürgen Habermas weiß nichts von diesem Vorschlag, er nahm damals eine Assistentenstelle in Frankfurt an. E-Mail an W. W., 10. Mai 2024.

17 Ernst Jünger, The Retreat into the Forest. In: Confluence. An International Forum. 3/2 (1954): The Ethics of Loyalty, Part I und The Role of Science, Part II, S. 127–154.

18 Brief an Henry Kissinger. In: Confluence 3/4 (1954), S. 497.

19 Replik auf den Brief an Henry Kissinger. In: Ebd., S. 500.

20 Hannah Arendt, Religion and Politics. In: Confluence. 2/3 (1953), S. 105–126.

21 Heinz Bachmann, Ingeborg Bachmann, meine Schwester. Erinnerungen und Bilder. München 2023.

22 Susan C. Faludi, Kissinger, Harvard And the FBI, The Harvard Crimson, 16. November 1979.

23 Ebd.

24 Brief an Milton Katz, 31. Januar 1955, Yale University Library.

25 Reisebericht Israel, 27. Dezember 1961 – 2. Januar 1962, Yale University Library.

Die Entdeckung Amerikas

1 Zu Jordan Mejias, 2011. Zitiert nach: Bernd Greiner, Henry Kissinger. Wächter des Imperiums. Eine Biographie. München 2020, S. 54.

2 Siegfried Unseld. Sein Leben in Bildern und Texten. Hg. von Raimund Fellinger und Matthias Reiner. Berlin 2014, S. 71.

3 Brief an Henry Kissinger, kein Datum. Zitiert nach: Siegfried Unseld, Henry A. Kissinger, Briefwechsel 1955–1957, DLA Marbach (SUA).

4 Ebd.

5 Ebd.

6 Brief an Henry Kissinger, ohne Datum. Siegfried Unseld, Henry A. Kissinger, Briefwechsel 1955–1957, DLA Marbach (SUA). Teilweise zitiert in: Jan Bürger, Die Kissinger Boys. Von der Harvard Summer School zur Suhrkamp Culture. In: Zeitschrift für Ideengeschichte 11/4 (2017), S. 10.

7 Stenogramm der Zeit, Der Spiegel 34/1954, 18. August 1954.

8 Zitiert nach: Monika Albrecht/Dirk Göttsche (Hg.), Bachmann-Handbuch. Leben – Werk – Wirkung. Berlin 2020 [2002], S. 9.
9 Siegfried Unseld, Henry A. Kissinger, Briefwechsel 1955–1957, DLA Marbach (SUA).
10 Ebd.
11 Ebd.
12 Ebd.
13 Zitiert nach: Inderjeet Parmar/ Michael Cox (Hg.), Soft Power and US Foreign Policy. Theoretical, Historical and Contemporary Perspectives. Oxon 2020, S. 113. Übersetzung von W. W.
14 Vgl. ebd.
15 Brief an Henry Kissinger, 25. August 1955. Zitiert nach: Parmar/Cox (Hg.), Soft Power and US Foreign Policy, S. 113.
16 Ina Hartwig, Wer war Ingeborg Bachmann? Eine Biographie in Bruchstücken. Frankfurt am Main 2018 [2017], S. 293.
17 Brief an Henry Kissinger, 23. Dezember 1964, Yale University Library.
18 Brief an Hans Egon Holthusen, 31. Januar 1957, Yale University Library.
19 Brief an Siegfried Unseld, 17. November 1955, DLA Marbach (SUA).
20 Nach einer Berechnung der Bundesbank entspricht dieses Honorar im Jahr 2023 einem Kaufkraftäquivalent von gut 1200 Euro.
21 «I hope you are content with your underagent.» Brief an Henry Kissinger, 26. Dezember 1955, DLA Marbach (SUA).
22 Zitiert nach: Leo A. Lensing, «Eine interessante, tiefe Frau» und «ein völlig unbedeutender junger Professor». Unveröffentlichte Korrespondenz zwischen Ingeborg Bachmann und Henry Kissinger. Ein Archivbericht. In: andererseits – Yearbook of Transatlantic German Studies, 9/10 (2020/21), S. 94.
23 Hans Magnus Enzensberger, Tumult. Berlin 2014, S. 145 f.
24 Zitiert nach: Junge amerikanische Lyrik. Hg. von Gregory Corso und Walter Höllerer. Übersetzt von M. Sporleder, München 1961, S. 24 f.

Der Kriegstheoretiker

1 Brief aus New York an das Ehepaar Jaspers, 25. Dezember 1950, in: Hannah Arendt/Karl Jaspers. Briefwechsel 1926–1969. Hg. von Lotte Köhler und Hans Saner. München/Zürich 1985, S. 196.
2 Carlo Feltrinelli erinnert sich in seinem Buch über seinen Vater («Senior Service») an das Cover von Bob Dylans Album «Bringing It All Back Home» mit dem Schild für den Atombunker und dann fällt ihm ein, dass einmal Henry Kissinger, damals noch Harvard-Professor, vom Flughafen aus bei ihnen zu Hause angerufen hat.
3 Brief an Ann und Henry Kissinger, 15.12.1956, Yale University Library.
4 Zitiert nach: Leo A. Lensing, «Eine interessante, tiefe Frau» und «ein völlig unbedeutender junger Professor». Unveröffentlichte Korrespondenz zwi-

schen Ingeborg Bachmann und Henry Kissinger. Ein Archivbericht. In: andererseits – Yearbook of Transatlantic German Studies 9/10 (2020/21), S. 94.

5 The Cold War & the Small War. A New Study in the Anatomy of U. S. Doctrine. Time, 26. August 1957.

6 Theo Sommer, Gesucht: Eine neue Strategie für die Nato. Die Zeit, 21. November 1957.

7 Franz Josef Strauß, Erinnerungen. Berlin 1989, S. 355.

8 Deutscher Bundestag. 3. Wahlperiode. 18. Sitzung, 20. März 1958, S. 846.

9 Deutscher Bundestag. 3. Wahlperiode. 20. Sitzung, 22. März 1958, S. 1041.

10 Vgl. Lensing, «Eine interessante, tiefe Frau», S. 95.

11 Brief an Ingeborg Bachmann, 18. Januar 1957. Zitiert nach: Lensing, «Eine interessante, tiefe Frau», S. 10.

12 Ingeborg Bachmann, Die gestundete Zeit. Frankfurt am Main 1953.

13 Ingeborg Bachmann, Freies Geleit. In: Sämtliche Gedichte. München 1983, S. 171.

14 Dr. Hans Magnus Enzensberger, Einige Vorschläge zur Methode des Kampfes gegen die atomare Aufrüstung. In: Blätter für deutsche und internationale Politik 6 (1958), S. 411.

15 Ina Hartwig, Wer war Ingeborg Bachmann? Eine Biographie in Bruchstücken. Frankfurt am Main 2018 [2017], S. 71.

16 Brief an Ingeborg Bachmann, 15. Januar 1959. Ingeborg Bachmann/Hans Magnus Enzensberger, «schreib alles was wahr ist auf». Der Briefwechsel. Hg. von Hubert Lengauer. München/Berlin 2018, S. 31.

17 Brief von Ingeborg Bachmann, 16. Februar 1959. Bachmann/Enzensberger, «schreib alles was wahr ist auf», S. 32.

18 Brief an Ingeborg Bachmann, März 1959. Bachmann/Enzensberger, «schreib alles was wahr ist auf», S. 33.

19 Hans Magnus Enzensberger, Wiedersehen mit den Fünfzigern. Ein Gespräch mit Jan Bürger. In: Zeitschrift für Ideengeschichte, 9/4 (2015), S. 99.

20 Brief an Jürgen Weichert, 25. Oktober 1958, Yale University Library.

21 Brief an Ted W. Parker, 29. Dezember 1958, Yale University Library.

22 Brief an Henry Kissinger, 30. Juni 1964, Yale University Library.

23 Brief an Kissinger, 19. August 1960, Yale University Library.

24 Zitiert nach: Holger Klitzing, The Nemesis of Stability: Henry Kissinger's Ambivalent Relationship with Germany. Trier 2007, S. 418.

25 Reisebericht Deutschland und Frankreich, Januar 1959, Yale University Library.

26 Brief an Henry Kissinger, 16. oder 18. Dezember 1958, Yale University Library.

27 Brief an Georg Kahn-Ackermann, 24. Dezember, 1958, Yale University Library.

28 Henry A. Kissinger, Der Spiegel 7/1959, 10. Februar 1952.

29 Acht Uhr Abmarsch bei Helmstedt, Der Spiegel 7/1959, 10. Februar 1959.

30 Henry A. Kissinger, Kernwaffen und auswärtige Politik. Übersetzt von

Georg Ahrens. 2. Auflage. Mit einer Einleitung von Helmut Schmidt. München 1974, S. 265.

31 Brief an Franz Josef Strauß, 20. Juni 1962, Yale University Library.

32 Brief an Henry Kissinger, 8. Juli 1960, Yale University Library.

33 Tagebuch Henry Kissinger, 10. Mai 1961. Yale University Library.

Eine neue Bewusstseinsindustrie

1 Uwe Johnson, «Dem Fleiss zuliebe, und doch zumindest dem Willen dazu.» Siegfried Unseld – 20 Jahre Verleger. In: Uwe Johnson, Porträts und Erinnerungen. Hg. von Eberhard Fahlke. Frankfurt am Main 1988, S. 92 f.

2 Uwe Johnson, «Schicksalhaft» war es nicht. In: Johnson, Porträts und Erinnerungen, S. 7.

3 Ebd.

4 «Wohin ich in Wahrheit gehöre». Ein Uwe-Johnson-Lesebuch. Hg. von Siegfried Unseld. Frankfurt am Main 1994, S. 371 f.

5 Suhrkamp Verlag (Hg.), Geschichte des Suhrkamp Verlages 1950–1990. Frankfurt am Main 1990, S. 33.

6 Rolf Becker, auch das gehört zu diesem Satz, brachte noch ein weiteres Buch bei Suhrkamp heraus und ging dann 1960 zum «Spiegel», wo er dreißig Jahre als Literaturredakteur diente, unter anderem als Rezensent der Bücher des Suhrkamp Verlags.

7 Brief an Walter Boehlich, 9. Januar 1958. Zitiert nach: Walter Boehlich u. a., Chronik der Lektoren. Von Suhrkamp zum Verlag der Autoren. Frankfurt am Main 2011, S. 108.

8 Walter Boehlich, Die Antwort ist das Unglück der Frage. Ausgewählte Schriften. Hg. von Helmut Peitsch und Helen Thein. Frankfurt am Main 2011, S. 115–135.

9 Brief an Ilse Curtius, 14. April 1964. Zitiert nach: Boehlich u. a., Chronik der Lektoren, S. 109.

10 Uwe Johnson – Siegfried Unseld. Der Briefwechsel. Hg. von Eberhard Fahlke und Raimund Fellinger. Frankfurt am Main 1999, S. 930.

11 Hans Magnus Enzensberger, Bildung als Konsumgut. Analyse der Taschenbuch-Produktion. In: Ders., Einzelheiten I. Bewußtseins-Industrie. 8. Auflage. Frankfurt am Main 1973 [1962], S. 140.

12 Ebd., S. 138.

13 Ebd., S. 134.

14 Ebd., S. 151.

15 Vgl. Carolin Amlinger, Schreiben. Eine Soziologie literarischer Arbeit. Berlin 2021, S. 155.

16 Gespräch mit W. W. in Berlin, 30. November 2023.

17 KD Wolff, 1968: Ein freischwebender Gruß. In: Christoph Buchwald (Hg.), Verleger als Beruf. Siegfried Unseld zum fünfundsiebzigsten Geburtstag. Frankfurt am Main 1999, S. 143 f.

18 Zitiert beispielsweise in: Siegfried Unseld. Sein Leben in Bildern und Texten. Hg. von Raimund Fellinger und Matthias Reiner. Berlin 2014, S. 101.
19 Ebd., S. 94.
20 Vgl. Amlinger, Schreiben, S. 156.

Boygroup Suhrkamp

1 Vgl. Willi Winkler, Die Geschichte der RAF. Reinbek 2007, S. 34.
2 Der Endkampf, Der Spiegel 15/1961, 4. April 1961.
3 So der Titel seines Beitrags in Martin Walser (Hg.), Die Alternative oder Brauchen wir eine neue Regierung? Reinbek 1961.
4 Erklärung zur Spiegel-Affäre. In: Reinhard Lettau (Hg.), Die Gruppe 47. Bericht, Kritik, Polemik. Ein Handbuch. Neuwied/Berlin 1967, S. 458–459.
5 Martin Heidegger, Bremer und Freiburger Vorträge. Hg. von Petra Jaeger. Frankfurt am Main 1994, S. 27.
6 Zitiert nach: Axel Schildt, Im Visier: Die NS-Vergangenheit westdeutscher Intellektueller. Die Enthüllungskampagne von Kurt Ziesel in der Ära Adenauer. In: Vierteljahrshefte für Zeitgeschichte 64/1 (2016), S. 59.
7 Zitiert nach: Franz Schonauer, Deutsche Literatur im Dritten Reich. Versuch einer Darstellung in polemisch-didaktischer Absicht. Olten 1961, S. 59.
8 Zitiert nach: Ebd., S. 60.
9 Brief an Rudolf Krämer-Badoni, 23. Januar 1961. Zitiert nach Axel Schildt, Medien-Intellektuelle in der Bundesrepublik. Hg. von Gabriele Kandzora und Detlef Siegfried. Göttingen 2020, S. 742.
10 Friedrich Sieburg, Heinrich Heine. Jahresring III, 1. Oktober 1956. Zitiert nach: Friedrich Sieburg, Zur Literatur 1924–1956. Hg. von Fritz J. Raddatz. Berlin 1987 [1981], S. 478.
11 Brief an Heinz Ludwig Arnold, 12. November 1962. Zitiert nach: text + kritik 100/1988, S. 3. Nicht weniger dünkelhaft hat sich Joachim Fest bei der Verteidigung Sieburgs vernehmen lassen, als er Schonauer einen «indignierten Modeplebejer» nannte, «der aller Welt das Glück der Einheitswohnküche zumessen möchte». Zitiert nach: Fritz J. Raddatz, Schreiben ist Leben. In: Sieburg, Zur Literatur 1924–1956, S. 23.
12 Friedrich Sieburg, Toter Elefant auf einem Handkarren, Frankfurter Allgemeine Zeitung, 3. Dezember 1960. Zitiert nach: Thomas Beckermann, Über Martin Walser. Frankfurt am Main 1970, S. 35, 36.
13 Zitiert nach: Lettau (Hg.), Die Gruppe 47, S. 504.
14 Brief an Henry Kissinger, 18. Januar 1958, DLA Marbach (SUA).
15 Brief an Henry Kissinger, 31. Januar 1958, DLA Marbach (SUA).
16 Martin Walser, Leben und Schreiben. Tagebücher 1951–1962. Reinbek 2007 [2005], S. 285.
17 «Die Sprache verwaltet das Nichts». Gespräch mit Martin Walser, Süddeutsche Zeitung, 19./20. September 1998.
18 Walser, Leben und Schreiben, S. 238 f.

19 Ebd., S. 285.
20 Zitiert nach: John D. Leonard, International Seminar, The Harvard Crimson, 24. Juli 1958.
21 Walser, Leben und Schreiben, S. 304.
22 Ebd., S. 252.
23 Devaki Jain, The Brass Notebook. A Memoir. New Delhi 2020.
24 Eine gekürzte Fassung erschien 1973 auf Deutsch bei Suhrkamp.
25 Jain, The Brass Notebook.
26 Gunnar Myrdal ist 1987 gestorben, Devaki Jain ist 2024 91 Jahre alt. Sie hat ihre Vorwürfe gegen Myrdal in einem Interview 2024 noch einmal bestätigt. Es gibt bisher keine weiteren Zeugen für das, was sich 1958 zugetragen hat, doch das Council of the European Association for Evolutionary Political Economy (EAEPE) hat 2021 mit Hinweis auf die Vorwürfe den Myrdal Prize für das beste Buch in diesem Themenbereich in Joan Robinson Prize umbenannt.
27 Monika Totten, An Interview with Martin Walser. In: New England Review 2/4 (1980).
28 Heinz D. Osterle, Bilder von Amerika. Gespräche mit deutschen Schriftstellern. Münster 1987, S. 220.
29 Hans Magnus Enzensberger: Warum ich die USA verlasse. Zitiert nach: Berliner Extra-Dienst 2/18 (1968), S. 8, übersetzt von Bernward Vesper.
30 Hans Magnus Enzensberger, Tumult. Berlin 2014, S. 144.
31 Hans Magnus Enzensberger, Eine Theorie des Tourismus. In: Ders., Einzelheiten I, S. 199, 204.
32 Ders., Tumult, S. 150.
33 Peter Rühmkorf, Die Jahre die Ihr kennt. Anfälle und Erinnerungen. Reinbek 1999 [1972], S. 204.
34 Enzensberger, Tumult, S. 151.
35 Zitiert nach: Roland Berbig, Zu Johnsons Unterschrift unter die «Erklärung zum ‹Manifest der 121›». In: Johnson-Jahrbuch 9/2002, S. 17.
36 Zitiert nach: Wolfgang Kraushaar, Frankfurter Schule und Studentenbewegung. Von der Flaschenpost zum Molotowcocktail 1946 bis 1995. Band 2. Hamburg 1998, S. 142.
37 Friedrich Sieburg, In einem anderen Land, Frankfurter Allgemeine Zeitung, 15. November 1960. Zitiert nach: Henning Marmulla, Enzensbergers Kursbuch. Eine Zeitschrift um 68. Berlin 2011, S. 36.
38 Hans Egon Holthusen, Die literarische Opposition, Süddeutsche Zeitung, 26. November 1960.
39 Hans Magnus Enzensberger, Die literarische Regierungspartei (1960). In: Ders., Einzelheiten I.
40 Ders., Die Sprache des «Spiegel» (1957). In : Ders., Einzelheiten I.
41 Ders., Journalismus als Eiertanz. Beschreibung einer Allgemeinen Zeitung für Deutschland (1962). In: Ders., Einzelheiten I.
42 Rühmkorf, Die Jahre die Ihr kennt, S. 205.
43 Enzensberger, Journalismus als Eiertanz, S. 31.

44 Friedrich Sieburg, Die gute Richtung, Die Gegenwart, 26. März 1955. Zitiert nach: Ders., Zur Literatur 1924–1956, S. 443.
45 Frankfurter Allgemeine Zeitung (Hg.), Enzensberger'sche Einzelheiten korrigiert von der Frankfurter Allgemeinen Zeitung. Frankfurt am Main 1963, S. 7.
46 Brief an Armin Mohler, 24. Dezember 1968. Zitiert nach: Axel Schildt, Medien-Intellektuelle, S. 743.
47 Brief an Henry Kissinger, 7. Februar 1960, Yale University Library.
48 1960 in einem Rundfunkgespräch mit Lotte Lenya. https://ubu.com/media/sound/adorno_theodor/radio/Adorno-Theodor_Radio_Lenya-Lotte_Part-1.mp3
49 Enzensberger, Tumult, S. 144.
50 Ders., Ein sanfter Wüterich, Die Zeit, 29. September 1961.
51 Peter Michalzik, Unseld. Eine Biographie. Genehmigte und überarbeitete Taschenbuchausgabe München 2003, S. 125.
52 Corinne Pulver, Karriere oder Die Liebe ist ein seltsam' Ding. München 1999, S. 128.
53 Ebd., S. 129.
54 Ebd., S. 183.

Eine Rheinreise

1 Brief an Ingeborg Bachmann, 21. Dezember 1959. Zitiert nach: Ina Hartwig, Wer war Ingeborg Bachmann? Eine Biographie in Bruchstücken. Frankfurt am Main 2018 [2017], S. 99.
2 Brief an Siegfried Unseld, 7. März 1960, Yale University Library.
3 Brief an Ingeborg Bachmann, 18. Februar 1960, Yale University Library.
4 Henry Kissinger, Die Entscheidung drängt. Grundfragen westlicher Außenpolitik. Aus dem Amerikanischen von Horst Jordan. Düsseldorf 1961.
5 Anlässlich des Gastspiels von Lotte Lenya in Frankfurt wurde im Hessischen Rundfunk ein Gespräch zwischen Lotte Lenya und Adorno über die Zwanziger Jahre aufgenommen: ubu.com/media/sound/adorno_theodor/radio/Adorno-Theodor_Radio_Lenya-Lotte_Part-1.mp3 ubu.com/media/sound/adorno_theodor/radio/Adorno-Theodor_Radio_Lenya-Lotte_Part-2.mp3
6 Brief an Siegfried Unseld, 27. Juni 1960, Yale University Library.
7 Brief an Henry Kissinger, 20. Juni 1960, Yale University Library.
8 Siegfried Unseld, Reiseberichte. Herausgegeben von Raimund Fellinger. 3. Auflage. Berlin 2000, S. 28.
9 Dokumente zur Europareise 30. Juni – 10. August 1960, Yale University.
10 Ebd.
11 Telegramm an Henry Kissinger,19. August 1960, Yale University Library.
12 Brief an Siegfried Unseld, 19. Juni 1961, Yale University Library.
13 Brief an Henry Kissinger, 8. August 1961. DLA Marbach (SUA).

14 Brief an Henry Kissinger, 4. Dezember 1961, Yale University Library.
15 Brief an Ann Kissinger, 9. Dezember 1961, Yale University Library.
16 Alle Angaben nach einem Brief von Ms. Edda Sehgal vom 9. Februar 2024 an W. W.
17 Vgl. Marly Cornell, Seeds for Change. The Lives and Work of Suri and Edda Sehgal. 2014.

Ein Gerücht wird erforscht

1 Harry Gilroy, Author Who Left East Germany Is Studying in U. S., New York Times, 4. Dezember 1966.
2 Uwe Johnson, Dead Author's Identity in Doubt; Publishers Defiant. In: Uwe Johnson, Porträts und Erinnerungen. Hg. von Eberhard Fahlke. Frankfurt am Main 1988, S. 28–49.
3 Gilroy, Author Who Left.
4 Uwe Johnson, «Dem Fleiss zuliebe, und doch zumindest dem Willen dazu.» Siegfried Unseld – 20 Jahre Verleger. In: Johnson, Porträts und Erinnerungen, S. 94.
5 Brief an Henry Kissinger, 18. Oktober 1960, Yale University Library.
6 Brief an Henry Kissinger, 13. Oktober 1960, Yale University Library. Übersetzung von W. W. Der handschriftliche Zusatz findet sich nur im Exemplar der Yale University Library. https://findit.library.yale.edu/images_layout/fullviewnoocr?parentoid=11783542
7 Brief an Ann und Henry Kissinger, 15.12.1956, Yale University Library.
8 Brief an Ingeborg Bachmann, 25. November 1955. Zitiert nach: Leo A. Lensing, «Eine interessante, tiefe Frau» und «ein völlig unbedeutender junger Professor». Unveröffentlichte Korrespondenz zwischen Ingeborg Bachmann und Henry Kissinger. Ein Archivbericht. In: andererseits – Yearbook of Transatlantic German Studies 9/10 (2020/21), S. 99.
9 Brief an Siegfried Unseld, 16. März 1961, Yale University Library.
10 Brief an Henry Kissinger, 13. Februar 1961, Yale University Library. Der handschriftliche Zusatz findet sich nur im Exemplar der Yale University Library, nicht im Durchschlag in Marbach, DLA Marbach (SUA).
11 Brief an Henry Kissinger, 7. März 1961, DLA Marbach (SUA).
12 Brief an Siegfried Unseld, 16. März 1961, DLA Marbach (SUA).
13 Brief an Henry Kissinger, 21. März 1961, DLA Marbach (SUA).
14 Ebd.
15 Ebd.
16 Reisebericht, 10.4.–28.4.1961, DLA Marbach (SUA). Auch in: Siegfried Unseld, Reiseberichte. Berlin 2020.
17 Zitiert nach: Bernd Neumann, Uwe Johnson. Hamburg 1994, S. 386.
18 Brief an Uwe Johnson, 26. Juni 1961. In: Uwe Johnson – Siegfried Unseld. Der Briefwechsel. Hg. von Eberhard Fahlke und Raimund Fellinger. Frankfurt am Main 1999, S. 145.

19 Brief an Siegfried Unseld, 1. Juli 1961. In: Ebd., S. 148.
20 Brief an Siegfried Unseld, 19. Juni 1961, DLA Marbach (SUA).
21 Brief an Henry Kissinger, 29. Juni 1961, Yale University Library.
22 Brief an Henry Kissinger, 8. August 1961, Yale University Library.
23 «Mit Adenauer die theoretische Möglichkeit anzusprechen, dass eine gewisse Flexibilität nicht ganz falsch wäre, ist genauso, als würde man einem der Anonymen Alkoholiker sagen, dass ein Martini vor dem Essen nicht schadet.» Henry Kissinger, Memorandum for the President, 6. April 1961. Zitiert nach: Fabian Rueger, Kennedy, Adenauer and the Making of the Berlin Wall 1958–1961. Dissertation Stanford University 2011, S. 105.
24 Zitiert nach: W. R. Smyser, Kennedy and the Berlin Wall. «A Hell of a Lot Better than a War». Lanham 2009, S. 90. Übersetzung von W. W.
25 Zitiert nach: Neumann, Uwe Johnson, S. 388.
26 Memo an den Sicherheitsberater McGeorge Bundy, 18. August 1961. Siehe Holger Klitzing, The Nemesis of Stability: Henry Kissinger's Ambivalent Relationship with Germany. Trier 2007, S. 149.
27 Henry Kissinger, Die Entscheidung drängt. Grundfragen westlicher Außenpolitik. Übersetzt von Horst Jordan. Düsseldorf 1961, S. 19.
28 Zitiert nach: «Die Katze Erinnerung». Uwe Johnson – Eine Chronik in Briefen und Bildern. Hg. von Eberhard Fahlke. Frankfurt am Main 1994, S. 101.
29 Brief an Siegfried Unseld, 27. September 1961, Yale University Library.
30 Ebd.
31 Brief an Siegfried Unseld, 24. November 1961, DLA Marbach (SUA).
32 Brief an Uwe Johnson, November 1961. Zitiert nach: «Die Katze Erinnerung», S. 112.
33 Brief an Henry Kissinger, 25. Dezember 1961. Zitiert nach: «Die Katze Erinnerung», S. 113.
34 Gilroy, Author Who Left.
35 Zitiert nach: Uwe Johnson am Pranger? Die Zeit, 8. Dezember 1961.
36 Zitiert nach: Ebd.
37 Im Original ohne Artikel: «the most effective means to exterminate Jews».
38 Diktiert, 26. Dezember 1961. Zitiert nach: Johnson-Jahre. Zeugnisse aus sechs Jahrzehnten. Hg. von Uwe Neumann. Frankfurt am Main 2007, S. 83 f.
39 Reisedokumente Israel, 27. Dezember 1961–2. Januar 1962, Yale University Library.
40 Brief an Siegfried Unseld, 17. März 1962. In: Uwe Johnson – Siegfried Unseld. Der Briefwechsel, S. 176, 177.
41 Brief an Siegfried Unseld, 17. März 1962. In: Uwe Johnson – Siegfried Unseld. Der Briefwechsel, S. 176, 177.
42 Zitiert nach: Unseld, Reiseberichte.
43 Brief an Siegfried Unseld, 12. Februar 1963, DLA Marbach (SUA).
44 Unseld, Reiseberichte.
45 Brief an Henry Kissinger, 13. November 1963, Yale University Library.

46 Brief Henry Kissinger an Max Frisch vom 26. November 1963, Yale University Library.
47 Brief an Henry Kissinger, 13. November 1963, Yale University Library.
48 Brief an Max Frisch, 3. Mai 1963. In: Ingeborg Bachmann/Max Frisch, «Wir haben es nicht gut gemacht.» Der Briefwechsel. Hg. von Hans Höller u. a. Berlin 2022, S. 457 f.
49 Brief an Max Frisch, 4. März 1964, Yale University Library.
50 Brief an Henry Kissinger, 23. Dezember 1964, Yale University Library.
51 Brief an Siegfried Unseld, 5. Januar 1965, DLA Marbach (SUA).

Überall Vietnam

1 «Ich will nicht der Lappen sein, mit dem man die Welt putzt.» André Müller im Gespräch mit Hans Magnus Enzensberger, Die Zeit, 20. Januar 1995.
2 Hans Magnus Enzensberger, Gemeinplätze, die Neueste Literatur betreffend. In: Kursbuch 15/1968, S. 196.
3 Herman Kahn, KLAF – Eine Versicherung gegen Atomkriegs-Schäden. Übersetzt von Benedikt Pfaff (d. i. Enzensberger). In: Kursbuch 3/ 1965, S. 173.
4 Brief an Henry Kissinger, 21. Juli 1965, Yale University Library.
5 Brief an Siegfried Unseld vom 16. August 1965.
6 Zitiert nach: Henning Marmulla, Enzensbergers Kursbuch. Eine Zeitschrift um 68. Berlin 2011, S. 93.
7 Brief an Uwe Johnson, 18. März 1965. In: «fuer Zwecke der brutalen Verstaendigung». Hans Magnus Enzensberger/Uwe Johnson. Der Briefwechsel. Hg. von Henning Marmulla und Claus Kröger. Frankfurt am Main 2009, S. 109.
8 Kursbuch 7/1966, S. 175.
9 Vgl. Martin Walser, Eine gewöhnlich verlaufende Reise. In: Kursbuch 4/1966, S. 116.
10 Ebd.
11 Ders., Leben und Schreiben. Tagebücher 1963–1973. Reinbek 2007 [2005], S. 132.
12 Brief an Kissinger, 20. November 1965, Yale University Library.
13 Franz Josef Strauß, Die Erinnerungen. Berlin 1989, S. 429. Hinweis von Peter Gauweiler.
14 In einem Gespräch 2014 kurz vor seinem Tod beharrte Egon Bahr darauf, dass sich Kissinger bereits 1960 mit ihm getroffen habe, um mit ihm über eine Lösung für Vietnam nachzudenken. Das ist höchst unwahrscheinlich: Zwar gab es dort längst als «Berater» eingesetzte amerikanische Soldaten, aber der Einsatz hatte noch keine größere politische Bedeutung, die eines Krisenmanagers bedurft hätte, zu dem sich Kissinger damals in Europa und vor allem in Deutschland ausbildete.
15 Mao Tse-tung, Theorie des Guerillakrieges oder Strategie der Dritten

Welt. Einleitender Essay von Sebastian Haffner. Aus dem Englischen von Gerda v. Uslar. Reinbek 1966. Vorbesitzer des Exemplars in der Hamburger Staatsbibliothek war die Wehrbereichsbibliothek in Hannover.

16 Zitiert nach: Wolfgang Kraushaar, Frankfurter Schule und Studentenbewegung. Von der Flaschenpost zum Molotowcocktail 1946 bis 1995. Band 1. Hamburg 1998, S. 226.

17 Zitiert nach: Wasser in den Augen, Der Spiegel 52/1965, 22. Dezember 1965.

18 In einem seiner späten Texte erinnert sich Uwe Johnson dieser historischen Doppel-Farce. «Offenbar sollte eine solche Rückerstattung des Geschenks von 1950 zumindest unter trauernden Amerikanern ein Bild von Berlin [West] verbreiten, für das auch man sterbe in Südostasien, mit Gottes Hilfe die Freiheit spendend oder bewahrend, symbolisiert durch ein kleines Glöckchen aus der Porzellanmanufaktur von Berlin auf amerikanischen Kaminen neben den Fotos mit Trauerflor.» Uwe Johnson, Das Schiff. In: Jürgen Habermas, Stichworte zur «Geistigen Situation der Zeit». Band 2: Politik und Kultur. Frankfurt am Main 1979, S. 801.

19 William Conrad Gibbons, The U. S. Government and the Vietnam War: Executive and Legislative Roles and Relationships, Part IV: July 1965–January 1968, Princeton 1995, S. 385.

20 Georg W. Alsheimer, Vietnamesische Lehrjahre. Sechs Jahre als deutscher Arzt in Vietnam 1961–1967. 2. Auflage. Frankfurt am Main 1968, S. 332.

21 Ebd., S. 200.

Die «Jahrestage» in transatlantischer Hebammenkunst

1 Brief an Henry Kissinger, 25. September 1965, Yale University Library.

2 Uwe Johnson, Begleitumstände. Frankfurter Vorlesungen. Frankfurt am Main 1980, S. 332.

3 Ebd.

4 Ebd., S. 333.

5 Brief an Henry Kissinger, 25. September 1965, Yale University Library.

6 Arno Widmann, Nichts ist ohne sein Gegenteil wahr. Ein Gespräch mit Martin Walser über Meinungen und Erfahrungen, Berliner Zeitung, 24. Juli 2004. Zitiert nach: Martin Walser. «Ich würde heute ungern sterben». Interviews von 1978 bis 2016. Hg. von Thekla Chabbi. Reinbek 2018, S. 436.

7 Willy Brandt, Erinnerungen. Mit den «Notizen zum Fall G». Berlin 2003 [2002], S. 398.

8 Brief an Henry Kissinger, 25. September 1965, Yale University Library.

9 Johnson, Begleitumstände, S. 333.

10 Brief an Shepard Stone, 7. Oktober 1965, Yale University Library.

11 Ebd.

12 Brief an Uwe Johnson, 7. Oktober 1965, Yale University Library.

13 Gregor Baszak, Uwe Johnson und die Rockefeller Foundation. Briefe und Dokumente zu Johnsons Förderung in den USA. In: Johnson-Jahrbuch 28/2021, S. S. 143–166, hier S. 150.
14 Peter Rühmkorf, Die Jahre die Ihr kennt. Anfälle und Erinnerungen. Reinbek 1972, S. 171.
15 Ebd.
16 Baszak, Uwe Johnson und die Rockefeller Foundation, S. 152.
17 Johnson, Begleitumstände, S. 397.
18 Rede von Peter Handke auf der Tagung der Gruppe 47 im April 1966, peterhandke.de/kosmos/beschreibungsimpotenz.
19 Heinz D. Osterle, Bilder von Amerika. Gespräche mit deutschen Schriftstellern. Münster 1987, S. 223.
20 Peter Weiss/Hans Magnus Enzensberger, Eine Kontroverse. Kursbuch 6/1966, S. 3 f.
21 Vgl. Neues Deutschland, 12. Oktober 1966.
22 Uwe Johnson, Jahrestage. Aus dem Leben von Gesine Cresspahl. Band 4. Frankfurt am Main 1988 [1983], S. 1710.
23 Martin Walser, Praktiker, Weltfremde und Vietnam. Kursbuch 9 (Juni 1967), S. 170. Walser hat den Text, wie es in einer redaktionellen Anmerkung heißt, am 27. September 1966 zur Eröffnung der Vietnam-Ausstellung deutscher Künstler in der Neuen Galerie in München vorgetragen.
24 Uwe Johnson, Über eine Haltung des Protestierens. Kursbuch 9 (Juni 1967), S. 177, 178.
25 Martin Walser, Auskunft über den Protest. Kursbuch 9 (Juni 1967), S. 180.
26 Brief an Henry Kissinger, 29. April 1964. Zitiert nach: Holger Klitzing, The Nemesis of Stability: Henry Kissinger's Ambivalent Relationship with Germany. Trier 2007, S. 217 f.
27 Walser, Praktiker, Weltfremde und Vietnam, S. 171.
28 Walser, Auskunft über den Protest, S. 179.
29 Uwe Johnson, Jahrestage. Aus dem Leben von Gesine Cresspahl. Band 1. Frankfurt am Main 1988 [1970], S. 397 f. Vgl. auch: Gregor Baszak, «Er mußte […] nur berücksichtigen, was für das Buch gut war». Johnson und die «Jahrestage» als autonomes Kunstwerk. In: Johnson-Jahrbuch 29/2023.
30 Brief an Gerald Freund, 31. März 1967. Zitiert nach: Johnson-Jahre. Zeugnisse aus sechs Jahrzehnten. Hg. von Uwe Neumann. Frankfurt am Main 2007, S. 209.
31 Telegramm an Uwe Johnson, 6. April 1967. Zitiert nach: Bernd Neumann, Uwe Johnson. Hamburg 1994, S. 613.
32 Brief an Uwe Johnson, 7. April 1967. In: Henning Marmulla/Claus Kröger (Hg.), Hans Magnus Enzensberger/Uwe Johnson. «fuer Zwecke der brutalen Verstaendigung». Der Briefwechsel. Frankfurt am Main 2009, S. 194, 195.
33 Brief an Hannah Arendt, 15. Januar 1968. In: Baszak, Uwe Johnson und die Rockefeller Foundation. Briefe und Dokumente zu Johnsons Förderung in den USA. In: Johnson-Jahrbuch 28/2021, S. 157.

34 Brief an Gerald Freund, 17. Januar 1968. In: Gregor Baszak, Uwe Johnson und die Rockefeller Foundation, S. 158.
35 Gutachten Gerald Freund, Januar 1968. In: Baszak, Uwe Johnson und die Rockefeller Foundation, S. 160.
36 Zitiert nach: «Wohin ich in Wahrheit gehöre». Ein Uwe-Johnson-Lesebuch. Hg. von Siegfried Unseld. Frankfurt am Main 1994, S. 214.
37 Johnson, Jahrestage. Band 1, S. 464, 465.
38 Ebd., S. 465.
39 Hans Magnus Enzensberger, Tumult. Berlin 2014, S. 132.
40 Ders., Warum ich die USA verlasse. Übersetzt von Bernward Vesper. Alle Zitate nach: Berliner Extra-Dienst 2/18 (1968).
41 Ebd.
42 Kursbuch 15/1968, S. 199.
43 Uwe Johnson, Jahrestage. Aus dem Leben von Gesine Cresspahl. Band 2. Frankfurt am Main 1988 [1971], S. 802.
44 Brief an Hannah Arendt, 10. August 1971. In: Hannah Arendt – Uwe Johnson. Der Briefwechsel 1967–1975. Hg. von Eberhard Fahlke und Thomas Wild. Frankfurt am Main 2004, S. 57.
45 Brief an Uwe Johnson, 8. September 1971. In: Uwe Johnson – Siegfried Unseld. Der Briefwechsel. Hg. von Eberhard Fahlke und Raimund Fellinger. Frankfurt am Main 1999, S. 717.
46 Osterle, Bilder von Amerika, S. 48.
47 Brief an Martin Heidegger, 2. Februar 1972. In: Hannah Arendt – Martin Heidegger. Briefe 1925–1975 und andere Zeugnisse. Hg. von Ursula Ludz. Frankfurt am Main 1998, S. 225.

1968 oder Die Machtfrage

1 Bei diesem nicht weiter nachgewiesenen «Kalenderspruch», mit dem Hans Magnus Enzensberger seine «Gemeinplätze, die Neueste Literatur betreffend» im «Kursbuch» Nummer 15 beschließt, zeigt sich eine zeittypische Chinoiserie: Er gehört zu den Sätzen, mit denen die Titelfigur in Peter Handkes Stück «Kaspar» (Uraufführung am 11. Mai 1968) traktiert wird (vgl. Peter Handke, Stücke 1. Frankfurt am Main 1973, S. 136). Es handelt sich dabei um die Abwandlung einer Weisheit aus der Mao-Bibel: «Fließendes Wasser fault nicht, Türangeln werden nicht wurmstichig.» Der erste Teil des Satzes findet sich wörtlich auf S. 135.
2 Hermann Hesse – Peter Suhrkamp. Briefwechsel 1945–1959. Hg. von Siegfried Unseld. Frankfurt am Main 1969.
3 Brief an Henry Kissinger, 22. August 1968, DLA Marbach (SUA).
4 Zitiert nach der deutschen Version: Henry A. Kissinger, Auf der Suche nach Stabilität. In: Aus Politik und Zeitgeschichte 42/1959, S. 554 f.
5 Vgl. Karsten D. Voigt, Increasing closeness, increasing friction. In: The Berlin Journal 29/2015, S. 11.

6 Brief an Siegfried Unseld, 3. Oktober 1968. Zitiert nach: Henning Marmulla, Enzensbergers Kursbuch. Eine Zeitschrift um 68. Berlin 2011, S. 367.

7 Georg W. Alsheimer (d. i. Erich Wulff), Vietnamesische Lehrjahre. Sechs Jahre als deutscher Arzt in Vietnam 1961–1967. Frankfurt am Main 1968.

8 Brief an Henry Kissinger, 22. August 1968, DLA Marbach (SUA).

9 Brief an Siegfried Unseld, 10. September 1968, Yale University Library.

10 Vgl. Hausmitteilung, Der Spiegel 38/1968, 16. September 1968.

11 Brief an Erich Wulff, 22. Juli 1968, DLA Marbach (SUA).

12 Alsheimer (Wulff), Vietnamesische Lehrjahre, S. 332 f.

13 Henry A. Kissinger, The White Revolutionary: Reflections on Bismarck. In: Daedalus 97/3 (1968).

14 Brief an Henry Kissinger, 14. Januar 1970, DLA Marbach (SUA).

15 Daniel Ellsberg, Nixons «zwei, drei … viele Vietnams». In: Merkur 25/5 (1971), S. 420–431.

16 Henry A. Kissinger, Der weiße Revolutionär. Gedanken über Bismarck. In: Merkur 25/1 (1971), S. 62.

17 Greg Grandin, Kissingers langer Schatten. Amerikas umstrittenster Staatsmann und sein Erbe. Übersetzt von Claudia Kotte und Thorsten Schmidt. München 2016, S. 52.

18 Kissinger, Der weiße Revolutionär, S. 59.

19 Ebd., S. 62.

20 Ders., The White Revolutionary: Reflections on Bismarck. In: Daedalus 97/3 (1968), S. 889 f. Ich habe mir erlaubt, die Passage aus dem Original zu übersetzen. Die Version im «Merkur» lässt die «groben Hiebe» weg.

21 Kissinger, Der weiße Revolutionär, S. 64 f.

22 Ders., Der weiße Revolutionär. Gedanken über Bismarck (II). In: Merkur, 25/2 (1971), S. 160.

23 Ders., Jahre der Erneuerung. Erinnerungen [1974–1976]. Übersetzt von Frank Wolf. München 1999, S. 493.

24 Brief an Karl Markus Michel, 11. Dezember 1967, DLA Marbach (SUA).

25 Peter Weiss, Che Guevara! In: Kursbuch 11/1968, S. 1 und 2.

26 Brief an Peter Weiss, 10. September 1965. In: Siegfried Unseld – Peter Weiss. Der Briefwechsel. Hg. von Rainer Gerlach. Frankfurt am Main 2007, S. 517.

27 Helmut Salzinger, Zwei, drei, viele Standpunkte. Der lange Marsch des Peter Weiss. In: Die Zeit, 30. Mai 1969.

28 Peter Weiss, 10 Arbeitspunkte eines Autors in der geteilten Welt, Neues Deutschland, 2. September 1965. Zitiert nach: Claus Kröger, Das Ende, das ein Anfang war. Geschichte einer Gegeninstitution. In: Ingrid Gilcher-Holtey (Hg.), «1968» – Eine Wahrnehmungsrevolution? Horizontverschiebungen des Politischen in den 1960er und 1970 [sic] Jahren. München 2013, S. 89.

29 Brief an Peter Weiss, 6. September 1965. In: Siegfried Unseld – Peter Weiss. Der Briefwechsel, S. 511.

30 Zitiert nach: Wolfgang Kraushaar, Frankfurter Schule und Studentenbewegung. Von der Flaschenpost zum Molotowcocktail 1946 bis 1995. Band 2. Hamburg 1998, S. 253.
31 Herbert Marcuse, Der eindimensionale Mensch. Studien zur Ideologie der fortgeschrittenen Industriegesellschaft. Übersetzt von Alfred Schmidt. Neuwied 1976 [1967], S. 267, 268.
32 Brief an Peter Weiss, 6. Februar 1967. In: Siegfried Unseld – Peter Weiss. Der Briefwechsel, S. 624.
33 Ebd.
34 Brief an Peter Weiss, 20. April 1967. In: Siegfried Unseld – Peter Weiss. Der Briefwechsel, S. 635.
35 Zitiert nach: Karlheinz Braun, Herzstücke. Leben mit Autoren. Frankfurt am Main 2019, S. 129.
36 B. S. [Botho Strauß], Bilderbuch der Schauspiel-Saison 1967/68. In: Theater 1968. Chronik und Bilanz des Bühnenjahres. Hg. von Erhard Friedrich u. a. Hannover 1968. S. 40.
37 Alexander Kluge, Chronik der Gefühle. Band II: Lebensläufe. Frankfurt am Main 2000, S. 232.
38 Peter Weiss/Gunilla Palmstierna-Weiss, Bericht über die Angriffe der US-Luftwaffe und -Marine gegen die demokratische Republik Viet Nam nach der Erklärung Präsident Johnsons über die «begrenzte Bombardierung» am 31. März 1968. Frankfurt am Main 1968, S. 43.
39 Ebd., S. 44.
40 Peter Weiss, Notizen zum kulturellen Leben der Demokratischen Republik Viet Nam. Frankfurt am Main 1968, S. 9.
41 Martin Walser, Praktiker, Weltfremde und Vietnam. In: Kursbuch 9/1967, S. 171.
42 Kai Hermann, Die «rote Garde» von Berlin. Zwanzig marxistische Studenten lassen die Stadt erbeben, Die Zeit, 30. Dezember 1966.
43 Probe fürs nächste Mal?, Bild, 14. Dezember 1966.
44 Hans Blumenberg – Jacob Taubes, Briefwechsel 1961–1981 und weitere Materialien. Hg. von Herbert Kopp-Oberstebrink und Martin Treml unter Mitarbeit von Anja Schipke und Stephan Steiner. Mit einem Nachwort von Herbert Kopp-Oberstebrink. Berlin 2013, S. 291.
45 Brief an Günter Grass, 4. November 1968. Zitiert nach: Kraushaar, Frankfurter Schule und Studentenbewegung. Band 2, S. 473.
46 Zitiert nach dem Faksimile des Flugblatts in: Dieter Kunzelmann, Leisten Sie keinen Widerstand. Bilder aus meinem Leben. Berlin 1998, S. 79.
47 Zitiert nach: Peter Szondi, Gutachten zur «Aufforderung zur Brandstiftung». In: Ders., Über eine «Freie (d. h. freie) Universität». Stellungnahmen eines Philologen. Frankfurt am Main 1973, S. 48.
48 Brief an Rainer Gruenter, 23. Juli 1967. Zitiert nach: Peter Szondi, Briefe. Frankfurt am Main 1993, S. 234.
49 Henry Kissinger, Memoiren. 1968–1973. Übersetzt von Hans-Jürgen Baron von Koskull. München 1979, S. 544.

50 Hamburger Institut für Sozialforschung, Archiv, Typoskript im Sozialistischen Anwaltskollektiv zum Brandstifterprozess.
51 Hans Magnus Enzensberger, Gemeinplätze, die Neueste Literatur betreffend. In: Kursbuch 15/1968, S. 196 f.
52 Karl Markus Michel, Ein Kranz für die Literatur. Fünf Variationen über eine These. In: Kursbuch 15/1968, S. 169–186.
53 Walter Boehlich, Autodafé. Zitiert nach: Ulrich Ott/Friedrich Pfäfflin (Hg.), Protest! Literatur um 1968. Marbacher Katalog 51. Marbach 1998, S. 99.
54 Dossier «China. Kultur Revolution Literatur». In: Kursbuch 15/1968, S. 51.
55 Siegfried Unseld, Letzte Abfahrt. In: Peter Weiermair (Hg.), Winterspiele. Neue Ski-Geschichten. München 1977 [1975], S. 104.
56 Ebd., S. 106 f., 104, 111.
57 Ebd., S. 111, 109.
58 Ebd., S. 110.
59 Brief an Siegfried Unseld, 20. Juni 1966. In: Peter Handke – Siegfried Unseld. Der Briefwechsel. Hg. von Raimund Fellinger und Katharina Pektor. Berlin 2012, S. 35.
60 Brief an Siegfried Unseld, 17. Februar 1968. In: Uwe Johnson – Siegfried Unseld. Der Briefwechsel. Hg. von Eberhard Fahlke und Raimund Fellinger. Frankfurt am Main 1999, S. 507.
61 Unseld, Letzte Abfahrt, S. 108.
62 Unseld, Letzte Abfahrt.
63 Peter Michalzik, Unseld. Eine Biographie. Genehmigte und überarbeitete Taschenbuchausgabe. München 2003, S. 182.
64 Zitiert nach: Walter Boehlich u. a., Chronik der Lektoren. Von Suhrkamp zum Verlag der Autoren. Frankfurt am Main 2011, S. 13.
65 Ebd., S. 130.
66 Vgl. ebd.
67 Museum der modernen Poesie eingerichtet von Hans Magnus Enzensberger. Frankfurt am Main 2002 [1960], S. 131.
68 François Bondy, Laudatio auf Léopold Sédar Senghor zum Friedenspreis des Deutschen Buchhandels, 22. September 1968.
69 Zitiert nach: Kraushaar, Frankfurter Schule und Studentenbewegung. Band 1, S. 357.
70 Ein Narr und das linke Establishment, Der Spiegel 40/1968, 30. September 1968.
71 KD Wolff, 1968: Ein freischwebender Gruß. In: Christoph Buchwald (Hg.), Verleger als Beruf. Siegfried Unseld zum fünfundsiebzigsten Geburtstag. Frankfurt am Main 1999, S. 143.
72 Lektoratsverfassung. Zitiert nach: Boehlich u. a., Chronik der Lektoren, S. 19.
73 Nach dem Faksimile der Aufstellung vom 7. Dezember 1988. In: Siegfried Unseld. Sein Leben in Bildern und Texten. Hg. von Raimund Fellinger/Matthias Reiner. Berlin 2014, S. 148 f.
74 Vgl. Braun, Herzstücke, S. 22.

75 Zitiert nach: Boehlich u. a., Chronik der Lektoren, S. 19.
76 So bei Michalzik, Unseld. Eine Biographie, S. 175.
77 Zitiert nach: Boehlich u. a., Chronik der Lektoren, S. 23.
78 Zitiert nach: Ebd., S. 163.
79 Zitiert nach: Ebd., S. 23.
80 Zitiert nach: Ebd., S. 98.
81 Brief an Ingeborg Bachmann, 8. Dezember 1968. Zitiert nach: Boehlich u. a., Chronik der Lektoren, S. 124.
82 Brief an Siegfried Unseld, 27. Oktober 1968. Zitiert nach: Boehlich u. a., Chronik der Lektoren, S. 35.
83 Manifest vom 1. April 1969. Zitiert nach: Björn Lück, Gegen Textherrschaft. Auseinandersetzungen um journalistische Selbstbestimmung Ende der 1960er Jahre. In: Gilcher-Holtey. (Hg.), «1968» – Eine Wahrnehmungsrevolution?, S. 56.
84 Rudolf Augstein, Fünfte Ohnmacht Presse, Der Spiegel 29/1969, 14. Juli 1969.
85 Heute gehört er auch den Autorinnen.
86 Gebrochenes Bein, Der Spiegel 8/1969, 16. Februar 1969.
87 Zitiert nach: Siegfried Unseld – Peter Weiss. Der Briefwechsel, S. 699 f.
88 Alle Zitate: Karl Heinz Bohrer, Jetzt. Die Geschichte meines Abenteuers mit der Phantasie. Berlin 2017, S. 183.
89 Brief an Arnold Fratzscher, 29. Juli 1965. In: Thedel von Wallmoden, Wir bauen Archen. Essays und Reden. Hg. von Thorsten Ahrend u. a. Göttingen 2023, S. 58.
90 Zitiert nach: Michalzik, Unseld. Eine Biographie, S. 132.
91 Brief an Klaus Reichert, ohne Datum. Zitiert nach: Boehlich u. a., Chronik der Lektoren, S. 162.
92 Ebd., S. 164.

Lunch im Weißen Haus

1 Uwe Johnsons Kommentar bei der Bearbeitung des Kapitels «Lunch im Weißen Haus» in Max Frischs «Tagebuch 1966–1971». Zitiert nach: Max Frisch – Uwe Johnson. Der Briefwechsel 1964–1983. Hg. von Eberhard Fahlke. Frankfurt am Main 2001 [1999], S. 379.
2 Radioansprache, 30. April 1970. Zitiert nach: Henry Kissinger, Memoiren. 1968–1973. Übersetzt von Hans-Jürgen Baron von Koskull. München 1979, S. 538.
3 Richard Nixon, Memoiren. Übersetzt von Alan Munthe u. a., Köln 1978, S. 298.
4 Max Frisch, Tagebuch 1966–1971. Frankfurt am Main 1979 [1972], S. 295 f.
5 Kissinger, Memoiren. 1968–1973, S. 544.
6 Telefonat, 1. Mai 1970, Telecon, Richard Nixon Presidential Library and Museum.

7 Brief an Günter Grass, 25. März 1970. In: Günter Grass – Helen Wolff: Briefe 1959–1994. Hg. von Daniela Hermes. Göttingen 2003, S. 162.
8 Brief an Henry Kissinger, 13. November 1963, Yale University Library.
9 Frisch, Tagebuch 1966–1971, S. 302.
10 Ebd., S. 299.
11 Ebd., S. 300 f.
12 Ebd., S. 297.
13 Ebd., S. 298.
14 Ebd., S. 306.
15 Ebd.
16 Goethe's Werke. Vollständige Ausgabe letzter Hand. Dreyßigster Band. Stuttgart/Tübingen 1828, S. 321. Kissingers Kommilitone John George Stoessinger hat überliefert, dass Kissinger diesen Satz bereits in Harvard zitierte. Vgl. auch Holger Klitzing, The Nemesis of Stability, Henry Kissinger's Ambivalent Relationship with Germany. Trier 2007, S. 461.
17 Brief an Friedrich Heinrich Jacobi, 27. Juli 1793. In: Johann Wolfgang von Goethe, Briefe 1791–1793. Hg. von Volker Giel und Norbert Oellers. Berlin 2020, S. 182.
18 Frisch, Tagebuch 1966–1971, S. 297.
19 Ebd., S. 296 f.
20 Ebd., S. 298.
21 Ebd., S. 306.
22 Im amerikanischen Original steht da selbstverständlich «leader».
23 Kissinger, Memoiren. 1968–1973, S. 532.
24 Einer der bekanntesten Sprüche Kissingers, zitiert nach: Joseph Heller, Gut wie Gold. Roman. Übersetzt von Günther Danehl. Frankfurt am Main 1980, S. 355.
25 Ergänzung zum Reisebericht New York 26. April – 5. Mai 1970, DLA Marbach (SUA).
26 Frisch, Tagebuch 1966–1971, S. 297.
27 Tagebuch, 17. März 1969, H. R. Haldeman Diaries Collection, Richard Nixon Presidential Museum and Library.
28 Kissinger, Memoiren. 1968–1973, S. 270. Der Baron übersetzt die Redensart «Whatever is worth doing is worth overdoing» anders: «Von dem Gedanken ausgehend, daß jedes lohnende Unternehmen es wert sei, wiederholt zu werden, wurden alle diese Operationen unter der Bezeichnung ‹Menu› zusammengefaßt.» Lunch war die Militärbasis 609.
29 Ebd., S. 552.
30 Kissinger behauptet in seinen Memoiren, der chinesische Premierminister Tschou En-lai habe eine Kopie von «Patton» bestellt, um zu erkennen, wie Nixon bei Verhandlungen mit China auftreten würde.
31 Vgl. Philip D. Beidler, Just Like in the Movies. Richard Nixon and «Patton». In: The Georgia Review 49/3 (1995), S. 567–576.
32 Charlie Summers, Henry Kissinger, 1st Jewish secretary of state, iconic Cold War diplomat, dies at 100, Times of Israel, 30. November 2023.

33 Frisch, Tagebuch 1966–1971, S. 298.
34 Master Diarist Max Frisch, The New York Times, 4. Oktober 1981.
35 Kissinger, Memoiren. 1968–1973, S. 548.
36 William Watts, The Fight in Vietnam Arrives at the White House, Oral History Interview, August 1995, Association for Diplomatic Studies and Training. https://adst.org/2014/11/take-this-job-and-shove-it-mr-kissinger
37 Frisch, Tagebuch 1966–1971, S. 298.
38 Ebd.
39 Telefonat Nixon-Kissinger, 2. Mai 1970, Yale University Library.
40 Brief an Max Frisch, 31. Dezember 1970, DLA Marbach (SUA).
41 Brief an Siegfried Unseld, 6. Februar 1966, DLA Marbach (SUA).
42 Telefonat Nixon-Kissinger, 13. Juni 1971. Zitiert nach: Susan E. Tifft / Alex S. Jones, The Trust. The Private and Powerful Family Behind The «New York Times». New York/Boston 1999, S. 488.
43 Bob Mondello, «The Godfather» bridged old and new Hollywood to save American moviegoing, National Public Radio, 11. März 2022.
44 Brief an Max Frisch, 9. März 1971, DLA Marbach (SUA).
45 Frisch, Tagebuch 1966–1971, S. 296. Übersetzung von W. W.
46 Völkerrechtskommission, Im Statut des Nürnberger Gerichtshofs und im Urteil des Gerichtshofs anerkannte Grundsätze des Völkerrechts. www.un.org/depts/german/internatrecht/nuernberg1946-aa-grunds.pdf
47 Frisch, Tagebuch 1966–1971, S. 296.
48 Gore Vidal zum Autor.
49 Max Frisch – Uwe Johnson, Der Briefwechsel 1964–1983. Hg. von Eberhard Fahlke. Frankfurt am Main 2001 [1999], S. 380.
50 Hans Magnus Enzensberger, Fallobst. Nur ein Notizbuch. Berlin 2019, S. 140 f.
51 Max Frisch – Uwe Johnson, Der Briefwechsel 1964–1983, S. 323.
52 Brief an Siegfried Unseld, 20. März 1971, DLA Marbach (SUA).
53 Ebd.
54 Brief an Max Frisch, 30. März 1971, DLA Marbach (SUA).
55 Uwe Johnson, Jahrestage. Aus dem Leben von Gesine Cresspahl. Band 2. Frankfurt am Main 1988 [1971], S. 795.
56 Brief an Max Frisch, 30. März 1971, DLA Marbach (SUA).
57 Brief an Siegfried Unseld, 3. April 1971, DLA Marbach (SUA).
58 Reisebericht Max Frisch in New York, Mai 1971, DLA Marbach (SUA).
59 Zitiert nach: Peter Weiss, Rapporte 2. Frankfurt am Main 1971, S. 143.
60 In der «völlig neu durchgesehenen und erweiterten Gesamtausgabe» des «Kulturfahrplans» von Werner Stein mit den «Wichtigsten Daten der Kulturgeschichte von Anbeginn bis 1969», im Jahr 1971 im 346. Tausend erschienen, heißt es auf S. 1397: «Für die Tötung eines Gegners wurden aufgewendet: In den Kriegen Caesars 0,75 Dollar, Napoleons 3000 Dollar, 1. Weltkrieg 21 000 Dollar, im 2. Weltkrieg 50 000 Dollar und im Vietnamkrieg 100 000–300 000 Dollar.» Zwischen 1960 und 1975 starben nach heutiger Rechnung durch Kriegseinwirkung schätzungsweise

850 000 Nordvietnamesen, 300 000 Kambodschaner und 30 000 Laoten.

61 Martin Walser, Die Gallistl'sche Krankheit. Roman. Frankfurt am Main 1974 [1972], S. 91.

62 Martin Walser, Leben und Schreiben. Tagebücher 1963–1973. Reinbek 2007 [2005], S. 491.

63 Walser, Die Gallistl'sche Krankheit, S. 92. Die lateinische Formel «Dixi et salvavi animam meam» bedeutet: «Ich habe gesprochen und meine Seele gerettet.» Mit ihr beendet Karl Marx seine «Kritik des Gothaer Programms» (1875; 1891 posthum veröffentlicht).

64 Walser, Leben und Schreiben, S. 500.

65 Ebd.

66 Brief an Siegfried Unseld, 1. Juli 1971. In: Uwe Johnson – Siegfried Unseld. Der Briefwechsel. Hg. von Eberhard Fahlke und Raimund Fellinger. Frankfurt am Main 1999, S. 707.

67 So Martin Walser im August 1998 mündlich zum Autor.

68 Martin Walser, Ist die Deutsche Bank naiv?, Der Spiegel 35/1970, 24. August 1970.

69 Dr. Wilhelm Vallenthin (Vorstandsmitglied der Deutsche Bank AG), Ist Martin Walser naiv?, Der Spiegel 38/1970, 14. September 1970.

70 Vgl. Sebastian Bünger, Geschichte und Gewinn. Der Umgang deutscher Konzerne mit ihrer NS-Vergangenheit. Göttingen 2017, S. 173.

71 Reisebericht Berzona, 4.–6. September 1971, DLA Marbach (SUA).

72 Zitiert nach: Siegfried Unseld, Chronik 1970. Mit den Chroniken Buchmesse 1967 [,] Buchmesse 1968 und der Chronik eines Konflikts 1968. Band 1. Hg. von Ulrike Anders u. a. Berlin 2010, S. 105.

73 In meinem am 23. September 1975 gekauften Exemplar erscheint hinten eine Verlagsanzeige für «Montauk», dazu ist eine Bestellkarte zur Subskription einer Werkausgabe Max Frischs eingesteckt, die im darauffolgenden Jahr zum fünfundsechzigsten Geburtstag des Autors erscheinen soll.

74 Brief an Uwe Johnson, 2. Juli 1975. In: Uwe Johnson – Siegfried Unseld. Der Briefwechsel, S. 869.

75 Brief an Uwe Johnson, 18. März 1975. In: Max Frisch – Uwe Johnson. Der Briefwechsel 1964–1983, S. 120.

76 Brief an Max Frisch, 22. März 1975. In: Max Frisch – Uwe Johnson. Der Briefwechsel 1964–1983, S. 120, 121. Da «zur Wahrung von Persönlichkeitsrechten Dritter» zwei Zeilen ausgespart sind, ist nicht ganz klar, wen Johnson meint, wenn er behauptet, Unseld mache mit dieser telefonisch vorgetragenen «Andeutung», die für ihn eine «Einmischung» darstellt, «einem anderen Namen Ehre».

77 Brief an Uwe Johnson, 2. Juli 1975. In: Uwe Johnson – Siegfried Unseld. Der Briefwechsel, S. 867.

78 Céline Letawe, Max Frisch – Uwe Johnson. Eine literarische Wechselbeziehung. St. Ingbert 2009, S. 178.

79 Brief an Siegfried Unseld, 8. Juli 1975. In: Uwe Johnson – Siegfried Unseld. Der Briefwechsel, S. 871.
80 Uwe Johnsons Kommentar bei der Bearbeitung des Kapitels «Lunch im Weißen Haus» in Max Frischs «Tagebuch 1966–1971». Zitiert nach: Max Frisch – Uwe Johnson. Der Briefwechsel 1964–1983, S. 379.
81 Frisch, Tagebuch 1966–1971, S. 294.
82 Brief an Max Frisch, 13. August 1975 als Beilage eines Briefes vom 20. August 1975. In: Max Frisch – Uwe Johnson. Der Briefwechsel 1964–1983, S. 139.
83 Brief an Max Frisch, 13. August 1975 als Beilage eines Briefes vom 20. August 1975. In: Max Frisch – Uwe Johnson. Der Briefwechsel 1964–1983, S. 137.

Langsame Heimkehr

1 Todd S. Purdom, When Kissinger won the Nobel peace prize, satire died, The Guardian, 31. Juli 2000.
2 Henry A. Kissinger, Jahre der Erneuerung. Erinnerungen 1974–1976. Übersetzt von Frank Wolf. München 1999, S. 488.
3 Henry Kissinger, Staatskunst. Sechs Lektionen für das 21. Jahrhundert. Übersetzt von Henning Dedekind u. a. München 2022, S. 183.
4 Zitiert nach: Clyde Haberman, Decades Later, Kissinger's Words Stir Fresh Outrage Among Jews, New York Times, 16. Dezember 2010.
5 Henry Kissinger, Memoiren. 1968–1973. Übersetzt von Hans-Jürgen Baron von Koskull. München 1979, S. 300.
6 In einem Wahlwerbespot versprach Richard Nixon 1968 ein ehrenhaftes Ende des Krieges. Vgl. Robert J. McMahon/Thomas W. Zeiler, U.S. Foreign Policy. A Diplomatic History. Band 1. Los Angeles 2012, S. 628.
7 Kissinger, Memoiren. 1968–1973, S. 708.
8 Brief an Siegfried Unseld, 14. September 1970, DLA Marbach (SUA). Als Faksimile auch in: Jan Bürger, Die Kissinger Boys. Von der Harvard Summer School zur Suhrkamp Culture. In: Zeitschrift für Ideengeschichte 9/4 (2017), S. 17. Dass der Brief verschickt wurde, ist sogar im Terminkalender seines Büros festgehalten.
9 Bericht Henry Kissinger, 18. Oktober 1970, National Security Archive.
10 Ebd.
11 Telefonat Nixon–Kissinger, 23. Oktober 1970, National Security Archive.
12 Telefonat Nixon–Kissinger, 16. September 1973, National Security Archive.
13 Gespräch mit Augusto Pinochet, 8. Juni 1976, National Security Archive.
14 Gastón Salvatore, Allende ist nicht gescheitert, Der Spiegel 38/1973, 17. September 1973.
15 Jörg Drews, Isabel Allende bei Suhrkamp. In: Merkur 40/12 (1986), S. 1067, 1069.

16 Gespräch mit Augusto Pinochet, 8. Juni 1976, National Security Archive.
17 Richard Valeriani, Reisen mit Henry. Übersetzt von Dieter Buhl. Frankfurt am Main 1981 [1979], S. 120.
18 Kissinger, Memoiren. 1968–1973, S. 789.
19 Gespräch mit Augusto Pinochet, 8. Juni 1976, National Security Archive.
20 Vgl. Robert Wolff, Bericht zu Wolfgang Kraushaar: 50 Jahre RAF-Anschläge auf die US-Hauptquartiere (Vortrag, 14. März 2022). hlz.hessen.de/veranstaltungen/nachlese/detailansicht/50-jahre-raf-anschlaege-auf-die-us-hauptquartiere
21 Telegramm an Henry Kissinger, 29. Januar 1973, DLA Marbach (SUA). Zum Shakespeare-Vergleich siehe «Julius Caesar» (V, 5, in der Übersetzung von August Wilhelm Schlegel): «Sanft war sein Leben, und so mischten sich / Die Element' in ihm, dass die Natur / Aufstehen durfte und der Welt verkünden: / Dies war ein Mann!»
22 Peter Handke, Was soll ich dazu sagen?, Neue Freie Presse 1/1973. Zitiert nach: Ders., Als das Wünschen noch geholfen hat. Frankfurt am Main 1974, S. 27.
23 Brief an Christian Bay, 10. Januar 1973. Library of Congress, Hannah Arendt Papers, Correspondence.
24 Henry Kissinger auf einer Pressekonferenz am 26. Oktober 1972.
25 Brief an Hannah Arendt, 4. Januar 1973. Library of Congress, Hannah Arendt Papers, Correspondence.
26 Vgl. Willi Winkler, Deutschlands Bester, Süddeutsche Zeitung, 20. September 2014.
27 Telegramm an das Nobelpreis-Komitee in Oslo, 1. Mai 1975. Zitiert nach: www.theguardian.com/world/2023/jan/11/nobel-peace-prize-henry-kissinger-vietnam
28 Max Frisch, Tagebuch 1966–1971. Frankfurt am Main 1979 [1972], S. 302.
29 Henry Kissinger, Memoiren. 1973–1974. Übersetzt von Hans-Jürgen Baron von Koskull. München 1982, S. 1412.
30 Zur Person, ORB, 23. Oktober 2002. www.youtube.com/watch?v=kbF6GhieYgI
31 Brief an Mary McCarthy, 12. September 1974. In: Between Friends. The Correspondence of Hannah Arendt and Mary McCarthy 1949–1975. Hg. von Carol Brightman, New York 1995, S. 365.
32 Vgl. Nixon Pardon, The Gerald R. Ford Presidential Digital Library. www.fordlibrarymuseum.gov/library/exhibits/pardon/pardon.asp
33 Partial Transcript of an Interview With Kissinger on the State of Western World. Interview mit James Reston, The New York Times, 13. Oktober 1974.
34 Valeriani, Reisen mit Henry, S. 126.
35 Craig R. Whitney, Kissinger Steals Schmidt Show, The New York Times, 13. Juli 1975.
36 Der Text des Lieds «Henry» wurde freundlicherweise von Wolfgang Hofer zur Verfügung gestellt.

37 Zitiert nach: Bürger, Die Kissinger Boys, S. 17 f.
38 Zitiert nach: Ebd., S. 18.
39 Christof Wackernagel, RAF oder Hollywood. Tagebuch einer gescheiterten Utopie. Springe 2017, S. 271, 272.
40 Whitney, Kissinger Steals Schmidt Show.
41 Secretary's Calendar of Events, 15. Dezember 1975, Yale University Library.
42 Valeriani, Reisen mit Henry, S. 124.
43 Ebd., S. 123.
44 Ebd.
45 Vgl. Hermann Schreiber, «Unser Sohn, der auch Ihr Sohn ist», Der Spiegel 52/1975, 22. Dezember 1975.
46 Johannes Alles, Fall Jakob: Fürths OB bedauert Zahlungen an Alt-Nazi, nordbayern.de, 22. Mai 2019.
47 Zitiert nach: Bernd Windsheimer, Geschichte der Stadt Fürth. München 2007, S. 120.
48 Barbara Ohm, Entnazifizierungs- und Strafverfahren gegen den Fürther NS-Oberbürgermeister Franz Jakob. In: Fürther Geschichtsblätter 66/4 (2016), S. 125.
49 Olaf Przybilla, Wohltaten für den Nazi-OB, Süddeutsche Zeitung, 27. August 2019.
50 Zitiert nach: Walter Isaacson, Kissinger. A Biography. New York 1992, S. 28. Übersetzung von W. W.

Kissinger schreibt einen Bestseller

1 Brief an Uwe Johnson, 17. Juli 1970. In: Uwe Johnson – Siegfried Unseld. Der Briefwechsel. Hg. von Eberhard Fahlke und Raimund Fellinger. Frankfurt am Main 1999, S. 615.
2 Telegramm an Henry Kissinger, 13. März 1972, DLA Marbach (SUA).
3 Rudolf Augstein, Good-bye, Kiss!, Der Spiegel 46/1976, 8. November 1976.
4 Brief an Henry Kissinger, 22. November 1976, DLA Marbach (SUA).
5 Brief an Henry Kissinger, 31. August 1970, DLA Marbach (SUA).
6 Reisebericht USA, 17.–21. März 1976. Zitiert nach: Siegfried Unseld. Sein Leben in Bildern und Texten. Hg. von Raimund Fellinger und Matthias Reiner. Berlin 2014, S. 166.
7 George Steiner, Adorno: love and cognition, Times Literary Supplement, 9. März 1978.
8 Zitiert nach: Niall Ferguson, Kissinger. Der Idealist. 1923–1968. Übersetzt von Michael Bayer und Werner Roller. Berlin 2016, S. 31.
9 Reisebericht USA, 17.–21. März 1976. Zitiert nach: Siegfried Unseld. Sein Leben in Bildern und Texten, S. 166.
10 Reisebericht, 6. Dezember 1976, DLA Marbach (SUA).
11 Ebd.
12 Ebd.

13 Herbert Mitgang, Little Brown Buys Kissinger Memoirs, The New York Times, 11. Februar 1977.
14 Ebd.
15 The Faces of the American Dead in Vietnam: One Week's Toll, Life Magazine, 27. Juni 1969.
16 Reisebericht Washington/New York, 1.–5. März 1977, DLA Marbach (SUA).
17 Ebd.
18 Ebd.
19 Ebd.
20 Ebd.
21 Zitiert nach: Peter Merseburger, Rudolf Augstein. Biographie. München 2007, S. 482.
22 Sheldon S. Wolin, Consistent Kissinger, New York Review of Books, 9. Dezember 1976.
23 Reisebericht Washington/New York, 1.–5. März 1977, DLA Marbach (SUA).
24 E-Mail an W. W., 10. Mai 2024.
25 Reisebericht Washington/New York, 1.–5. März 1977, DLA Marbach (SUA).
26 Ebd.
27 Hausmitteilung. Betr.: Kissinger-Memoiren, Der Spiegel 30/1977, 18. Juli 1977.
28 Brief an Henry Kissinger, 24. März 1977, DLA Marbach (SUA).
29 So Marcel Reich-Ranicki, Frankfurter Allgemeine Zeitung, 31. Dezember 1984. Zitiert nach: Siegfried Unseld. Sein Leben in Bildern und Texten, S. 196.
30 White House Years (1979) by Henry Kissinger, Rezension, 15. März 2015, The Driftless Area Review.
31 Henry Kissinger, Staatskunst. Sechs Lektionen für das 21. Jahrhundert. Übersetzt von Henning Dedekind u. a. München 2022.
32 Transcript of David Frost's Interview with Richard Nixon https://teachingamericanhistory.org/document/transcript-of-david-frosts-interview-with-richard-nixon/.
33 Hausmitteilung, Der Spiegel 19/1978, 8. Mai 1978.
34 Zitiert nach: «Ins Gelingen verliebt sein und in die Mittel des Gelingens». Siegfried Unseld zum Gedenken. Redaktion von Raimund Fellinger. Frankfurt am Main 2003, S. 183 f.
35 Telegramm, 26. April 1978, DLA Marbach (SUA).
36 Siegfried Unseld, «Das Tagebuch» Goethes und Rilkes «Sieben Gedichte». Frankfurt am Main 1978.
37 Alle Zitate aus: Reisebericht USA, 28. April–18. Mai 1978, DLA Marbach (SUA).
38 Uwe Johnson, Begleitumstände. Frankfurter Vorlesungen. Frankfurt am Main 1980, S. 333.

39 Richard Valeriani, Reisen mit Henry. Übersetzt von Dieter Buhl. Frankfurt am Main 1981 [1979], S. 18.
40 William J. Daugherty, Jimmy Carter and the 1979 Decision to Admit the Shah into the United States. In: American Diplomacy (April 2003).
41 Reisebericht USA, 17.–21. März 1976. Zitiert nach: Siegfried Unseld. Sein Leben in Bildern und Texten, S. 166.
42 Hans Magnus Enzensberger, Vivat Yossarian!, Der Spiegel 19/1964, 5. Mai 1964.
43 Joseph Heller, Gut wie Gold. Roman. Übersetzt von Günther Danehl. Frankfurt am Main 1980, S. 354.
44 Ebd., S. 282.
45 Ebd., S. 354.
46 Ebd.
47 Ebd., S. 352.
48 Ebd., S. 354.
49 Ebd., S. 380.
50 Ebd., S. 373.
51 Rudolf Augstein, Henry Kissinger und der Krieg in Kambodscha. Wie einem kleinen Land symbolisch geholfen wurde, Der Spiegel 44/1979, 29. Oktober 1979.
52 Brief an Henry Kissinger, 19. Oktober 1979, DLA Marbach (SUA).

Ausklang

1 Brief an Siegfried Unseld, 24. November 1992, DLA Marbach (SUA).
2 Brief an Siegfried Unseld, 11. Mai 2000, DLA Marbach (SUA).
3 Frank Walter Steinmeier, Ansprache des Bundespräsidenten zu Ehren von Henry A. Kissinger anlässlich seines 95. Geburtstags, 12. Juni 2018, https://www.bundespraesident.de/SharedDocs/Reden/DE/Frank-Walter-Steinmeier/Reden/2018/06/180612-AE-Kissinger.html.
4 Alle Zitate aus: Arbeitsmaterial zum Film Max Frisch, Citoyen. https://bdper.plandetudes.ch/uploads/ressources/3691/kks_max_frisch_citoyen.pdf
5 Heinz D. Osterle, Bilder von Amerika. Gespräche mit deutschen Schriftstellern. Münster 1987, S. 227.
6 Martin Walser, Versuch, ein Gefühl zu verstehen. In: Tintenfisch 8 (1975), S. 27–30.
7 Osterle, Bilder von Amerika, S. 224.

Zeittafel

1923 27. Mai: Henry Kissinger wird als Heinz Alfred Kissinger in Fürth bei Nürnberg geboren. Sein Vater Louis unterrichtet am Mädchengymnasium. Er und seine Frau sind orthodoxe Juden.

1924 28. September: Siegfried Unseld wird in Ulm geboren. Sein Vater Ludwig ist Verwaltungsdirektor. 1933 tritt er in die NSDAP und die SA ein.

1938 Die Familie Kissinger verlässt Deutschland und flieht ins sichere Amerika. ▪ Unseld steigt in der Hitlerjugend auf. ▪ Im November kommt es zu einem von Joseph Goebbels gelenkten Angriff auf die Synagogen (Reichspogromnacht).

1942 Im Dezember wird Unseld zur Marine eingezogen.

1943 19. Juni: Kissinger wird amerikanischer Staatsbürger. Er wird zur U. S. Army eingezogen und einer Aufklärungseinheit zugeteilt.

1944 Im Mai wird der Funker Unseld auf der Krim von der Roten Armee eingeschlossen, er kann sich retten, indem er ins Schwarze Meer springt und schwimmend ein deutsches Schnellboot erreicht.

1945 10. April: Kissinger ist bei der Befreiung des KZ Hannover-Ahlem dabei.

1946 In Oberammergau unterrichtet Kissinger amerikanische Soldaten in deutscher Kultur und Geschichte. ▪ Im Herbst beginnt Unseld eine Buchhandelsgehilfenlehre.

1947 Nach seiner Rückkehr aus Deutschland nimmt Kissinger sein Studium an der Harvard University auf, das er 1954 mit der Doktorarbeit «A World Restored. Metternich, Castlereagh and the Problems of Peace 1812–1822» («Großmacht

Diplomatie. Von der Staatskunst Castlereaghs und Metternichs») abschließt. ▪ Unseld beginnt an der Tübinger Universität zu studieren und arbeitet gleichzeitig für den Verlag J.C.B. Mohr.

1951 Unseld promoviert mit einer Dissertation über Hermann Hesse.

1952 1. Januar: Unseld tritt in den Suhrkamp Verlag ein, zuständig zunächst für Herstellung, Vertrieb und Werbung. ▪ Im Frühjahr ist Kissinger zum ersten Mal wieder in Deutschland. ▪ Im Sommer findet das erste Harvard International Seminar statt.

1953 Der Gedichtband «Die gestundete Zeit» von Ingeborg Bachmann erscheint. Sie erhält den Preis der Gruppe 47. ▪ Hans Egon Holthusen nimmt am International Seminar teil.

1954 Der Roman «Stiller» von Max Frisch erscheint bei Suhrkamp.

1955 Juli und August: Unseld und Bachmann nehmen am Harvard International Seminar teil.

1957 Kissingers Buch «Nuclear Weapons and Foreign Policy» («Kernwaffen und auswärtige Politik») erscheint. Er wird stellvertretender Leiter des «Harvard Center for International Affairs». ▪ Walter Höllerer nimmt am International Seminar teil.

1958 Martin Walser nimmt am International Seminar teil.

1958 Frisch und Bachmann lernen sich kennen.

1959 Im Januar hält sich Kissinger auf Einladung des Außenministeriums einen Monat in Deutschland auf. ▪ 31. März: Peter Suhrkamp stirbt, Unseld wird sein Nachfolger als Verleger. ▪ Im Sommer zieht Uwe Johnson in den Westteil Berlins, im Herbst erscheint sein Roman «Mutmassungen über Jakob».

1960 Walsers Roman «Halbzeit» erscheint. ▪ Die Anthologie «Junge amerikanische Lyrik» erscheint im Hanser Verlag, herausgegeben von Walter Höllerer und Gregory Corso.

1961 Johnson nimmt am International Seminar teil. ▪ 13. August: Die DDR-Regierung beginnt mit dem Bau der Mauer in Berlin.

1962 Im Sommer trennen sich Bachmann und Frisch. ▪ Ende Oktober Kubakrise und staatsanwaltliche Besetzung der «Spiegel»-Redaktion wegen des Verdachts auf Landesverrat.

1963 9. Februar: Broadway-Premiere von Frischs Stück «Andorra». ▪ Ab Mai erscheint als Taschenbuchprogramm die edition suhrkamp in einem von Willy Fleckhaus entworfenen modernen Design. ▪ Im Sommer nimmt der Suhrkamp-Cheflektor Walter Boehlich am International Seminar teil.

1965 Im Herbst reist Kissinger zum ersten Mal nach Vietnam. ▪ Bei Suhrkamp erscheint, von Hans Magnus Enzensberger herausgegeben, die Zeitschrift «Kursbuch».

1966 Auf der Tagung der Gruppe 47 in Princeton, an der auch die Suhrkamp-Autoren Johnson, Enzensberger und Peter Weiss teilnehmen, wirft der dreiundzwanzigjährige Peter Handke den Kollegen «Beschreibungsimpotenz» vor. ▪ Ab Juli arbeitet Johnson als Lektor beim New Yorker Verlag Harcourt, Brace & World und bereitet seinen Roman «Jahrestage» vor.

1968 Ende Februar erklärt Enzensberger, dass er sein Stipendium an der Wesleyan University in Connecticut aufgeben wolle, um nach Kuba zu gehen, weil er glaubt, dass er dem kubanischen Volk «von größerem Nutzen sein kann als jemals den Studenten von der Wesleyan Universität». ▪ 20. März: Peter Weiss' Stück «Viet Nam Diskurs» hat Premiere in Frankfurt. ▪ 2. April: In zwei Frankfurter Kaufhäusern werden Brandsätze gelegt. Die Täter, unter ihnen Andreas Baader und Gudrun Ensslin, wollen damit gegen den Vietnamkrieg protestieren. Im Herbst werden sie zu drei Jahren Haft verurteilt. ▪ Im Oktober verlangen die Suhrkamp-Lektoren eine Verfassung für den Verlag. Mit Unterstützung seiner Autoren kann Unseld diesen Angriff auf seine verlegerische Souveränität abwehren. Die aufständischen Lektoren kündigen, allen voran Walter Boehlich. ▪ Bei den Präsidentschaftswahlen im November gewinnt Richard Nixon, der seinen Wählern die Beendigung des Krieges und einen «ehrbaren» Frieden in Vietnam verspricht. Er beruft Henry Kissinger in die einflussreiche Position des Nationalen Sicherheitsberaters.

1969 Die ehemaligen Suhrkamp-Lektoren Klaus Reichert und Urs Widmer nehmen am Harvard International Seminar teil. ▪ Nach der Bundestagswahl im September wird Willy Brandt zum Kanzler einer sozialliberalen Koalition gewählt, die sich um Entspannung mit der Sowjetunion und mit Polen bemüht.

1970 29. April: Die U.S. Army beginnt die völkerrechtswidrige Invasion in Kambodscha. ▪ 2. Mai: Frisch und seine Frau besuchen zusammen mit Unseld den Sicherheitsberater Kissinger im Weißen Haus. ▪ Im Herbst erscheint der erste Band von Johnsons «Jahrestagen».

1972 Im Frühjahr erscheint Frischs «Tagebuch 1966–1971». ▪ Am 21. Februar beginnt Nixons Staatsbesuch in China, den Kissinger vorbereitet hatte. ▪ Im Mai unternimmt die RAF mehrere Bombenanschläge auf amerikanische Einrichtungen in Deutschland.

1973 27. Januar: Es kommt zum Friedensvertrag von Paris zwischen Nord- und Südvietnam, ausgehandelt zwischen Kissinger und Lê Đức Thọ, dem Vertreter Nordvietnams. ▪ 11. September: General Augusto Pinochet stürzt in Chile mit Unterstützung der US-Regierung den demokratisch gewählten Präsidenten Salvador Allende. ▪ 22. September: Kissinger wird Außenminister der USA. ▪ 6. Oktober: Der Yom-Kippur-Krieg zwischen Israel und den arabischen Staaten bricht aus. ▪ 16. Oktober: Kissinger und Lê Đức Thọ wird der Friedensnobelpreis zuerkannt. ▪ 17. Oktober: Bachmann stirbt in Rom.

1974 9. August: Nixon, dem wegen seiner Verbindung mit der Watergate-Affäre die Amtsenthebung droht, tritt als Präsident zurück. Sein Nachfolger wird Gerald Ford. Kissinger bleibt Außenminister.

1975 11. Juli: Unseld trifft beim Kanzlerfest des neuen Bundeskanzlers Helmut Schmidt auf Kissinger. ▪ 15. Dezember: Kissinger nimmt die ihm bereits zwei Jahre zuvor verliehene Goldene Bürgermedaille der Stadt Fürth entgegen.

1976 Frisch erhält den Friedenspreis des Deutschen Buchhandels. ▪ 2. November: Gerald Ford unterliegt bei den Präsidentschaftswahlen Jimmy Carter. Kissinger scheidet aus seinem Amt als Außenminister aus.

1979 Zur Frankfurter Buchmesse erscheint der erste Band von Kissingers Memoiren.

1982 10. Mai: Peter Weiss stirbt in Stockholm.

1983 Zur Frankfurter Buchmesse erscheint der vierte und letzte Band von Johnsons «Jahrestagen».

1984 Im März, drei Wochen nach seinem Ableben, wird Johnson in seinem Haus im englischen Sheerness tot aufgefunden.

1991 4. April: Frisch stirbt in Zürich.

1999 Der Briefwechsel zwischen Johnson und Unseld erscheint.

2002 26. Oktober: Unseld stirbt in Frankfurt.

2022 24. November: Enzensberger stirbt in München.

2023 26. Juli: Walser stirbt in Überlingen. ▪ 29. November: Kissinger stirbt in Kent im amerikanischen Bundesstaat Connecticut.

Danksagung

Für die freundliche Erlaubnis, aus bisher unveröffentlichten Briefen und Texten zitieren zu dürfen, geht herzlicher Dank an Rachel Gehlhoff, Petra Hardt, Heinz Bachmann, Wolfgang Hofer, Joshua Cochran (Yale University Library), Tobias Amslinger (Max-Frisch-Stiftung), Thomas Sparr (Suhrkamp Verlag), Jan Bürger (Deutsches Literaturarchiv Marbach) und Axel Schuster (Bundeskanzler-Helmut-Schmidt-Stiftung).

Man muss, meint Brecht so ähnlich, den Archiven die Weisheit entreißen. Gepriesen seien sie, erst recht sei die Zöllnerin bedankt, die dem Autor das Buch abverlangt hat: Claudia Tieschky war die Anstifterin.

Nachweis

S. 13: Textauszug aus Max Frisch, Biedermann und die Brandstifter. Ein Lehrstück ohne Lehre. Mit einem Nachspiel. © Suhrkamp Verlag Frankfurt am Main 1958. Alle Rechte bei und vorbehalten durch Suhrkamp Verlag AG, Berlin.

S. 92: Textauszüge aus «landessprache», «schaum» aus: Hans Magnus Enzensberger, Landessprache. Gedichte. © Suhrkamp Verlag Frankfurt am Main 1960. Alle Rechte bei und vorbehalten durch Suhrkamp Verlag AG, Berlin.

S. 149: Textauszug aus Uwe Johnson, Jahrestage. Aus dem Leben von Gesine Cresspahl. © Suhrkamp Verlag Frankfurt am Main 1970. Alle Rechte bei und vorbehalten durch Suhrkamp Verlag AG, Berlin.

S. 196: Textauszug aus Uwe Johnson, Max Frisch. Der Briefwechsel. 1964–1983. Hg. von Eberhard Fahlke. © Suhrkamp Verlag Frankfurt am Main 1999. Alle Rechte bei und vorbehalten durch Suhrkamp Verlag AG, Berlin.